70歳独居老人の

京都
従心案内

改訂版

成田樹昭
Narita Shigeaki

はじめに

　近年，論語はあまり聞かれなくなった。中国が軽蔑されるようになったためかも知れない。しかし，昭和に教育を受けた者は，「吾十有吾にして学に志す，……六十にして耳順う」という警句は知っていると思う。これをもとにつくられた志学・而立・不惑・知命・耳順という二字熟語は，年齢の異称となり人生の道標とされている。ところが孔子はその後も生き続け，「七十にして心の欲する所に従う」と日まわったのである。略して「従心」という。長寿を祝う「古稀」の陰に隠れて，ほとんど知られていないが，何と気持ちのよい言葉であろうか。

　私も，他人にはそう見えないかも知れないが，一応世間に従ってきたつもりである。ところが妻は他界し，さらに定年退職となって，従心を実現できる境遇となった。そこで思い立ったのは，京都に住むことである。私は北海道生まれのためか，あるいは初恋の女性が京都の大学に進学したためなのか，半世紀にわたって京都に住むことに憧れ続けていた。
　移住すると京都見物は毎日でも可能になったのだが，70歳ともなれば一通りの名所は何度か訪れている。さらに深く体系的に知りたくなるのだが，年寄りが満足できる包括的なガイドブックや（いわゆる）京都本がないことに気が付いた。

　これまで様々な京都旅行案内書が出版されてきた。嚆矢は貝原益軒の『京城勝覧』（1706年）である。通りや街区を歩きながら見物しその由来や感想を述べるというもので，後の多くの京都本がこの形式を踏襲している。しかしながら，その宿命なのであるが，知識の切り売りと言わざるを得ない。林屋辰三郎の名著『京都』（1962年）もそれを脱していないと思う。地域をとりあげその歴史や仏教との連関を格調高い文章で解説しているが，仏教に偏向していて近現代史への言及はなく，さらに凡人が最も知りたい食や花街についての記述はない（碩学に俗の解説を求める方が間違っているのだが）。一方近年の京都本は，流行の飲食店や京町家の再生および移住体験には詳しいが，歴史的観点が欠落している。

　そこで，私は自分自身でガイドブックを書くことにした。蘊蓄を述べるときりがない。個々の名所名物の詳細や画像についてはインターネットで調べることができる。本書は深掘りするための端緒を提供するべく，数値データや図表を中心に広く浅い情報を網羅することを目標とした。さらに詳しい知見を求めるのであれば，とりあえず参考文献に掲げた専門書や論文が役に立つと思う。
　本書は2部構成になっている。第1部として，歴史・観光・酒食・文化風俗に関する京都の基礎知識をまとめた。最終節にはガイドブックには絶対に書かれていない部落・差別

問題も取り上げた。タブーなのであろうが，京都の差別は今日の日本社会の不可解を解明する上で，必要不可欠であると考えた。

　第2部は，貝原益軒から続く伝統的手法に倣った。すなわち自らの足と目で確かめたことを述べた。単に通りを歩くのではなく，過去の都市開発（平安京・秀吉の諸事業・運河など）の始終を明らかにするよう留意した。京都の栄枯は土木事業と密接に関係していると思う。最終章では，蛇足ではあるが，京都移住を目指しながら私が実際に移住した大津および滋賀県について述べた。

　本書執筆のための情報収集にあたって，京都や大津の人達に心の欲するままに傍若無人な振る舞いをしたと思う。要するに酔って絡んだのである。従心の全文は「七十而従心所欲不喩矩」である。実は都合の良いことばかりではなく，「矩を喩えず」と続いていたのである。従心となってあらためて未熟を反省する次第である。

2022年9月7日

改訂版まえがき

　本書は，2022年9月に発行した『70歳独居老人の京都従心案内』の改訂版である。骨格はほとんど変わっていない。

　旧版を読み返すと，発行日を70歳誕生日に無理やり合わせようとしたためであるが，誤記に加え，許しがたい事実誤認を見つけた。さらに，新型コロナ禍による特別な状況を，京都の常態と思い違いをしているふしも見受けられた。汗顔の至りで，書き直そうと思った次第である。

　また，旧版まえがきにおいて，京都移住の動機を初恋の女性が京都の大学に進学したからと，受けねらいで書いたが，終活の一環として日記を読み返していると，本当の理由は別にあることに気が付いた。

　私はイラン・イラク戦争の真っただ中の1980年から85年まで，イラクとリビアで建設工事に携わっていた。この時期は，普通のサラリーマンでも海外勤務するようになった時代である。しかも「建設業冬の時代」だったので建設会社はこぞって中東に進出していた。しかし，こうした極めて特異で危険な二か国に，しかもレジデント・ベースで赴任したことのある日本人は稀だと思う。現在，両国は国の体をなしていない。私が微力ながら青春を注いだ高速道路・空港・住宅団地は破壊され，あるいは廃墟となったと聞いている。

　私の仕事相手や同僚のほとんどは西欧と一部旧東欧の技術者たちであった。当時エズラ・ヴォーゲルの『Japan As Number One』が評判になっていたが，西欧人の日本の工業製品や工業技術に対する評価は，我々が今日の韓国を見る目と同じであったと思う。すなわち，カメラとラジカセ以外は自動車も含めて「安かろう悪かろう」と思われていたのである。今日もてはやされている日本文化は，野蛮ではないが辺境国の特殊なもの（例えばタイやベトナムの王朝文化）という位置づけで，ほとんど興味を持たれていなかった。

　そうした状況の中で，アラブ人だけは日本人と日本文化を尊敬してくれていた。理由は米国と戦争したからだという。現地事務所では行政対策などのためにアラブ人スタッフを雇っていた。彼らは共に働いていて抱いた親愛なる日本人に対する疑問を，上司である日本人事務職員に真剣な顔つきで訊いていた。

　例えば，日本人は無宗教なのか否か，である。イスラム教徒は1日に何回も礼拝をする。中東の大きな都市にはカトリック教会があり，カトリック教国出身者が通っていた。大量の職員・労働者を送り込んでいた韓国企業は牧師まで連れてきていた。しかしながら，当時中東にあって日常的に手を合わせる日本人は，ほとんどいなかったといってよいだろう。また，なぜ日本人は群れるのか，と問われた。現地の日本人は結束を重んじ，親睦のため身内だけの催し物を行っていた。当たり前と思っていたが，しかしながら，欧州人が催す

イベントはインターナショナルで，アジアはもちろんアフリカの小国に対してでさえ参加を熱心に呼びかけていた。さらに，群れて仲良く見えるのになぜ（要するに）派閥があるのか，とも質された。ローカルスタッフにとっては，仕事がやり難かったのかもしれない。

　アラブ人はコーランの解釈で鍛えられているため，かなり理屈っぽい。文系大卒の事務屋は適切に答えられず，全くいい加減にあしらっていた。もちろん、理系の私にも説明できないし，そのようなことを考えたこともなかった。しかし，世界における地位を高めたいと努力していた当時の日本人の一人として，私は看過できないと思っていた。そして，日本文化や日本人の習性を知るためには，観光もかねて京都に住むのが手っ取り早いと，常々考えるようになったらしい。

　改訂版の構成は旧版とほとんど変わっていないが，私自身が認識を改めた点を４つ挙げておきたい。

　第１は，第２章の戦国期の町衆（ちょうしゅう）に関する記述である。うかつにも私は町衆を近世の町人と同一視し矮小化していた。かといって，彼らはフランス革命を主導したブルジョワジーほど思想的革新性を持ってはいなかったと言える。そのような彼らがつくったしきたりが今日の京都においても顕在しているのは，驚くべきことである。

　第２は，アラブの友人に真面目に答えるためと，2022年からの旧統一教会問題もあったので，宗教とくに仏教について少々拡充させた。

　第３は，第６章の京料理の解説を大幅に改編したことである。旧版段階では経験不足もあって自分の考察に自信が持てなかった。その後修行を重ねた結果，最後の晩餐は京料理ではないと断言できるようになったと思う。

　第４は，第14章で述べた大津市の不可思議について，私なりの答えを得たことである。大津と京都の関係は密接で，京都を知る上でも実に興味深い地であると思う。

　私が海外勤務を終え帰国して５年でバブル経済が崩壊した。最近の報道によると，日本の世界的地位は多くの分野において低迷している。一方，Japan As Number One 時代の40年前と比べると，不思議なことに日本は外国人観光客であふれかえっている。日本に興味をもった動機として，彼らの多くは和食とアニメ・マンガを挙げている。グローバルに見て前者は首肯する。しかし，後者は太平的でよろしいが，もろ手を挙げて誇るべき文化であろうか。それらの背景となっている日本および京都文化を正しく知ってもらうべきだと思うし，日本人同朋に対しても同様と考える次第である。本書が一助となれば幸甚である。

2024年６月

目　次

第1部　京都の基礎知識

第2部　京都開発の歴史を歩く

第1部

京都の基礎知識

第1章 京都の魅力

　古来京都は日本全国の観光客を集めてきた。今日では世界の人々が憧れる国際観光都市となった。なかには観光のみでは飽き足らず，私のように移住して京都を日常にしようと試みる者も多い。

　本章では京都がなぜこのように人々を魅了するのか，分析を試みる。ついで，京町家・文化施設・展望台・市内交通など，京都見物のために必要な知識・情報を解説する。最後に京都移住を計画するにあたって，私が検討したことを述べてみたい。

1.1　京都の観光資源

(1) 山紫水明

　京都は山に囲まれた盆地[注1)]にあり，川が流れている。山には神が宿り，川は穢れを禊ぐ。日本のふるさとの原風景で，同じような土地は全国に多い。

　それらのなかで京都が日本人の心を強くとらえるのは，取り囲む山々の高さが程よく，市街地に近接しているからだと思う。鴨川から東山を見ると，木の葉一枚ずつとは言わないが，木々の一本一本は識別できる。また，京都盆地はそれほど広くはないのに自然・人工の河川は多く，しかも入り組んでいて物語の舞台となっている。

　鴨川とその上流の賀茂川の河川敷には，散歩したり遊んだりするのに適した幅の緑地帯が約7 km続いている[注2)]。高野川との合流点にある「**鴨川デルタ**」はあまりにも有名である。それにもまして着目すべきは鴨川の低水護岸の構造である。法面はコンクリートではなく自然石で押さえられ，その上端部は丸みがあり傾斜角度は腰掛けるのに絶妙である。しかも流れる川の水深は浅いので恐怖感を与えない。したがって，人々はベンチではなく，鴨川等間隔の法則により護岸に直接座る（**写真1.1**）。通常，海外も含め都市河川には河川敷がなくコンクリートで固められているので例外的である。

　明治時代の古写真では，東山にむき出しの山肌が見られる。人口急増した江戸期から薪炭採取のための過度な山林伐採が常態化していたのである。低い堤防の鴨川はすぐにも溢

注1）東山・北山・西山の三方に囲まれている。それぞれはひとつの山あるいは山系を示す言葉ではない。東山は北の比叡山から南の稲荷山まで京都盆地の東側に見える山の総称である。東山三十六峰というが特定されているわけでもなく，地図に表記されているのはそのうちのわずかである。北山は北区の山全体を指す。西山は高雄山・愛宕山・嵐山・天王山などの一連の山々（西山連峰）を言う。

注2）賀茂川通学橋～三条大橋／団栗橋が京都府立鴨川公園である。また，柊野堰堤～七条大橋は賀茂川・鴨川河川構造物群として，土木学会選奨土木遺産に認定されている。1935年の京都大水害から計画され、最終的に1947年に完成した。

れそうである。ありのままの自然は京都には似合わない。山紫水明は古から京都を評する言葉であったが，近代土木技術が造り出した今日の京都においてこそふさわしいのである。

(2) 点と線と面

一般的に名所・繁華街は点と線で構成されている。点とは寺・神社・城・商業施設などの集客施設で，線とはそれらを中心，あるいは基点とした飲食店・物販店・業務施設が建ち並ぶ通りである。ほとんどの都市には，点と線は1〜2か所しかない。そこから外れると住宅街となり，観光客にはあまり面白くない。

写真1．1 鴨川河川敷

一方京都の場合，点である有名寺社仏閣は数えきれないほどあり，したがって，それらを結ぶ線すなわち目抜き通りも数えきれない。それに加えて一般の通り・住宅・商店街[注3]さらには路地・辻子[注4]も興味深い。すなわち，京都の市井の人々の生活空間が観光資源になっているのである。とりわけ，「田の字地区[注5]」（図1．1）や祇園には町家が多く残っている。看板等は条例により抑制的で，

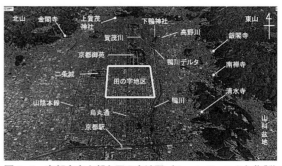

図1.1 京都市中心部と田の字地区（Google Earthより作製）

チェーン店では色の彩度・明度を下げているし，袖看板は少ない。パチンコ店がほとんどないので景観がよい。銭湯が多い[注6]のも面白い。このように，京都の観光資源は点から線へ，さらに統合されて面状に広がっている。これはパリ・ローマ・ベネチア[注7]などと共通する。

注3）アーケード街が多い（または残っている）ことも特徴だと思う，しかも地元店舗を中心に非常ににぎわっている。代表的なアーケード商店街は，寺町京極・三条名店街・錦市場・京都三条会（以上中京区）・出町枡形（上京区）・古川町（東区）・伏見大手筋（伏見区）である。

注4）京都では路地（ろおじ）は行き止まり，辻子（ずうし）は通り抜けられる。（公道とはいえあまり褒められないが）こうした狭い街路を歩いていると，家の中の会話はもちろんその家の出汁の味まで分かる。

注5）四条烏丸交差点を中心とした面積約2㎢の街区。御池通・河原町通・五条通・堀川通に囲まれた地域で，中心を通る四条通・烏丸通を合わせると「田の字形」となる。

注6）関西には銭湯（私営公衆浴場）が多い。残っているといった方が適切かもしれない。公衆浴場組合のホームページによると京都市内には2021年現在92軒あるという。そのうち，上京・中京・下京・東区に39軒ある。人口比で言えば京都は全国で上から数位だが，中心部に多いのは珍しい。また，パチンコ屋は田の字地区の中では私が知るかぎりでは，寺町通のアーケード街と河原町通の2件しかない。

注7）ベネチアの場合海が城壁の役目を果たしていると考えれば，これらはすべて城郭都市で，集住の結果現在の姿に至っている。京都については，古代の平安京・中世の惣構え・近世の御土居は実質的に城郭である。

(3) 対照的な市街地と郊外

　日本も含め世界中の古い街（特に城下町）では斜めや曲がった道路が多い。地図を見ながらなのにいつの間にかとんでもない場所にたどり着き愕然とする。それに対し，京都市街は碁盤の目状である。迷子になることを心配せずに快適な街歩きを楽しむことができる。

　我々が聞いて育った伝説や昔話は京都で生まれたものが多い。なにか悪いことをすると鬼や妖怪が現れるなどと驚かされた。かつては平安京の中でさえ百鬼が夜行していた。現在でも市内からわずか数km離れた郊外に分け入り，神秘的な北山杉に囲まれると不気味さを感じる。山間部（特に京北）に点在する集落は平家落人部落を彷彿させ隠遁である。化け物が棲息していたとしても不思議ではない。このような市街地と郊外の大きな落差は他の大都市にはあまり見られない。

(4) 歴史・伝統・工芸・京ことば・京女

　京都には至る所に歴史的事件の現場がある。足元の土を掘ると必ず何か出てくるに違いない。そう思って京都の地に立つと，過去が積み重なっているようで，今現在見ている風景も重層的に感じる。

　市民主催の伝統的な祭は全国各地にあるが，京都では三大祭（葵・祇園・時代）のみならずほかにも多い。それだけでも京都人に頭が下がる思いがするのに[注8]，五節句[注9]など家庭内の行事も守られている。遠い昔に京都から地方へ伝わり，今日では都市化によって捨て去られてしまった風習に出会うと，日本人のアイデンティティを再認識させられる。

　東京（江戸）にも伝統工芸品は多いが，京都の多様さと技にはかなわないと思う。宮大工・截金・漆器・指物・焼物・竹細工・扇子・象嵌・人形・表具・仏壇仏具・西陣織・友禅・菓子など[注10]，枚挙にいとまはない。「京」の字が冠される。人間国宝級の職人が多数いる。しかし，継承の問題は深刻らしい。私は飾っておく芸術品に興味はないが，「用の美」すなわち実用品の美しさに対しては（経済的に許される範囲で）金を惜しまないことにしている。微力ながら伝統の継承に役立っていると思う。

　書・絵画・陶芸・音楽など芸術分野でも京都は先端を行く。古いもの・伝統に詳しい目

注8）京都の祭と匹敵するほど世界中から観光客を集める札幌雪祭の主要な雪像は，実は北海道の自衛隊によって制作されている。発端は自衛隊の認知獲得であった。札幌市民は一生に2〜3度見る程度で，商業イベントとしか思っていない。真の札幌の祭とするために，今となってはもう無理だが，例えば地場ゼネコン（冬には工事ができない）が主役を担うなど方法はあったと思う。しかし，地元商工業者にそのような発想も資金もないのであろう。何でもお上（東京）頼みの北海道の弊習の代表例である。自衛隊員が満足していることを願うのみである。

注9）人日（1月7日，七草粥を食べる），上巳（3月3日，ひな人形を飾る），端午（5月5日，鎧・兜を飾る），七夕（7月7日，短冊竹を飾る），重陽（9月9日，菊酒をのむ）。

注10）京都の伝統工芸品の製作工程は非常に細かい分業になっていて，自動車製造を思わせる。江戸ではどうであったのか不勉強であるが，日本では産業革命以前から分業・下請制に長けていたのである。

利きがやたら多いので，個展など開くと思わぬ批評を受けることがあるという。その一方，新しいものを生み出す人間も多い。こうした土壌があるから，芸術家たちは（住みにくい）京都に集まってくるのであろう。

　東日本で生まれた人は大阪弁を聞いていると腹が立つか，うんざりするのではないか。しかし，京ことば（京都弁）は心地よい。特に女性が話すと，内容を忘れて話し方に酔わされてしまう。（そのせいなのか分からないが）美人は多いと思う。飲み屋の女将に京ことばで話しかけられると，彼女が私よりいかに大先輩であっても一瞬で参ってしまい財布の紐が緩む。私がだらしないのではなく，長年培われた花街の集積技術の成果であろう。ただし近年，正統京ことばはテレビドラマの中でしか聞けなくなったという。

1. 2　京町家

(1) 町家とは

　京都の都市景観を特徴づける最大の要素は町家（まちや）である。町家とは都市の表通りに面し隣家と接して立ち並ぶ軸組木造建築で，建築基準法では「店舗・家内工業等併用住宅」に分類される。道路からの壁面線の後退はなく直線状に並び表は店舗（おもて），奥は住居である。

　京町家（きょうまちや）とは，建築基準法施行（1950年）以前に建てられた京都市内の伝統的木造建物を指すためにつくられた用語である。すなわち，本来の町家に加えて，専用住宅や（外壁を共有する）長屋および非住宅建築も，木造軸組工法ならば京町家と呼ばれる[注11]。

　京町家は間口が狭く奥に深い「鰻の寝床」で知られる。理由には諸説[注12]があるが，都市においては地形（じかた）がそのようになるのは自然である。江戸時代に確立した京都の町家の意匠的特徴は，写真1．2に示すように平入（ひらいり）・真壁造（しんかべづくり）・格子（こうし）・虫籠窓（むしこまど）・一文字瓦（いちもんじかわら）[注13]である。

注11）禁門の変によるどんどん焼けで京都中心部の家屋はほとんど焼失した。したがって，京町家のほとんどは明治以降に建てられたものである。江戸〜明治の京町家の主流は平屋か逗子二階（いわゆる中二階建て，天井が低く倉庫等として使っていた）であった。住居専用の家は仕舞屋（しもたや）と呼ばれていた（商売を仕舞った，ということから）。明治後期から総二階建て（2階も居室）が主流となり，ガラス窓も使用されるようになった。また，外装を看板や洋風外装で覆った京町家は「看板建築」と呼ばれている。

注12）丸山［2007］によると，江戸幕府は民家の梁間を通常3間（約5.4m）に規制したが，桁行の規制は行わなかった。すなわち，建築面積や床面積には課税されなかった。諸藩もこれに倣ったという。標準的京町家の敷地面積は間口から想像するより意外と広く50〜60坪らしい。

注13）平入とは切妻屋根の妻側でない面に入口があることをいう。真壁造とは柱の中央に壁を設ける形式である。したがって，ファサードに柱形が見える（別の形式は大壁造で，柱の外側に壁を張る）。格子は採光通風のため一階外壁に設置される。視線を遮り，風を通す。朱色の塗料（ベンガラ）で塗られることが多かったので，紅殻格子とも言う。中二階の虫籠窓は，間隔は広いが基本的には格子窓で，内側には障子がはめられている。土塗りや漆喰塗りとなっているのは防火上の工夫である（1階よりも2階の方が延焼を受けやすい）。一文字瓦とは軒先に使う役物の瓦の一種で，軒先の下端が一直線になり高級感を与える。外装材は（関東では少ないが）縦張りの焼杉板が一般的である。構造的には古代の寺社建築と同じように，柱は根石（礎石）の上に乗っているだけで固定されていない。ピン接合なので地震の際には建物全体が動いて地震力が吸収される。修復も容易だったらしい。当然，現行の建築基準法不適合である。なお，卯建（うだつ）（隣家との外壁を屋根以上の高さに

写真1.2 京町家（杉本家住宅）　　　　　　写真1.3 犬矢来・ばったり床几

　町式目（江戸時代につくられた町内会の決まり事）のなかに現代の景観協定のようなものがあったらしく統一されていた。その他，外構の犬矢来やばったり床几[注14]（写真1.3）は他所では見られない。また，江戸では住居の入り口は店舗とは別にあったのに対し，京都では表の店舗入り口から住居に入る構造になっていた。

　京町家の代表として表1.1に示す7施設が公開されている。そのうち5施設が綾小路通・六角通間の新町通付近にあるように、新町通には町家が多い。なおこれらの他に，すっぽん料理の大市（1708年建築の堀江家住宅，上京区六番町）が知られている。

表1.1 公開されている京町家（2021年時点）

	堀野記念館	長江家住宅	秦家住宅	杉本家住宅	吉田家住宅	四条京町家	紫織庵
建築年	1781年	1868年	1869年	1870年	1909年	1910年	1926年
住所	中京区	下京区	下京区	下京区	中京区	中京区	中京区
元の家業	酒造*	呉服卸商*	製薬	呉服卸商	白生地問屋	鋼材卸商	綿布商
現状	事務所	住宅・家業	住宅	展示専用	住宅	事務所	事務所
予約	不要	要	要	要	要	不要	要

＊堀野記念館と長江家住宅の家業は現在も継続している。

(2) 京町家の保存

　京都の都市景観は単独の町家では成り立たたない。建物が外壁を接して[注15]建ち並ぶ，

　　　立ち上げた防火壁，裕福さの象徴でもあった）は京都だけのものではないが，京卯建は他所と較べると控えめだという。
注14) ばったり床几は軒下に設置されたベンチで，使わないときは引き上げて収納した。犬矢来は犬走りに置かれ，泥はねで壁が汚れるのを防いだ。したがって、現在の犬矢来は単なる装飾である。
注15) 丸山［2007］によると，隣家に接して外壁を建てる技法として，「建て起こし」または「側おこし」というものがあり，昭和初期まで行なわれていたという。隣家の壁が境界線上に建っている場合，まず，地面に妻壁の骨組（柱と貫（水平材））を組み，人力で立て起こして柱を礎石に載せる。卯建もこの時に同時に造られる。次いで両側の妻壁に桁行材をわたして屋根を造る。建て起しの前に外装材を貼ることもあるが，多くは土壁の下地のみで，雨仕舞は隣家の外壁に頼ることになる。もちろん近年では許されないので，施工に必要な空地が得られない場合は「寄せ壁」という工法が用いられる。これは，敷地内側で外壁を垂直に建

すなわち連坦[注16]する町並みが本質である。また，町割りは原則両側町なので，向かい側の家との関係も重要である。町並み保存のためには，コミュニティや文化的伝統の維持が必要なので，建物よりむしろこちらの方が核心なのであろう。

　もともとの総数は不詳であるが，1970年代後半から老朽化・所有者の高齢化・相続問題などにより京町家は減少し始め，市内中心部において業務用ビルや集合住宅が増加していった。京都市の調査によると，2009年度では約4万8000軒の残存を確認したのに対し，2016年度では約4万軒であったという。一方，京都市や民間団体が京町家の保存活動を展開した結果，京町家がブランド化し，1990年代から京町家を活用した飲食店や物販店が多くなっていった。近年では簡易宿所（民泊）が目立つ。常識では考えられない路地の奥にも店があって，むしろそれが売りになっているという不思議な状況である。多くは借家で，店主は京都以外の出身者（東京資本が多いらしい）がほとんどである。外国人もいる。要するに「よそさん」のおかげで京町家は生き永らえている。

　解体・新築する場合，隣接する隣家との調整がかなり面倒[注17]なことも，京町家が残される理由のひとつであろう。さらに，建築基準法の建蔽率・容積率の制限を受けるので大幅な減床となってしまう[注18]。したがって，建築確認申請が不要な，主要構造物（屋根・壁・柱など）を残すリフォームが多用されている。

写真1．4　解体された町家の隣家

　また，京都では火災が少ない[注19]ということも京町家保存に貢献していると思う。木造連坦地区で火事が起これば大災害となることを，京都人は歴史的に遺伝子に刻み込まれているのだろう。時々火事は起こるがせいぜい両隣に延焼して消し止められている。市民の

てて外装材まで貼り完成させた後，所定の位置まで平行移動させるというものである。なお，在来工法にこだわらないのであれば，パネルなど建物の内側からできる外壁の施工法は多数ある。

注16）連坦（連たん）とは，もともとは「軒を連ねる」という意味である。現在，行政や不動産業界では，二つの自治体にまたがって開発事業を行う際に使われているが，他の分野では死語となってしまった。なぜか京都市作成の教材『京町家のいろは』（2020年）において使用されているので，本書でも用いることにした。

注17）多くの連坦家屋では，それぞれが独立した外壁を持っているのか，共有しているのか，壊してみないと分からないらしい。一方の家を解体したところ，他方の外壁の仕上げが未施工のため土壁がむき出しとなることもおこる。その場合，解体する側が**写真1．4**のようにブルーシートで仮設的に覆うことになる。その後トタン（かつては波型，現在は茶色の角波カラートタンが多い）が張られ外壁とする例が多い（防火・準防火地域に要求される防火構造となるのか否か，分からない）。また，確認申請によって外壁が隣地境界を越えていることが判明することもある。

注18）防火・準防火地域（市中心部はすべてこれらの範囲にある）であれば，床面積は減るかも知れないが技術的に敷地境界線上に外壁を建てることは可能なので，新築でも伝統的な町家の景観維持は可能である。また，民法234条に外壁を敷地境界線から50cm以上離さなければならないとあるが，隣地の所有者が合意すれば適用されないし，連坦が慣習となっている地域では慣習が優先される（民法236条）。

注19）京都市消防局ホームページによると，2018年度の日本の21都市における人口1万人当たりの火災発生件数は，京都市は新潟市と並んで全国最少の1.6件であった（最多は東京都の3.1件，大阪市は2.7件）。

防火意識が高いのか，あるいは愛宕神社^{注20)}の火伏札（火<ruby>迺<rt></rt></ruby>要慎，すべての家・飲食店に張られているといってよい）のご利益なのかもしれない。

　必ずしもマンションがよいとは思わないが，木造連坦は都市防災上極めて危険であり，土地の高度利用を妨げている。さらに，断熱・気密性が劣る京町家は省エネルギー的ではないので，その保存は国際的な脱炭素の趨勢に反している。欧州の中世都市にあって今なお現役で使われている築数百年の建物なら理解できるが，せいぜい築100年の空き家の木造家屋にどれほどの価値があるのであろうか。日本はスクラップ・アンド・ビルトの国である。最新技術や特例制度を駆使すれば，景観を保ちながら高性能建築に建て替えていくことは可能であると思う。また，新築が増えれば伝統技術の継承にもつながるであろう。

　町家の保存活動が京都の発展を妨げているとまでは言わないが，私には悪あがきに見える。そうした活動の主体は建築家を自称する人々である。彼らは京都に限らず全国いたるところで，自分達の理念が社会を変革できると信じ，実際に活動する。是非はさておき，その行動力については尊敬する。しかし，押し付けられた当事者にとっては余計なお世話で，成功した例は寡聞にして知らない。何をもって成功なのかゴールさえよく分からない。

1.3　京都の見どころ

(1) 京都を調べる

　表1.2に示すように，京都には多くの文化施設がある。京都を語る図書，いわゆる京都本^{注21)}も多い。NHKでは衛星放送も含めると京都を扱った番組は週2〜3本ある。品質は高い。催し物情報獲得にはインターネットや地元新聞・放送局を常にチェックする必要がある^{注22)}。

(2) 京都の老舗

　老舗とは一般的には創業100年超で，先祖代々が経営する店舗や，法人化したとしても同族経営の会社を指すと思われる。京都市街を歩いているとそれらしい店はいくらでも発見できる（大半は和菓子屋である）。江戸時代以降の創業ならば数えきれないほどあるし，東

注20)　愛宕山山頂にある全国愛宕神社の総本社。火伏せの神。千日詣り（7月31日夕刻〜8月1日早朝に参拝すると1000日分のご利益があるとされ，毎年1万人以上が詣でる）でお札を受けるのが習わしで，飲食店など熱心な信者たちはグループ（愛宕講）をつくり毎年当番制で貰いに行くという。
注21)　京都本・ガイドブックなどが特に豊富なのは丸善京都本店（河原町通，京都BAL地下）である。地下1階に京都コーナーが設置されている。
注22)　イベント情報は京都観光NAVI（京都市観光協会）で通常事足りるが，すべてではないし，コロナ禍では情報掲載が遅いように思った。おそらく，京都新聞が地元情報を最も早く伝え，散文記事なので分かりやすい。なお，KBS京都テレビ番組「あんぎゃでござる」は，NHK番組と同じ題材・出演者を取り扱ったとしても，京都の本音や裏情報を感じさせるような演出なので，気に入っている。

表1．2　京都市内の主な文化施設（アンダーラインは入場無料）

名　称	住　所	休館	展示内容など
京都国立近代美術館	左京区岡崎円勝寺町	月	近代における京都・関西を中心とした絵画・洋画・版画・彫刻・工芸・写真など広範囲にわたる作品を収蔵・展示。
京都国立博物館	東山区茶屋町	月	平安〜江戸時代の文化財を保管・展示。国宝29点。寺社などからの委託保管も多数。企画展は全国から集めた国宝級ばかり。
京都市京セラ美術館	左京区岡崎公園内	月	昭和天皇即位を記念して1933年開設，2020年リニューアル。日本近代絵画を中心に収蔵・展示。
福田美術館	右京区嵯峨天龍寺芒ノ馬場町	火	2019年開館した民間施設。俵屋宗達・伊藤若冲・円山応挙・上村松園など江戸〜近代の京都画壇作品を多数所蔵。
京都府京都文化博物館	中京区東片町	月	祇園祭の縣装品などの美術工芸品・映像展示，名作古典映画の上映。別館は辰野金吾の赤レンガ建築（旧日本銀行京都支店）。
京都府立京都学・歴彩館	左京区下鴨半木町	無休	京都の歴史文化研究の支援施設。展示やイベントも行う。図書館としては最も充実。古写真をオンラインで閲覧できるので便利。
京都市考古資料館	上京区元伊佐町	月	京都市で発掘された埋蔵文化財の展示と市民講習。遺構と現在の町並みとの関係がよくわかる。
京都歴史資料館	上京区松蔭町	月祝	京都に関する歴史資料の保存・活用・出版などを目的としている。古文書・絵画などの展示のほか，図書・資料を閲覧コピーできる。
京都市平安京創生館	中京区聚楽廻松下町	火	京都アスニー1階。平安京に関する解説・模型展示。特に7.8m×6.6mの平安京復元模型（1/1000）は圧巻。
琵琶湖疏水記念館	左京区南禅寺草川町	月	パネルと模型展示が主である。計画・建設・効果など琵琶湖疏水の全てがわかるように解説されている。
京都景観・まちづくりセンター	下京区梅湊町	無休	ひと・まち交流館B1階。町家の歴史解説や模型展示。洛中洛外図（複製）は米沢市にある本物より分かりやすい。
角屋もてなしの文化美術館	下京区新屋敷揚屋町	月	3月中旬〜7月中旬，9月中旬〜12月中旬のみ開館。花街島原の揚屋建築。2階の座敷は数寄屋造りのパビリオンと言える。

京にも多く，それほど珍しくない。**表1．3**にそれ以前すなわち創業400年超[注23]の店舗・企業を示す。

　江戸時代の創業ではあるが，私が度々訪れる老舗に，箸の市原平兵衛商店[注24]（1764年創業，下京区小松町），錫工芸品の清課堂[注25]（1838年，中京区妙満寺前町），木桶のおけ庄

注23）　この種のリストに一般財団法人池坊華道会（創業は六角堂創建の587年とされる）が含まれことが多いが，一財はもちろん伝統文化は老舗の範疇外と考えるので除外した。羊羹の虎屋（1520年創業）は京都発祥であるが，東京へ本社を移転したのでもはや京都の老舗ではない（ただし，京都支店の従業員は，京都が本店だと強く主張していた）。なお，現在日本で最古の企業は，大阪市の金剛組（578年）とされている。聖徳太子に招かれ，四天王寺を建立した渡来人が創業した。神社仏閣専門の建設会社であるが経営危機に陥り，2005年高松建設の傘下に入った。今後，創業家が再び独立すれば別であるが，今のところ伝統は終焉したといえる。そうすると，現時点における日本最古の企業は705年創業（現当主は52代）の西山温泉慶雲閣（山梨県）ということになるが，これも最近経営不振や後継者が途絶えたため創業家から離れているらしい（旅館は続いている）。

注24）　竹箸の種類が多く，囲炉裏やかまどの煙でいぶされた「すす竹」で食べると，和食の格が上がる感じがする。

注25）　私の関心はもっぱら酒器である。感動したのは蓋付の錫製の銚子で，蓋の空気入れの孔を塞ぐと中身は

表1.3　創業400年超の京都老舗

創業年	商　号	住所（本店）	営業内容
885年頃	田中伊雅佛具店	下京区月見町	仏具製造
1000年	一文字屋和舗	北区紫野今宮町	今宮神社門前であぶり餅のみを販売。水曜定休
1160年	通圓	宇治市（宇治橋東詰）	宇治茶販売。先祖は源頼政家臣。現店舗は1672年築
1392年	松前屋	中京区桝屋町	道南産昆布製品の製造販売。日曜定休
1421年	亀屋陸奥	下京区菱屋町	西本願寺御用達の和菓子店。看板の松風は兵糧だった
1465年	本家尾張屋	中京区仁王門突抜町	そば屋。もとは菓子屋でそばの菓子もある
1470年頃	大徳寺一久	北区紫野大徳寺前	精進料理店。名物は大徳寺納豆
1500年頃	川端道喜[注28]	左京区下野々神町	和菓子製造販売。宮中に餅を収めていた。水曜定休
1558年頃	上林春松本店	宇治市	茶の加工・販売。「宇治・上林資料館」も運営している
1572年	吉田源之丞老舗	中京区石橋町	仏具製造販売
1587年	長五郎餅本舗	上京区滝ケ鼻町	北野天満宮名物の長五郎餅の製造販売。木曜定休
16世紀後半	中村楼	東山区八坂神社鳥居内	料亭。名物は祇園豆腐
16世紀後半	平八茶屋	左京区山端川岸町	料亭。名物は麦めしとろろ汁。木曜定休

[注26]（江戸中期，東山区小松町）がある。贈り物にもよい。

(3) 京都の高み

　京都を一望したいと思う人は多いに違いない。京都には，東寺五重塔（高さ57m）を超えてはならないという不文律があり，今日でも市中心部には高層ビルはない[注27]。一方，著名な寺社は盆地を取り囲む高台にある。

　以下は季節とかかわりなく，いつ訪れても価値がある京都の高みである[注29]。多くは東山にある。夕陽を見たいのでなければ，順光となる午前中に上るのが望ましい。

①伏見稲荷大社（稲荷山山頂，標高223m）

　伏見稲荷大社は渡来人の秦氏が711年に創建したという稲作の神を祀る神社で，全国の稲荷神社の総本社である。清水寺と双璧をなす京都の名所であり，外国人観光客の間では最

全く出てこないほど精緻である。錫は（同じく加工が可能な）銀・銅と比べると最も軽く，熱伝導率は一桁小さいので保温性に優れている。冷酒が一層うまく感じられる。

[注26] 米の計量に使われた升の製造が始まりだという。升には大小様々なサイズがあるが，酒にはやはり一合升であろう。価格も手ごろである。湯桶や風呂桶もあり見るだけでも楽しい。時代劇に出てくる箱型の湯豆腐桶には思わず笑ってしまった。

[注27] 1970年建築基準法改正により，それまでの建物の高さの上限31m（100尺）は撤廃されたが，京都には高さ制限の地方条例がある。1988年に60mまで認められるようになり京都ホテルオークラ（58m）と京都駅ビル（60m）が建てられたが，2007年に規制が強化され，特例を除き上限を31mにまで再び引き下げられた。現在，100m級のビルは南区のニデック（旧日本電産）と伏見区の京セラ本社ビルのみである。

[注28] 道喜は応仁の乱のときに天皇に毎日朝食を届けていたことから御用達となった。御所建礼門の右に小さな門があり道喜門と呼ばれている。

[注29] 京都市街のどこからでも「大」の字が見えることからわかるように，最も見晴らしが良いのは大文字山火床（標高約335m）である。ただし，それなりの登山となることと，高すぎてあまり面白くなさそうなので，私は登ったことはない。なお，その他の送り火の山は立ち入り禁止である。

も人気があるという。理由は林立する朱色の鳥居[注30]である（朱色は防腐剤の光明丹の色）。

「千本鳥居」は，奥社奉拝所参道の鳥居を指す。二股にわかれている。実際には八百数十基らしい。鳥居はこれらのみでなく，ご神体である背後の稲荷山を巡る参道にもびっしりと建てられている。3000基とも1万基ともといわれている。途中には眼力社・薬力社などカテゴリーキラーの末社が多数あり，会

写真1.5　二之峰のお塚群

社・団体・個人の私的な「お塚」（祠）[注31]も数多く建てられている（**写真1.5**）。

中腹の四ツ辻から続く荒神峰見晴台（標高約180m）に登ると，東寺から伏見一帯さらに大阪の高層ビル群まで見渡せる。ただし，午後には逆光となりあまりよく見えない。四ツ辻から先は一之峰〜三之峰を巡る周回ルートとなっている。それ以上登ってもさらなる眺望は開けないので，信心がなければ徒労となるかも知れないが，神社というものの本質を考える上では頑張る価値はあると思う。右回りの方が，上りが緩やかとなるので楽である。

②将軍塚展望台（標高約210m）

高台寺の東側に華頂山と呼ばれる山があり（地図に表記はない），その山頂周辺（山科区逗子奥花鳥町）は粟田口にある青蓮院の飛地境内である。**将軍塚**[注32]および清龍殿（国宝青不動を祀っている）と2か所の展望台がある。四条通から北の京都御苑や平安神宮および西山を見渡せて素晴らしい。とりわけ山の斜面に突き出すように造営された木造1,046㎡の「大舞台」（**写真1.6**）は壮大で，市街からも見つけることができる。清龍殿を出て南側

写真1.6　青龍殿「大舞台」

に下ると狭いが無料の市営展望台があり，将軍塚からは死角となる京都駅など京都市の南側を見渡すことができる。

将軍塚へは三条京阪駅から循環バスが出ているが，便数が少なく分かり難い。円山公園

注30）信者による鳥居奉納は明治の神仏分離令以降から始まったという。鳥居の裏側には奉納者の名前・住所・建立年月が記されている。奉納者は全国にまたがり，個人もあるが，おそらく8割以上が企業である。鳥居の寿命は20年程度であり，その間修理も行われるらしい。2022年3月に私が見た限りでは，最も古いものは昭和29年（四ツ辻から右廻ルートで一之峰の手前），二番目は昭和37年（修復とある，同じく四ツ辻から右廻ルートに入ってからすぐ），三番目は昭和63年（右廻ルートで三之峰を過ぎてすぐ）であった。

注31）小さな山や土の盛り上がり，あるいはそこに建立された塔・石碑などで，鎮魂や信仰の対象である。日本の原始宗教（古神道）につながり，「お塚信仰」と呼ばれている。伏見稲荷大社では，明治の上知令により社領のほとんどが官有地となったのを機に（事実上放置状態だったらしい），山中のあちこちにおびただしい数の私的お塚が建てられた。

注32）直径約20mの円形の塚で，桓武天皇が平安京の鎮護のため，高さ8尺の土人形に甲冑を着せた将軍像を埋めさせたとされる。

などから山路を登ってくる人も多い。駐車場は無料である。なお、桜・紅葉の季節と五山の送り火の8月16日には夜間拝観もできる（8月16日は車両規制があるため観光バスを除き徒歩となる）。

③京都タワー展望室（高さ131m、標高約160m）

　京都タワー[注33]のような展望台は観光資源として必要である。京都盆地をまさに360度、町並みや建物を俯瞰できる。望遠鏡で覗けば、路上を歩く一人一人の表情まで見分けられ、程よい高さである。しかしながら、京都タワーのデザインは奇異で私はいまだに納得できない。脱法的な、すなわちずるい仕事の宿命であろう。しかしながら、いかなる醜悪な建物でも長年存在し続けると既成事実化して、目が慣れてしまうので事業主・建築家の責任は大きい。

写真1．7　清水寺の伽藍

④清水寺（標高約115m）

　清水寺[注34]（写真1.7）は平安時代からの観光と桜の名所である。伽藍は消失再建を繰り返し、現在の本堂（国宝）は1633年徳川家光の寄進によるもので、懸造[注35]の代表である。「清水の舞台」はこの時拡張されたという。檜皮葺の屋根は非常に複雑な形[注36]をしている。

　参詣ルートの出口付近にある茶屋[注37]を過ぎ、さらに直進していくと、広大な墓地に繋がる入口がある。ここは清水寺の境内ではなく西本願寺大谷墓地（大谷本廟がある）である[注38]。人気はなく閑静で眺望を遮るものはない。不謹慎ではあるが、市街地展望の穴場である。

注33）1964年完成。高さ31mのホテルを主用途とする建物の屋上に建つ高さ100mの筒状の鋼板製タワーである。本来なら高さ制限を超え違法となるが、タワー部は看板などと同じ工作物であるという理屈である。当初、計画全容が明らかにされない上、各界の大反対を押し切って建設が強行された。

注34）778年興福寺の僧が創建し、780年には坂上田村麻呂がお堂を寄進したといわれている。現在は北法相宗大本山を名乗っているが、1965年までは法相宗興福寺の末寺であった。したがって、古代では度々延暦寺との抗争に巻き込まれ、焼き討ちにもあっている（1165年）。安政の大獄で殺された尊王攘夷派の月照は、清水寺のトップ（本坊の成就院住職）であった。

注35）崖などの高低差が大きい土地に、長い柱や貫で床下を固定しその上に建物を建てる建築様式である。全国各地に多数あり、同じく清水寺の奥の院や、鉄骨ではあるが将軍塚の大舞台も懸造である。

注36）ひとつの建物であるが、あたかも両妻側に建物があり、それらの上に威容を示すためなのかむくみのある巨大な寄棟屋根がかぶさっている、という形になっている。増築を繰り返した結果だということである。

注37）参詣ルートの出口付近に舌切茶屋と忠僕茶屋があるが、両方とも月照の従者の子孫が寺から許され経営している。前者の物騒な名前は、その従者が月照の行方について幕府の拷問にあっても口を割らず、獄中で舌をかみ切って自死したことに因んで名づけられたという。

注38）清水寺の付近一帯は古代から鳥辺野という葬地（単なる死体の放置場所）であった。大谷墓地はその一部にあたる。西の「化野」と北の「蓮台野」と合わせて三大葬地と呼ばれる。後二者は庶民の葬地であったが、鳥辺野では貴族も葬られ、藤原一族や親鸞も火葬された。1603年幕府の命により西本願寺派の親鸞の墓所（大谷本廟）が移され、寺史によると1661年から墓地の経営が始まったという。なお、庶民にも墓標が立てられ、墓参りが一般的になるのは江戸期になってからである。

14

清水坂[注39]を下っていくと，廃校となった東山小学校の校舎をコンバージョンしたホテル青龍（2020年開業）がある。その屋上にあるルーフトップバーK36では円山公園から嵐山方面を一望できる。特に**八坂の塔**[注40]を真横から間近に見ることができ，これまでにない新鮮な光景である。昔の小学生はこのような絶景を毎日見ていたのかと思うと，うらやましく思った。

⑤銀閣（標高約90m）

銀閣（国宝，1489年）は慈照寺[注41]の仏堂のひとつである。あまりにも有名なため寺全体が銀閣寺として知られるようになった。並び称される金閣（同じく相国寺の境外塔頭の鹿苑寺）には金箔が貼られていたのと対照的に銀閣は黒漆塗であった。庭園内にある銀沙灘・向月台と名付けられた砂盛が有名であるが，その意味するところは不明らしい。

写真1.8　銀閣から吉田山を望む

銀閣は金閣と対照的で物寂しい。しかし，庭園を廻っていると**写真1.8**に示すように京都の町の視界が開け，心も晴れやかになる。隠遁生活を望んだ足利義政も同じ気持ちであったのであろうか。

⑥京都駅ビル屋上（高さ約45m，標高約70m）

京都駅ビル[注42]は商業ビルとして有数の名建築である。ファサードにも平面・断面計画についても，訪れるたびに新しい発見があり感動させられる。60mの高さ制限を課せられたためか，建物の構成は非常に複雑である（超高層ならばゾーニングは簡単であったに違いない）。ディテールも超絶的である。

屋上は，中央の巨大アトリウムを挟んで西側の「大空広場」（12階レベル）と東側の「東広場」（8階レベル）に分かれていて，両者はアトリウムを貫く空中歩廊でつながって

注39）東大路通から西は松原通（中世までは五条通であった）となる。古代では鳥辺野のメインストリートにあたる。鴨川東岸に死体が放置されたので，死体を扱う人々（非人）が多く住んでいた。ハンセン病患者小屋も鴨川東河畔にあったという。沿道の弓矢町には（1974年が最後となったが）祇園祭に甲冑姿で参列した犬神人が居住し，弓矢作りを生業としていた。祇園祭の期間中に甲冑や弓矢の展示が行われる。轆轤町には，小野篁が地獄と往来していたという六道珍皇寺がある。このように，清水寺は死・穢れ・畏れの地にあった。

注40）京都の映像の代表として扱われる法観寺五重塔で，1440年に再建された。法観寺は聖徳太子創建の伝承があるが，実は八坂氏が建てた。不定期であるが内部も公開されているらしい。境内に他の建物はなく，木曽義仲の首塚がある。

注41）相国寺の境外塔頭。1482年室町幕府8代将軍足利義政が建てた東山山荘が始まりである。ただし，義政は銀閣の工事中に死去した。東求堂（国宝，1486年）に残されている彼が使っていた4畳半の書斎は，書院造の源流とされる。池泉回遊式庭園は，義政と交流があった河原者（非人）善阿弥の息子たちによるものであるが，江戸時代に改修され当初の面影はないらしい。なお，銀沙灘・向月台も江戸時代後期に始められたものだという。

注42）設計は原広司，1997年完成。延面積23万8000㎡・地上16階・幅470m・高さ60m。4つの鉄道駅（JR・新幹線・近鉄・地下鉄）・デパート・ホテル・劇場・美術館などからなる複合建築である。景観を悪化させていると批判のあるファサードは，確かに立ちはだかるようではあるが変化に富んでいて，立体的屏風絵を見るようである。

いる。ガラス越しではなく直接京都盆地を眺めることができる。

　大空広場は集客を目的として設計されていて，4階から大階段[注43]（高さ約35m，幅約16m，171段）を上っていく。屋上から見下ろすアトリウムは，他に類を見ない不思議な光景である（写真1．9）。夜には階段に埋め込まれたLEDランプによりイルミネーションが演出される。また，11階には窓から市街を展望できる飲食店もいくつかある。

写真1．9　京都駅ビル大階段

　一方，東広場はオープンスペースという趣で，設計者の意図は特に感じられない。時々イベントや結婚式のアトラクションが行われている。人はほとんどやってこない（昼休み事務服姿の女性が一人静かに弁当をとっていた）。平面・断面ともに入り組んでいるので，探検すると思わぬ展望スポットが現れる。

1．4　京都の交通

(1) 京都の住所

　京都の住所は面倒である。しかも，町の数はおびただしい[注44]。住民票などの公式の表現は「○区△町123番地の4」である。郊外ならばこれで十分であるが，中心部については自分の家の周辺以外では京都人でも地図が必要となるに違いない。

　そこで座標表現で補うことになる。すなわち，近傍の交差点を二つの通りの名前で示し[注45]，そこからの方角を「上る」（北方向）・「下る」（南方向）・「東入ル」・「西入ル」で指定する。例えば京都市役所は，フルスペックで表すと，中京区寺町通御池上る上本能寺前町488である。なお，通りの名称の表示板[注46]は他の都市と較べると（意地悪を疑うほど）少なく，家

写真1．10
仁丹の表示板

注43）平成10年から毎年2月第3土曜日に「京都駅大階段駆けあがり大会」が開催される。最上段の蹴込板に歴代の優勝者（個人・団体）の名盤が貼られている。

注44）昭文社発行の地図（2020．4）の町名索引では，京都市の町は（○丁目もカウントすれば）3969あった。同名の町は多く，同じ区内でも5か所に及ぶこともある。また，面白いことに中京区に四丁目・五丁目・六丁目という，丁目のみが町名となっている町がある。柳馬場通の丸太町通から南に連続している。一丁目〜三丁目はない。北は京都御苑なので，かつてはそこにあったのかも知れない。

注45）南北・東西のどちらの通りが先になるのか，法則性はないらしく慣習らしい。しかし，タクシーで行く先を交差点名で告げるとしたとき，例えば四条烏丸を「烏丸四条」と間違えると，運転手にかなり馬鹿にされる。座標表現は分かりやすいが，タクシーでは知ったかぶりをしないで町名を言った方が無難である（同名の町が少なからずあるが，もし混乱したら運転手が悪いのである）。

注46）町内会の掲示板と，稀に残っている仁丹の町名表示板（写真1．10）だけが頼りで

の表札に住所が書かれていることもほとんどない。

⑵ 市街地中心の道路事情

　京都は大都市であるにも関わらず道路は狭く，道幅に較べて交通量は多い。また，自転車が推奨されているためその多くが疾走している。町並みに気をとられふらふらしている老人には危険な土地である。特に電動アシスト自転車は脅威である。なお，中心街の河原町通・四条通・寺町通・新京極通などでは日中の自転車通行は禁止となっている。

⑶ 路線バス

　京都の名所は市街地外周に分散しているので，鉄道は宿命的に不便である。かつての京都市電は市内をくまなく走り，生活や観光に便利であった。現在その役割を担っているのは路線バスである。

　京都市内を走る路線バスには，**表1．4**に示すように市バス・京都バス・京阪バス・JRバスの4社がある。市バス以外は民営である。各路線には例外を除き数字のみの系統番号がつけられている。しかしながら，200番台（8路線，表示がオレンジ色）が循環系統という以外，私には法則性が感じられない。乗りこなすことは京都市民の登竜門である。

　市街地に限れば市バスによってほぼ全てカバーされている。**表1．5**に観光客として便利と思われる路線を示す[注47]。とりわけ205・206系統は循環なので，市内見物の観光バスとしても使える。市内料金は1回均一230円（2024年現在，桂・山科・醍醐方面は別料金），後扉乗り前扉降り後払い，交通系カードが使える[注48]。

⑷ JR・私鉄・地下鉄

　表1．6に京都市内を運行しているJR西日本・私鉄・地下鉄の路線を示す。
①JR西日本
　JR西日本には関西を横断する新快速というヒット商品がある。地元民以外にあまり知られていないが，普通料金の特急列車である。2路線あって，ひとつは米原～播州赤穂（JR

　ある。後者は100年以上前のものらしい。宣伝看板であることには間違いないが，具体的にいつだれが設置したのかは不詳。区名が新字体で左書きのものは戦後新たに設置されたという。なお，大通りを除けば，町名が書かれている消火器の格納箱が必ず置いてあり，町名だけは容易に分かる。

注47）地下鉄駅などでもらえる市バス路線図には京都バス・京阪バスの市内主要路線も載っているので，とりあえずは十分だと思う。郊外路線含めた民営バスの全路線図は各社の営業所やHPからダウンロードできる。なお，コロナ禍前にあった，市バス100番台（観光客対象で主要停留所のみ停車の "急行"）は2023年現在運休中である。また，多分地元市民向けと思われるが，中心部を走る路線が突然現れる。路線図に載っていない。停留所の時刻表をチェックすることが望ましい。

注48）ほかにも回数券や1日券など様々な切符があり，市内コンビニでも販売しているが，財政難やオーバーツーリズムのために見直されている。また，70歳以上の京都市民には市バス・地下鉄が乗り放題となる「敬老乗車証制度」がある。残念ながら京都市の財政難のため負担金の値上げや対象年齢の引き上げが検討されている。

表1．4　京都の路線バス

通　称	運営会社	車　体	運行エリア
市バス	京都市営バス（京都市交通局）	薄緑をベースに緑のラインが描かれている	主な起点は京都駅・四条河原町。宇治川以北の盆地内をすべてカバー
京都バス	京福電鉄バス（京阪グループ）	市バスと同じデザインだが，色はベージュに赤茶色のライン	主な起点は京都駅・四条河原町・国際会館駅・阪急嵐山駅。岩倉・大原・貴船・鞍馬方面をカバー
京阪バス	京阪バス	白をベースに赤のライン。フロントは白と赤の横ストライプ	主な起点は醍醐バスターミナル・山科駅・京都駅（八条口）。山科・醍醐・比叡山をカバーしている
JRバス	西日本JRバス	白をベースに紺の縁取り。ツバメのマークがある	京都駅前（烏丸口）から京北方面（高尾・中川・周山）へ向かう路線のみ。市内は2ルートに分かれる

表1.5　京都市バスの主要路線

系統	主な停留所（アンダーラインはJR・地下鉄接続駅）
5	京都駅前～四条烏丸～四条河原町～河原町三条～三条京阪前～東山三条～平安神宮前～南禅寺～銀閣寺道
11	河原町三条～三条京阪前～四条河原町～四条烏丸～西大路四条～四条大宮～太秦天神駅前～嵐山～嵐山天龍寺前
46	平安神宮前～東山三条～祇園～四条京阪前～四条烏丸～四条大宮～二条駅前～今宮神社前～上賀茂神社前
201	（循環）四条烏丸～四条河原町～四条京阪前～祇園～東山三条～烏丸今出川～二条駅前～四条大宮～四条烏丸
203	（循環）四条烏丸～四条京阪前～祇園～東山三条～烏丸今出川～北野白梅町～西ノ京円町～四条大宮～四条烏丸
205	（循環）京都駅前～四条河原町～下鴨神社前～北大路BT～大徳寺前～金閣寺道～西ノ京円町～京都駅前
206	（循環）京都駅前～三十三間堂前～清水道～祇園～東山三条～北大路BT～大徳寺前～二条駅前～京都駅前
207	（循環）四条烏丸～四条京阪前～祇園～清水道～東福寺～大石橋～東寺東門前～四条大宮～四条烏丸

表1.6　京都の電車

	路線名	区間・主要駅名	備　考
JR西日本	京都線	京都～大阪	東海道本線の一部の愛称で，実質的な意味はない
	琵琶湖線	米原～山科～京都（～播州赤穂）	東海道本線の一部。新快速がある
	湖西線	敦賀～山科～京都（～姫路）	新快速がある
	嵯峨野線	京都～嵯峨嵐山～園部	山陰本線の一部
私鉄	近鉄京都線	（国際会館～）京都～近鉄奈良	地下鉄烏丸線に乗入れ
	阪急京都線	京都河原町～烏丸～桂～大阪梅田	烏丸で地下鉄駅に接続
	阪急嵐山線	嵐山～桂	
	京阪本線	出町柳～三条～東福寺～淀屋橋	三条駅は地下鉄東西線三条京阪駅に接続
	京阪京津線	びわ湖浜大津～御陵（～太秦天神）	地下鉄東西線に乗り入れ
	叡電叡山本線	出町柳～宝ヶ池～八瀬比叡山口	叡山ケーブルに接続
	叡電鞍馬線	宝ヶ池～鞍馬	鞍馬山ケーブルに接続
	嵐電嵐山本線	四条大宮～帷子ノ辻～嵐山	
	嵐電北野線	帷子ノ辻～北野白梅町	
地下鉄	烏丸線	国際会館～竹田（～近鉄奈良）	近鉄京都線が乗り入れ
	東西線	六地蔵～山科～御陵～太秦天神川	山科でJR，御陵で京阪京津線に接続

琵琶湖線・京都線・神戸線），他方は敦賀～姫路（JR湖西線・京都線・神戸線）を走る，乗り換えなしの直通列車である。京都・大阪駅間は約30分と，（新大阪ではなく）大阪駅なら新幹線より早く着く（途中の停車駅は高槻と新大阪のみ）。十数分に１本の運行なので，京都はもちろん滋賀県も大阪・神戸の通勤圏内となった。

②私鉄・地下鉄

　京都市中心部を走る私鉄は近鉄・阪急・京阪の３社がある。大阪・奈良方面に行くのには便利であるが，互いの接点がないので市内の移動には使い勝手はすこぶる悪い。郊外では，京都市電を引き継いだ京福電気鉄道（京阪グループ）の４路線があり，観光客の人気が高い。

　近年，関西でも私鉄・地下鉄の相互乗り入れが多く便利になっている。しかし，住んでみないとなかなかよく分からない。近鉄京都線は路線図では京都駅が起点となっているが，京都市営地下鉄烏丸線にも乗り入れている。地下鉄国際会館駅が始発となり，直通だと近鉄奈良駅まで１時間15分で行ける。京阪京津線は，路線図ではびわ湖浜大津～御陵となっているが，実際はほぼ全便地下鉄東西線に乗り入れていて，太秦天神川駅まで直通運転している。ただし，それぞれの路線料金の合計となるので，走行距離に対して割高である。しかも，京都の地下鉄初乗り料金は日本一高い。

1.5　京都に住む

(1) 京都の気候

　京都の冬・夏は過酷である。冬の気温が０℃以下となることはあまりないが，底冷えということなのであろうか，風は強くないのに体感温度は低い。しかし，観光客は少なく料理が最も美味しい時期なので，頑張って外出したい。

　問題は夏である。気温40℃を超えることはないが，37～38℃の日が続く。33℃まではなんとか耐えられるが，35℃超は殺人的である。しかも，夜になってもなかなか下がらない。

　気象庁の猛暑日（日最高気温が35℃を超える日）日数ランキングによると，2011～'20年の10年間で上位10都市に入ったのは，多治見市が10回で断トツに多く，次いで京都・熊谷・舘林・伊勢崎の６回であった。京都は灼熱都市なのである。うまい食べ物もないので，年寄りは家に閉じこもっていた方がよい。

(2) 京都移住への憧れ

　観光のみに満足せず，京都移住を思いたつ定年退職者は多い。私もその一人である。先駆者は谷崎潤一郎[注49]であろう。なかには，がんの余命宣告を受けたのを機に生まれ故郷を

注49） 東京の下町生まれ。京都在住は60歳からの８年間のみであった。京都を去ったのは，冬の寒さに耐えられなかったからだという。それを裏付けるように，死去したのは神奈川県湯河原町であったが，彼の墓は京都鹿ケ谷の法然院にある。なお，彼の主要作品で京都が出てくるのは『細雪』のみで，主人公たちが２～３

捨てて京都に移り，本当に京都で亡くなった人もいる。

　京都移住した人々がその経緯を著した出版物は多い。しかし，著者自身に対しての興味があるのならさておき，彼らにとっても初体験だったであろうし背景や経済力が異なるので，その経験は普遍性に乏しく，あまり参考にならないと思う。

　彼らの京都移住の動機をまとめると以下のようになる。私も全く同感である。
①歴史の舞台に住み，歴史の重みを感じたい。歴史上の人物と同じ光景を見たい。
②京料理店・老舗食堂・喫茶店・菓子屋などで，京風情を楽しみ美味いものを食べたい。
③四季の美・年中行事・風習の奥深さを堪能したい。

(3) 京都生活の不安

　一方以下のように，京都（特に中心部）に住むことへの抵抗感もある。
①京都人の排他性

　京都に住み始めると，ごみの出し方など，近所のおばさんが監視していてしきたりをいろいろ言われるらしい。よそ者に対する強烈な拒否感を感じるという。しかし，その小言を守ればメンバーシップを認めるということであろう。彼ら（その先祖）もそうしてきたはずである。近年，Ｉターンで縁故のない田舎に移住したが，地域とコミュニケーションがとれず失敗する例をよく聞く。それと比較すると京都ははるかに親切なのではないか。
②婉曲的表現および「いけず」と呼ばれる強烈な嫌味

　「ぶぶ漬けでもどうどす？[注50]」に象徴される婉曲的表現は京都の専売特許ではなく，封建的規範が残る日本の田舎の常套である。生まれも育ちも北海道である私の母でさえ，使いこなしていた。ただし，京都弁で言われると陰険さが増すのは間違いない[注51]。今日，地方都市でさえそのような面倒はなくなったのに，大都市京都で残っていることが驚愕なのである。そのうち京都も近代化するであろう[注52]。

　一方，私のような無職で全くのよそ者が生粋の京都人とお近づきになる機会はほとんどない。飲み屋などで，「田の字地区」生まれで現在も住んでいるという同年輩の男性に時々

日花見旅行したに過ぎない。

注50) ぶぶ漬け云々は，実際に使われていたのかあやしい。落語の「京の茶漬」によって広まったとされる。ＮＨＫ番組によると，本当に客に帰ってほしいときには「用事を思い出した」などと言うらしく，これは全国共通であろう。なお，京都人は日常茶漬ばかり食べているので，本当に他人に食べさせるものがないらしい。

注51) こうした常套句の例として，"ぶぶ漬け"のように「もう帰れ」と促すものが最も多い。次いで服装に関する嫌味であろう。その他に京都人の会話の特徴として，ほとんど無意味な定型的挨拶の連発や，（通常は謙譲語を用いるべき）身内について述べる場合や目下の者に対しても尊敬語を使うこと，などが挙げられる。他所者が聞いて，京都人は「冷たい」あるいは「お高くとまっている」と感じる原因とされている。多少意味はずれるが「巧言令色鮮し仁」という論語の一節を思い出す。確かに仁は京都人のイメージから程遠い。

注52) バブルのころまで，名古屋は「大いなる田舎」と呼ばれていた。その理由は，市街地開発が遅れ戦後直後に建てられた粗末な木造建築が多数残っていたことと，保守・排他・権威主義的な土地柄であったことである。まさに現在の京都に当てはまる。その後名古屋はトヨタ自動車とともに著しい発展を遂げ，名古屋弁も聞かなくなった。京都もそうなるかも知れない。

出会う。彼らの多くは進学や就職で東京や大阪に移り，さらには海外勤務も経験して戻ってきたという人達であった。すなわち，関西人どころか国際人になって帰郷したのである。京都を相対化して語ってくれる。「いけず」を恐れるのはほぼ杞憂であろう[注53]。

③居住地による差別

　井上章一氏が『京都ぎらい』などで繰り返し述べているように，「田の字地区」あるいは山鉾町こそが京都であり，嵯峨・山科・伏見などは，京都出身と名乗ってはいけないらしい。

　また京都人は滋賀人を見下し，大阪人を恐れているようである。また，関西以外の土地にはあまり興味を持っていないように見える。視野が狭いのか，あるいは選民意識の表れなのか。ただし，出身地に閉じこもろうとするのは全世界の田舎者に共通している。

④鼻持ちならない選民意識

　地元人が著した京都本には根拠のない選民意識が少なからず見受けられる。京都を題材にしたNHK番組では，高等遊民が次々と登場する。京都が嫌いな井上章一氏も，結局は京都を特別な地であると位置付けているから，似たような本の出版を重ねているのであろう。

　私が，京都本やTV番組で仕入れたネタを用いて飲み屋で出会った京都人（または京都に住んでいる人）にカマを掛けると，期待通りの反応が返ってくるので面白い。彼らは私がよそ者と分かると口が軽く，加えて北海道出身の田舎者だとへりくだると特に機嫌がよくなる。

　ただし，大企業で活躍していながら，老舗を継ぐために京都に戻ってきた人達は多いようで，尊敬に値する。皇統の維持問題を鑑みると，彼らが選民意識を持つのも理解できなくもない。しかし，ただ京都で生まれただけ，あるいは住んでいるだけの人間が威張るのはいかがなものか。

(4) 京都の住居を探す

　他所者の私には京都に骨を埋めるほどの覚悟はないし，普通の会社員だったので仮住まいのために家を購入する財力もない。京都の歴史文化や四季および食を確認するのみが目的なので，2〜3年住めば十分である。そうであれば，庶民の住居としては賃貸物件ということになる。まずは京町家かマンションか，そして「田の字地区」か，あるいは鴨川や御所から徒歩圏内にある場所か，はたまた郊外で妥協するか，ということになろう。

注53）ただし，京都から一歩も外に出たことがない純粋培養された京都中年女に邂逅したならば，かかわらないのが肝要である。彼女たちはいけずを通り越して，超然的ディスガスティングである。全国共通のことであるが，その土地の習俗は女性によって守られているのである。またある時，鼻が高くなった人気割烹の主人（NHK番組等にも度々出演する京都人）が客（私ではない，念のため）に，江戸っ子も驚く直截的で喧嘩腰の物言いをしているのを目の当たりにすることがあった。どうやら客の方が悪いらしいのだが，客商売である。それこそいけずでたしなめるのが京都人の真骨頂なのではないか。少なくとも，他の客が不愉快になり，"おもてなし"の精神に反すると思った。

　公的ローンの優遇対象となるような現代住宅に住み慣れた人間は，京町家では生き永らえないと思う。それにもまして，わがまま定年退職者に面倒な近所付き合いはできない。一方，中心街のマンションは数階程度なので，最上階だとしても毎日汚らしい屋根を眺め続けることになろう。かつての美しい瓦屋根は少ないのである。景観のよい鴨川沿いに理想的な立地のマンションが何件かあるが，賃貸物件としての出現はおそらく期待できない。

　検討中に出会った京都人に私の計画を話したうえで，どこに住むべきか尋ねてみた。話を総合すると，田の字地区は様々な理由で勧められない（地元民でさえ敬遠する），岡崎[注54]や下鴨がよいという。市中心から徒歩またはタクシー1000円圏内が彼らの考える市内のようで，それより遠いエリアは"洛外"である。実際のところ四条烏丸から3km離れると，雑多な建物が入り交じったどこにでもある地方都市の風景となる。京都人の友人を見つけたいのなら別だが，わざわざ移住するまでの価値はないと思った[注55]。

　観光地の魅力は非日常にある。そのなかで従来通りの快適な生活を営もうとすることには矛盾がある。そこで私は結局，大津のマンションに住居を決めた。詳しくは第14章に述べる。

　おかげさまで2020〜'22年の新型コロナウィルス禍の外出規制の間，変化に富んだ琵琶湖を眺めながら過ごすことができた。結果論ではあるが，もし田の字地区に住んでいたのなら，精神的に健全であり得た自信はない。

注54）『古都』（川端康成）でも，主人公一家が家業の呉服商廃業後の住居を探して岡崎を歩くシーンが描かれている。私は岡崎の北，哲学の道の山側の鹿ケ谷・浄土寺地域も京都らしいと思う。生活や交通の便は悪いが，眺望がよい。

注55）私が京都中を歩き回った結果では，物件入手の可能性や生活の便（交通・買い物・飲食店）はさておき，景観と周辺環境（ただし狭小道路や坂の上は困る）の観点からいうと，水辺が好きなので，賀茂川・高野川・濠川沿いならば住みたいと思った。山側ならば，小倉山に近い嵯峨が静寂で良い（ただし，老人向けの飲み屋はない）。

第2章　京都の歴史

　私はごく最近まで愚かにも現在の京都＝平安京だと考えていた。平安京の内裏は現在の京都御所，朱雀大路は烏丸通で，大内裏の西半分が失われ残った東半分が現在の京都御苑と考えれば，地理的に相対関係が成り立つように思えたのである。しかしながら，京都の市街地はもちろん，内裏の所在さえめまぐるしい変遷があった。

　大学入試で日本史をとった人間ならば，高校教科書の記述をつなぎあわせ京都の通史を思い描けるのかも知れない。しかし，多くの人の知識はせいぜい中学校の教科書レベルに留まり，自力による京都史の構築は無理であろう。

　本章では，高校日本史程度ではあるが，京都史の俯瞰を試みる。これを理解すれば京都史は日本史にほぼ等しいことが分かると思う。

2. 1　平安遷都

(1) 遷都以前の京都

　遷都以前の京都はいくつかの豪族によって支配されていた。その代表は，北部の**賀茂氏**，西部太秦の**秦氏**、南東部の**八坂氏**である[注1]。秦・八坂は，3世紀から7世紀に主に朝鮮半島から移住してきたいわゆる渡来系である。

　京都盆地は北から南へ傾斜していて，さらに北西方向に傾いている[注2]。北方は北山と比叡山に阻まれていて，南西方向は湿地帯なので市域拡張の余地はなかった。一方，西方と南方は開けていたので，その後（今日においても）嵯峨・嵐山および伏見・宇治へと都市開発が進んでいったのは当然の成り行きであろう。

(2) 平安京の誕生

　794年，桓武天皇は京都盆地（当時は山城国（やましろくに）の一部）に遷都し，**平安京**と名付けた。その10年前の784年には，道鏡に代表される仏教政治の弊害を断つため平城京（奈良）から長岡京（現在の京都府向日市）へ遷都していたので，非常にめまぐるしい。その他の背景として785年に粛清した弟の早良親王の怨霊への恐れや，貴族間の内紛があったとされる。遷

注1）上賀茂・下鴨神社は賀茂氏，松尾神社・広隆寺は秦氏，祇園社（八坂神社）・法観寺（八坂の塔）は八坂氏の氏神・氏寺であった。秦氏は秦河勝で知られるように奈良が拠点であったが，一族は地方にも移住し，焼き物・金属工芸・土木などの高い技術によって地域や大和政権に貢献していたという。特に古代における桂川流域開発は秦氏の優れた土木技術の賜物である。京都遷都の立役者でもあった。

注2）Google Earthで調べると，平安京の北辺に当たる現在の一条通の標高は50m〜56m，南辺に当たる九条通は15m〜25mである。

都の動機がこのようにネガティブなものであったためか，事前に念入りに地相を占い，鬼門封じにこだわったことなどが伝えられている。

(3) 平安京の都市計画

　図2．1は現在の京都地図に当時の平安京の範囲を投影した図である。東西4.5km，南北5.2km，左右対称の碁盤の目状の道路[注3] で区画され，北辺中央に宮城にあたる大内裏（＝平安宮[注4]）を配置するという中国流の都市計画[注5] に基づいていた。平城京も下敷きとしたので通りの名称などが共通している。遷都当時の人口は十数万人だったという。

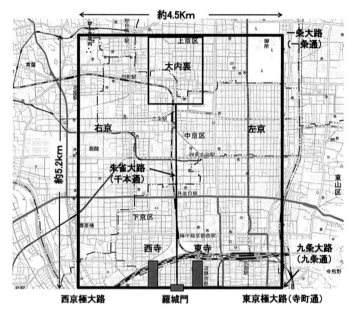

図2．1　平安京・大内裏の位置（国土地理院地図より作製）

注3）道路には側溝が整備されていた。芥川龍之介の『好色』で描かれているように，平安時代には貴族でさえ糞尿を側溝に捨てていた。水が流れていればともかく，用水確保はままならず，いつもごみで詰まっていたらしい。さらに，庶民は道路で用便を足していたので，平安京は極めて不衛生で疫病が蔓延しないはずがない。検非違使ができてからは，市内清掃は彼らの役目（直接手を下すのは賤民）になったというが，人出不足だったことは容易に想像できる。

注4）「宮」とは，大和政権において天皇の住居地であったが必ずしも官庁街とは同一ではなかった。藤原京以降両者は一体化し，まとめて「宮」と呼ばれるようになった。「京」とは貴族や役人が宅地を与えられ居住する条坊制に基づいて区画された地域を意味した。

注5）このような都市計画を条坊制という。東西11本の大路（条）と南北13本の大路に囲まれた区画を「坊」と呼んだ。それぞれの坊は原則として東西と南北それぞれ3本の小路によって約120m四方の16のブロックに分けられる。これを「町」と呼び（四方が通りに面しているので四面町という），番号が振られていた。おびただしい数の町があったが，座標で住所を特定できるので非常に合理的である。後に町割は両側町になり町名は固有名詞になった。しかもその結果，町の数はさらに増加したので，京都の住所は非常に難解である。なお平安京以降，日本で条坊制は導入されることはなかったが，11世紀を隔てて北海道の各都市で採用されることになる。札幌市の住所は，例えば"中央区南1条西1丁目1番1号"と表され，地図がなくとも

　朱雀大路(当時の幅は85m，現在の千本通に相当する）は平安京の東西対称軸で，その南端には(小説や映画で有名な）羅城門があった。朱雀大路の西を右京(大内裏から見ると右にあたる），東を左京と呼んだ。また，唐の首都を模していることから，右京を長安城(長安は当時の首都），左京を洛陽城(洛陽は副首都）とも称していた。羅城門をはさんで，東西の鎮護寺としてそれぞれ東寺(教王護国寺ともいう）と西寺が配置された[注6]。西寺は13世紀初頭に廃寺となったが，東寺は今日も存続している。

　図2．1より現在の京都市中心部は平安京の左京および鴨川左岸にあたることが分かる。なお，平安京の計画は完成していたが，建設は中断されたままとなった[注7]。

2. 2　平安時代

⑴ 右京の衰退と左京の発展

　左右の京はバランスよく発展することが望まれていたが，1世紀が過ぎると右京の衰退が著しくなっていった。もともと右京は左京に対して低地の上，表層は粘土で排水が悪かった。右京の住宅や道路は次第に田畑になっていき，朱雀大路は狭小化し都の中心の役割を果たせず，羅城門も980年大風で倒壊したあと再建されることはなかった。

　一方，左京の発展は目覚ましく，北は一条大路，東は鴨川を越えて市街地が拡大していった。特に二条大路の東進が顕著で，白河院制のころ（11世紀末～12世紀初）現在の左京区岡崎一帯には六勝寺[注8]や貴族の邸宅が次々と建設された。さらに，鴨川東岸南（六波羅）に平忠盛が邸宅（六波羅第）[注9]をおいた結果，巨大な武家町が形成され，左京繁栄・右京衰退の傾向は決定的となった。

目的地にたどり着くことができる。

注6）長岡遷都同様，仏教政治の悪弊を断つのが目的なので，平安京内では寺の建設は禁止された。平安末期白河ら有力な天皇が建立した六勝寺でさえ平安京外の岡崎に建設された。1321年日蓮宗妙顕寺が建立されるまで，東・西の2寺のみだったはずであるが，なぜか10世紀後半創建とされる六角堂（頂法寺）と1004年創建の革堂（行願寺）が存在していた（六角堂は聖徳太子建立と伝えられているが，伝説らしい）。

注7）805年徳政相論において，民は東北征伐と造都で苦しんでいる，という藤原緒嗣の意見を取り入れて桓武天皇が決定した。羅城門は建設されたが平安京を囲う羅城（城壁）は着工されなかったらしい。京都市平安京創生館の平安京復元模型では南西部は湿地のままとなっている。

注8）1077年白河天皇が建立した法勝寺をはじめとして，尊勝寺（堀川天皇）・最勝寺（鳥羽天皇）・円勝寺（待賢門院）・成勝寺（崇徳天皇）・延勝寺（近衛天皇）が次々と建立された。すべて「勝」の字を持つのでまとめて六勝寺と呼ばれている。特に法勝寺は巨大で，現在の岡崎公園と京都市動物園のあたりにあって，高さ80mの八角九重塔がそびえていたと言う（2010年発掘調査をもとに，京都市平安京創生館に復元模型が展示されている）。なお，平家打倒の鹿ケ谷の陰謀に加わったとされる俊寛は法勝寺の高僧であった。六勝寺は応仁の乱のあと衰微廃絶したが，岡崎法勝寺町など地名として残っている。

注9）平清盛は1166年ごろ，現在の下京区梅小路公園付近に西八条第を建設し移り住んだ。『平家物語』の祇王・仏の確執や鹿ケ谷の陰謀事件の処分はここが舞台であった。

(2)「京都」と「洛」の誕生

　2018年版『京都・観光文化検定試験公式テキストブック』には，右京の衰退にともない平安京という言葉も使われなくなり，平安後期になって呼称として"京都"が定着するようになったとある注10)。また，左京（洛陽城）だけになったことから，"洛"も京都を指す言葉となった。洛中，洛外，上洛というように現在でも使われている。

(3) 武士の台頭と末法思想の蔓延

　8世紀末の遷都以降，藤原氏による支配が長く続き，保元の乱まで約360年間京都では大きな戦乱はなかったものの，地震・大火（ほぼ2年に1度起こっている）・疫病は相次いだ。11世紀末に白河上皇による院政が始まるのと同じくして武士の台頭も著しくなった。その結果，政治の実権は公家から武家へと移っていった。

　平安末期になると平家の横暴注11)・治安悪化・源平争乱が加わり（鴨長明の『方丈記』に詳しい），末法思想（仏の教えが行われなくなる時代が来るという仏教の予言）が広まった。そのため権力者による寺院建立・仏像制作が盛んとなった。後白河法皇による三十三間堂が代表例である。

2.3　鎌倉時代

(1) 公武二元支配

　平家政権崩壊後の後白河法皇の権謀術数は実らず，1185年源頼朝によって鎌倉幕府が成立した。当初，京都と鎌倉の関係は融和的で「公武二元支配」が行われた注12)。この時代

注10)　本来"京都"は京・都を指す格式ばった普通名詞だったらしい（つまり，現国語で言えば「首都」ということか）。公文書については分からないが，私は平安京という言葉を歴史教科書以外で見たことがない。東京奠都以前に京都を呼ぶ場合，通常はほぼ同義語の京か都である。13世紀に編纂された『平家物語』では，京都が2ヵ所出てくるが，他はすべて都である。14世紀の『太平記』では京と京都とが併用されている（後半ではほとんどが京都）。19世紀初めの『東海道中膝栗毛』の本文では全て京であるが，住所の記述として京都が一度だけ出てくる（京都千本通云々）。作者十返舎一九のト書きには一回だけ「京都見物」とある。これらから推察すると，江戸時代以降では公式的表現のときのみ"京都"が使われていたと思われる。個人的見解であるが，東京奠都以降でも京都人は，本当は京あるいは都と呼び続けたかったのだろうが，紛らわしいのでやむなく京都に統一されていったのだと思う。

注11)　1180年平清盛は突然福原遷都（現神戸市）を強行した。天皇以外が遷都するというのは，当時前代未聞であり，しかも，安徳天皇を移してから都市計画に着手するという泥縄ぶりであった。京都は大混乱・荒廃し，新都の建設工事も進まない，という事態となった。しかし，わずか数ヶ月後，木曽義仲の挙兵により清盛らは京都に戻ることになる。

注12)　私たちの世代の教科書では鎌倉幕府成立は1192年と習ったが，現在では北条時政が上洛し全国に守護・地頭の設置を認める勅令（文治の勅令）を得た1185年とされている。しかし，朝廷側も依然として国司を任命し形式上全国を統治していた。荘園制もそれまで通り存続していた。御家人の中には，将軍との主従関係を保ったまま皇族や貴族を主人と仰ぐものもいたほどである。

に多数の禅宗寺院が建立されたことからもわかるように，京都の権威も経済力も衰えることはなかった。

1221年承久の乱にともない幕府は後鳥羽上皇[注13]親子3人を隠岐の島に流した。これは有史来初めてのことであり，朝廷の威信は地に落ちた。以降，朝廷は幕府の強い管理下におかれることになったが，皇族将軍が4代続いたことからわかるように朝廷は表面上権威を守り，形式上依然として京都の主であった。

(2) 平安京の終焉

一方，京都の火災は相変わらず頻発した。平安宮内裏も960年に初めて焼失して以降，建替えは14回繰り返されたという。再建工事中，天皇は貴族の邸宅などに仮住まいしていたが（里内裏[注14]という），1227年の火災以降内裏は廃止され天皇はついに戻ることはなかった。大内裏は空地のまま放置された。平安京の終焉である。

2.4　南北朝・室町時代

(1) 京都の主の交代と京都御所の誕生

1336年鎌倉幕府は滅亡し，後醍醐天皇による建武の新政の騒乱を経て足利尊氏は室町幕府[注15]を成立させた。しかし1350年，観応の擾乱（足利尊氏・弟の直義・南朝[注16]勢力の三つ巴の全国的内乱）が起こり，終息後も混乱は続いた。

1392年三代将軍足利義満は，南朝の後亀山天皇が北朝の後小松天皇に譲位するという形で南北朝の合一を実現させた。北朝の内裏であった土御門東洞院殿は改めて正式な内裏となり，現在の京都御所となった。

鎌倉時代まで京都は朝廷と寺社（実質的には延暦寺）によって支配されていて，室町幕

注13) 後鳥羽天皇は1183年平家都落ち直後に3歳で即位した（ただし，安徳天皇の死は1185年）。『平家物語』には後白河法皇がだっこして決めた，とある。したがって，後白河の戦いは40年後まで続いたことになる。

注14) 同一の場所に別の里内裏の名前がつけられていて重複しているが，名称は全部で58ある。最初の里内裏は村上天皇の冷然院で，もともとは嵯峨天皇の離宮であった。二条城の北に石碑がある。最後は土御門東洞院殿（現在の京都御所）で，北朝初代の光厳天皇から事実上北朝代々の内裏となった。

注15) 1378年足利義満が室町に「花の御所」と呼ばれる邸宅を建設したのが，名前の由縁とされる。現在は石碑のみがある。高橋［2015］は，尊氏が幕府を鎌倉ではなく京都に置いたのは，南北朝の問題など当時の政治情勢もあるが，やはり京都が政治・文化・宗教の中心だったのでそうせざるを得なかった，と述べている。

注16) 1272年後嵯峨上皇の死後，皇統は皇位継承をめぐって大覚寺統と持明院統に分裂し，以後鎌倉幕府の調停により交互に即位していた（両統迭立）。しかし，1336年建武の新政の失敗後，大覚寺統の醍醐天皇は奈良吉野にこもってしまう。その後50年以上にわたりこの皇統が吉野で続いたので，改めて南朝と呼んでいる（三種の神器は南朝が保有していた）。一方，室町幕府は持明院統を擁立し続けた。これを北朝と呼ぶ。全国の守護・地頭・地方領主は両朝に分かれて争った（南北朝の争乱）。なお，1338年新田義貞の頓死などにより南朝方の軍事力は早期に衰えたにも関わらず，幕府がすぐに討伐できなかったのは内部の体制が整わなかったためとされている。

府は京都における領主権や統治権を持っていなかったが，徐々に介入に成功し，14世紀末には商人への課税権を確立させ，京都市内の司法・警察を担っていた朝廷直属の検非違使庁を廃止した。ここにおいて，朝廷は名実ともに京都の主ではなくなったのである。

(2) 室町文化

　貴族から政治的・経済的支配を取って代わった武士が，文化面にも影響を及ぼしたのが室町文化である。現在の京都のみならず日本の伝統文化の淵源であるといってよい。教科書では，年代順に三分類されるが，主たるのは**北山文化**と**東山文化**である。

①北山文化

　足利義満の時代（14世紀後半）の文化を指し，武家文化と公家文化の融合が特徴とされる。義満が京都の北山に建てた金閣に象徴されるので，「北山文化」と呼ばれている。

　水墨画は，足利家に保護された臨済宗（禅宗）の僧によって，禅の精神を具体的に表現するものとしてこの時代に発展した。**能**[注17]もまた北山文化を代表するものである。

②東山文化

　八代将軍足利義政の時代（15世紀後半）の文化を指す。義政が義満にならって山荘として東山に建てた銀閣に象徴されるので東山文化と呼ばれている。禅の精神に基づく簡素さと，**幽玄・侘寂**（枯耽美）が基調とされる[注18]。また，それまでの唐風に対する憧憬が薄まり，和様に対する関心が深まってきたことも東山文化の特徴とされる。**書院造**[注19]がこの時代の雰囲気の代表で，現代の和風住宅にも引き継がれている。また，**茶道・華道・香道**の基盤も形成された。

注17) 起源は神事の芸能である。滑稽なしぐさや物まねの猿楽能と，びんざさら（こきりこ）や腰鼓などを用いて集団舞踊する田楽能があった。能楽師達は寺社や地方領主の保護のもと集団を結成した。興福寺を拠点とする大和猿楽四座が代表とされる。そのなかの観世座から出た**観阿弥・世阿弥**親子は義満の保護をうけ，田楽能など他集団と競いながら芸術性の高い猿楽能を完成させていった。今日の能はこの観世能を祖とする大和猿楽能である。なお能面は，寺院の法会の際に猿楽師が鬼の面などをつけて悪魔払いを行ったのが原型とされる。

注18) 広辞苑によると，幽玄とは奥深く微妙で容易に計り知れぬこと，侘とは閑寂な風情であること，寂とは古びて趣のあることとある。金閣からもわかるように，雅あるいは華美華麗を追求するのがそれまでの歴代為政者の目的だったと思われる。それがわずか1世紀の間に，その後の豊臣秀吉の金襴趣味にもかかわらず，現在の日本国民を支配する文明的価値観となった理由は，どの教科書にも語られていない。

注19) 一般的に違棚など形式的な座敷飾りに焦点があてられるが，従来の寝殿造との本質的違いとして，畳が部屋全体に敷かれたこと，間仕切りが垂れ布だけだったのが襖や障子となったこと，二重天井が張られるようになったこと，上下開閉式の蔀戸から明障子が用いられたことなどがあげられる。定義は難しいが現在の和風建築そのものである。

(3) 応仁の乱と京都の荒廃

室町幕府の有力者（管領の畠山氏や斯波氏）の相続争い[注20]に足利義政の後継問題がからみ，当時の最大有力者である細川勝元と山名宗全[注21]がそこに加わり，1467年応仁の乱が起こった。その後，連衡合従が入り乱れ，全国の守護大名を巻き込み，約100年後の織田信長の上洛まで混乱は続いた。

応仁の乱の戦火によって京都は壊滅的被害を受けた。図2.2に示すように，戦国時代の京都は「上京」（公家と武家が中心）と「下京」（商工業者中心）の二つのブロックに分断された。それぞれが堀と土塁で囲われた惣構であった。両者は室町通のみでつながっていて，その他の地域は畑だったという。

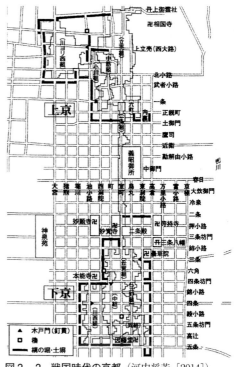

図2.2 戦国時代の京都（河内将芳［2014]）

(4) 町と町衆の形成

室町期に入ると，平安京の条坊制の町は行政区画として残っていたが，それとは別に実生活の利便性から，通りを挟む両側町が自然発生した。町ごとに町式目が制定されていた。さらに，近隣の町は結束し「町組」（明治まで続き，元学区はこれに基づいていた）をつくり，（林屋［1981]によると）「惣町」という町組の連合体も形成された。戦国末期には上・下京に20人の惣代がいて，その合議で京都は運営されていたという。このような自治

注20) 藤原氏一族の発展からわかるように，公家は同族会社（つまり朝廷）に代々仕えるサラリーマン一家のようなものなので，天皇・上皇との関係や専門を生かせば傍流でも生きて行けた。最後の手段として出家してしまえば自分ひとりだけは食っていけただろう。一方，武家の家督相続は嫡子がすべてを引き継ぐ単独相続となっていたので大問題であった。非嫡子は家来になるか，養子に出されるか，お家騒動を防ぐために殺されてしまうこともあった。

注21) 両軍は当時南北に流れていた小川（現小川通に沿って流れていたが，1963年埋め立てられた）にかかっていた百々橋（宝鏡寺（人形寺）の南西角に遺構がある）をはさんで，たびたび合戦を繰り広げたという。中心となった勝元の屋敷が小川の東側（現射場町東側と挽木町西側のあたり），宗全の屋敷が西側（堀川通に面する現山名町）にあったので，それぞれ東軍・西軍と呼ばれる。両屋敷はわずか250m程しか離れていない。応仁の乱後，西軍の本陣跡すなわち西陣は地名として残ったが，行政区域ではないため範囲はあいまいで，特に肝心の東境界は，堀川通から烏丸通まで時代によって変遷している。西陣は高級絹織物の生産拠点となり西陣織につながっていった。一方，少なくとも教科書には「東陣」という言葉はない。なお，百々橋は長さ約7.4m，幅約4mの小橋だったという。どのように戦ったのか，当時の武将たちの本気度が疑われるが，それにしても南禅寺・相国寺・天龍寺など大寺が焼かれるなど，京都の被害は甚大であった。

の精神は，15世紀の度重なる土一揆[注22]から自衛していく過程で培われ，1532年の一向一揆との抗争勝利（法華一揆[注23]と呼ばれる）の後，納税を拒否するなど頂点に達した。

　町共同体の構成員は町衆[注24]と呼ばれた人々であった。町衆は応仁の乱後の京都を復興させ，戦国時代でも守り抜き，今日の京都人気質を形成したに違いない。神輿渡御と山鉾巡行からなる祇園祭の形式や，現在に伝わる山鉾そのものも彼らがつくった。

　しかし，1536年天文法華の乱[注25]を境に町衆は勢いを失い，（角倉のような）特権商人と（身分制の）普通の町人に分化し，江戸時代になると（伊勢商人の三井など）全国から多数の他所者がやってきて活発に活動したため町衆は消滅した，と林屋は述べている。そして，彼らの末裔も遊興と大名貸しの踏み倒しで多くが没落していった。

2.5　安土・桃山時代

(1) 秀吉の京都改造

　1568年，織田信長は室町幕府15代将軍となる足利義昭を擁して上洛し，実質的な京都の主となった。荒れ果てた御所の修理に着手し，石清水八幡宮などの復興に尽力した（信長塀や黄金の雨樋が知られている）。ただし，町衆には高圧的だったようである。後継の豊臣秀吉は京都復興にさらに熱心で，瀕死状態だった京都はわずか10年ほどで復活した。

　以下に秀吉の主な京都改造事業を年代順に列挙する。秀吉は非常に忙しかったと思う。伏見開発と大仏建設は同時並行であった。軍事土木で鍛えられたので高い施工能力を持っていたのだろう，戦国大名たちはこれらの事業を驚異的速度でこなしていった。伏見城の

1587年	京都の行政拠点・邸宅である聚楽第を建設（現西陣ハローワーク周辺）
1590年	天正の地割に着手。この年，小田原征伐，全国統一なる
1591年	御土居建設。寺院を強制移転させ寺町通と寺之内通に寺院街を形成
1594年	初代伏見城完成。伏見開発
1595年	方広寺および大仏完成。秀次切腹，聚楽第を破却（大徳寺唐門は聚楽第からの移築と推測される）
1596年	慶長伏見地震，大仏および伏見城が倒壊
1597年	二代目伏見城・京都新城（仙洞御所付近）を建設（西本願寺飛雲閣は新城からの移築と推測される）

注22）百姓や馬借（運送業者）などが広域に連合して徳政（要するに債権放棄）を求め，京都の土倉（中世の質屋，あるいは高利貸）を略奪・放火した。幕府が制圧できなかったため，町は自力で武力を備え立ち向かうしかなかった。

注23）日蓮宗（法華宗）は1294年から京都に進出したが，町衆のほとんどが信者となっていた。

注24）本来は商業・手工業者を指す言葉で彼らが町衆の中核であった。後に土倉（酒造業の酒屋も土倉を副業としていた）が加わり，経済的に大きく貢献した。高橋［2015］は，1425年頃の土倉と酒屋はそれぞれ350軒ほどだったと推定している。また，応仁の乱で没落した下級公家も町中に住んでいたという。貴族との交流によって町衆は高い教養を備え，室町文化の発展に寄与したのである。

注25）延暦寺の僧と下総国から上洛していた一般の日蓮宗門徒の喧嘩をきっかけに，延暦寺が幕府や他宗派（何と三井寺も加わった）とともに洛中法華二十一か寺を焼き払い，日蓮宗僧侶を追放した（10年後帰還が許された）。

工期は1年ほどであった。しかしながら，地名のほかには建造物として完全な形で残っているものは全くない。

(2) 桃山文化

　安土・桃山時代の文化を**桃山文化**といい，江戸時代初期（17世紀前半）も含むとされる。茶道など室町時代発祥の諸文化が引き続き発展したのに加え，**歌舞伎**[注26]や**人形浄瑠璃**[注27]もこの時代から始まったが，桃山文化の最大の特徴は聚楽第・伏見城・二条城などの巨大な城郭建築にあるといってよい。これらの城の内部の襖・壁・屏風には金箔地に青や緑に彩られた豪華な障壁画が描かれ，欄間には超絶技巧が施された透かし彫りが飾られた。

　障壁画の中心となったのは**狩野派**の絵師たちである。彼らの特徴は，水墨画と日本古来の大和絵の融合および雄大な構図とされる。徳川幕府御用達の絵師として当時の画壇の中心となり，江戸幕府終焉まで続いた[注28]。

　表2.1に桃山時代の主な絵師と代表作を示す。ただし，彼らの原作は博物館などに収納されているか，特別展示を除き非公開となっていることが多い。

表2.1　桃山時代の主な絵師と代表作（太字は国宝）

絵師	代 表 作	展 示
狩野永徳	**上杉本洛中洛外図屏風**（16世紀中頃）	米沢市上杉博物館所蔵，特別公開のみ
狩野山楽	大覚寺宸殿障壁画（牡丹図・紅梅図など）（17世紀初頭）	常時公開
狩野探幽	二条城二の丸御殿襖絵（1626）	原作はローテーションで公開
長谷川等伯	智積院大書院障壁画（**楓図・桜図**など）（1593年）	常時公開（ガラスケースなし）
海北友松	建仁寺大方丈障壁画（1599年）	京都国立博物館寄託，特別公開のみ
俵屋宗達	建仁寺風神雷神図（17世紀前半）	京都国立博物館寄託，特別公開のみ

注26）17世紀初めに，出雲大社の巫女であったという**出雲阿国**が京都で始めた「かぶき踊り（阿国歌舞伎）」が発祥である。女歌舞伎や遊女歌舞伎へとつながっていったが，風紀を乱すという理由で禁止された。17世紀中ごろには男役者だけの「野郎歌舞伎」となり今日に引き継がれている。南座の向かい側，四条大橋のたもとに出雲阿国の像が立っているが，彼女が実際に興行したのは北野と五条河原だったという。

注27）室町時代から，琵琶の伴奏による「語り物」のひとつとして浄瑠璃節というものがあった。「浄瑠璃姫物語」が始まりであったのでそう名付けられたという。（平家物語を琵琶演奏で語る）平曲や謡曲と較べて，演者のセリフやしぐさが加わったことと語り口が叙情的なことが特徴であった。さらに，そのころ琉球から渡来した三味線が琵琶にとって代わり，古代からの芸能であった操り人形が結合して人形浄瑠璃が生まれた。浄瑠璃節には多くの流派があったが，17世紀末に**竹本義太夫**が**近松門左衛門**と組んでからは，人形浄瑠璃＝義太夫節となっていった。現在，浄瑠璃として義太夫節も含め8流派がある。義太夫節以外の流派は，人形劇なしの素浄瑠璃のほか歌舞伎・日本舞踊の伴奏を演じている。

注28）狩野派の初代は室町幕府の御用絵師正信で，永徳は4代目にあたる。江戸時代の狩野派には，旗本級格式である奥絵師4家の他に多数の分派があった。集団で仕事をしていたためであろう。幕末における諸外国への贈答外交では，彼らは重要な役割を担った。狩野派に対抗したのが長谷川等伯率いる長谷川派であったが，等伯以降優れた絵師は出なかったという。

2.6 江戸時代

(1) 朝廷勢力の衰退

　1600年の関ケ原の戦いで勝利した徳川家康は，征夷大将軍の宣下を受け江戸に幕府を開いた。京都の守護および宿所として二条城^{注29)}を建造し，その北辺に京都の治安維持を担う京都所司代をおいた。

　豊臣家が存続していた間は様子をみていたらしいが，家康は朝廷を京都に閉じ込めてしまうことを画策していたのだろう。1615年，大阪の陣の直後に発せられた禁中並公家諸法度^{注30)}と，それと前後する猪熊事件（公家のスキャンダル）と紫衣事件（法度で規制されていたにも関わらず，従来の慣例通り後水尾天皇が僧侶に紫衣着用の許可を与えた）で難癖をつけることによって，朝廷や公家は政治的にも経済的にも息の根を止められた。1634年の三代家光の二度目の上洛を最後に，1863年十四代家茂まで将軍の上洛はなく，2世紀以上にわたって京都は政治の歴史の表舞台から消え去ってしまう。

　しかしながら，京都は江戸時代を通して文化の中心であり続け，人口第2位～3位^{注31)}の大都市として経済的にも栄えた。多くの大名が京都に屋敷を構えていた。

(2) 角倉家の水運事業

　当時の「京の三長者」^{注32)}のひとり角倉了以は，1606年徳川家康に願い出て丹後・丹波の材木・米・生糸などの運搬（それまでは筏流しで行われていた）を効率化するため，大堰川（現桂川の渡月橋上流約16km間にあたる）の川幅を拡張した。1614年には京都二条・

注29)　1569年織田信長が足利義昭のために，京都御苑西に隣接して建てた居城も（旧または古）二条城と呼ばれている。上京区武衛陣町（平安女学院大学がある）辺りとされ，室町下立売交差点に石碑がある。

注30)　南禅寺住職であった以心崇伝（金地院崇伝）の起草による。天皇親政および諸大名との結託防止が趣旨であった。天皇の仕事は学問と和歌に限定され，譲位や行幸すら幕府の許可が必要となり（外形的には現在の政府と皇室の関係に近い），朝廷内の座順や皇族・公家の装束までも幕府に指図されるという有様であった。また，幕府が摂政・関白・太政大臣を重視し，貴族を介して朝廷をコントロールしようとしていたことは興味深い。なお，幕末の1863年に孝明天皇は上賀茂・下鴨神社への攘夷祈願を行ったが，実に237年ぶりの行幸であった。

注31)　『詳説日本史研究』（山川出版，2018年）によると，18世紀前半の江戸の人口は100万人，京都40万人，大阪35万人であったという。これらに次ぐ都市は金沢と名古屋で10万人程度とみられるので，京都の巨大さが分かる。なお，Wikipediaによるとこの頃の全国人口は約3000万人と推定されている。

注32)　角倉家・茶屋四郎次郎家・後藤四郎兵衛家を指す。角倉家は土倉（中世の質屋）・酒屋，茶屋は呉服商が本業であるが，ともに17世紀初期の朱印船貿易によって巨万の富を築いた。後藤四郎兵衛家の前身は彫金師で大判鋳造御用達で知られる。後二者は徳川家御用達という私的ともいえる関係にあり，とりわけ茶屋初代清延は家康の伊賀越えにも同行したほど関係が深かった。徳川幕府開設とともに両家は江戸に本拠を移し引き続き栄えたが，角倉家は京都から本拠を移さなかった。嵐山渡月橋の桂川下流に本邸，二条橋西詰に別邸があった。

伏見港間（ひいては大坂）を結ぶ高瀬川を開削した[注33]。

　これらの事業はすべて了以の自費で賄われた。角倉家は幕末まで通行料の徴収権を独占したので，投入資本は十二分に回収されたと思われる[注34]。

(3) 幕末の動乱

　1853年の黒舟来航に続く米国の開国要求に対し，老中阿部正弘は家康以来の方針を破り朝廷の力を借りて難局を打開しようとした。対外戦争となる場合，制度的に幕府は挙国一致の旗頭になり得なかったのである。これを契機に京都は一気に政治の中心となった。

　しかしながら，孝明天皇は強固な攘夷論者だったため難航し，さらに勤皇倒幕派と公武合体派の対立も加わり，事態は混とんとしていく。京都にはいわゆる志士たちが全国から集まり，天誅と称する暗殺がはびこり京都の治安は悪化していった[注35]。なお，世間一般では新選組の人気が高いが，京都人にはあまり好かれていないようである。

　以下は京都を中心とした幕末の年表である。**禁門の変**では大規模火災（どんどん焼け）

1861年10月	皇女和宮降嫁
1862年4月	**寺田屋**[注36]**事件**（薩摩藩士過激派と島津久光が差し向けた藩士の同士打）
12月	会津藩主松平容保，京都守護職就任（金戒光明寺に本陣をおく）
1863年2月	浪士組（新選組の前身）京都壬生村に入る
3月	将軍徳川家茂上洛，二条城に入る
8月	**8月18日の政変**（公武合体派が尊攘派公家と長州勢力を朝廷から排除）
1864年1月	家茂，2度目の上洛
6月	池田屋事件（長州藩・土佐藩の尊攘派武士を新鮮組が襲撃）
7月	**禁門の変**（長州藩兵と薩摩・会津連合軍が御所で衝突）。第一次長州征討
1865年5月	家茂，3度目の上洛，長州藩再討伐を奏上
1866年1月	**薩長連合成立**。坂本龍馬，寺田屋で伏見奉行所に襲撃され，伏見薩摩屋敷に逃げ込む
6月	第一次長州征討。藩内に攻め込むことができず，8月家茂の急死で中止
12月	**徳川慶喜**，将軍宣下。（公武合体派だった）孝明天皇崩御
1867年6月	「ええじゃないか」おこる（討幕派の策謀と言われている）
10月	**大政奉還**（同日，薩長と岩倉具視が倒幕の密勅を引き出していた）
11月	近江屋事件（坂本竜馬・中岡慎太郎暗殺）
12月	**王政復古の大号令**（慶喜排除のための薩長のクーデター）
1868年1月	**鳥羽・伏見の戦い**（慶喜は大坂城脱出，以後謹慎），戊辰戦争へと発展した

注33）高瀬川は単なる開削であったが，大堰川の拡幅工事は巨岩を砕くという特殊な技術が必要であった。彼らの土木技術がいかに高度であったかが分かる。

注34）このほかにも，了以は家康の命により1606～'07年に大井川・富士川・天竜川の舟路開発も請け負っていた。角倉家はこれらの水運事業も独占した。また，17世紀後半からは幕府から御土居運営も請け負うこととなり，当時建築材料として人気があった御土居竹を独占販売した。

注35）御池通から四条通の木屋町通沿いに，当時の要人たちの遭難場所や住居跡，藩邸跡を示す石碑が多数建っている。これらのほとんどは，国や自治体が置いた史蹟ではなく，多数の個人による建立だという。

注36）寺田屋は当時船宿で伏見区南浜町にあった。1866年坂本龍馬の襲撃の舞台でもある。後出の池田屋は中京区中島町，近江屋は中京区塩屋町にあった。

が発生し，京都は壊滅的被害を受けた。

2.7 近代・現代

(1) 明治・大正の京都

　明治新政府は1868年7月江戸を東京に改称，同10月元号を明治に改め，1869年3月天皇を東京に移し実質的に遷都した。行政機関はもちろん商人・公家たちまでもが次々と東京に移り，30万人以上あった人口は1873年（明6）には約24万人にまで減少したという。京都はまたしても日本の中心から遠のいていった。

　京都博覧会を毎年（1872年～'96年）開催するなど涙ぐましい努力が重ねられたが，京都衰微の傾向は改善しなかった。第三代京都府知事北垣国道は状況を打開すべく着任早々，琵琶湖から京都までの水路すなわち琵琶湖疏水の計画に着手し，1890年に第一疏水を完成させた。当初の目的は灌漑・水運・水車動力だったが，着工後に水車動力に替えて取り入れた水力発電が京都電気鉄道（京都市電）の電源となるなど，京都に大きな発展をもたらした。

　このころ東京では鉄道の建設に力を入れていたが，京都は運河であった。近世と近代の始まりにおいて，ともに水路が京都を活性化させたことは興味深い。

(2) 昭和・平成・令和の京都

　火事や地震に苦しめられた京都であるが，1864年のどんどん焼け（禁門の変）以降約160年間，壊滅的な災害はない。1935年（昭10）に起きた京都大水害は比較的深刻であったようだ。それを契機とした鴨川改修は，治水と風致を両立させ，まさしく山紫水明を完成させた。太平洋戦争では1945年（昭20）に大小5度の空襲があり，合計200人ほどの死傷者が出たらしい。御所も空爆されたというが，人々の口の端に上ることはない。京都人のタイムスケールからいうと，東京遷都から京都はまさに"平安"を享受しているのである。

　観光・寺社・工芸など京都を表す代名詞は多いが，大学もそのひとつである。律令制の大学寮（官僚育成機関）はあまり機能しなかったようであるが，貴族の家学として文章道や算道などの学問が続いていたことが基盤となっているに違いない。現在，京都府には42の大学・短大がある。大阪府が80であるから人口比から見ると5割ほど多い。京都府の大学・短大進学率は連続20年以上全国1位を保ち，地方からも学生が集まる。

　京都発祥の企業も多い。西陣織などのように，京都は新規産業も生み出してきた。主な著名企業を表2.2に示す。現在では世界のトップシェアを誇る企業もある。特筆すべきは，創業以来本社を京都に置き続けていることである[37]。私の故郷北海道の企業は成功すると

注37）デパートの高島屋（創業1851年）・大丸（1717年）と映画・演劇の松竹（1895年）も京都発祥だが，本社は大阪や東京に移転した。

すぐに東京に移転してしまう。うらやましいかぎりである[注38]。

表2．2　京都発祥で現在も京都に本社を置く企業（創業・設立年順，＊は京都出身者）

企業名	創・設立	創業者	本社所在地	主要生産品または業種
島津製作所	1875	初代・島津源蔵＊	中京区	分析・計測機器
任天堂	1889	山内房次郎＊	南区	玩具・コンピュータゲーム
GS・ユアサ（旧日本電池）	1917	二代・島津源蔵＊	南区	自動車電池
ワコール	1946	塚本幸一	南区	女性用下着
オムロン	1948	立石一真	下京区	電子部品
村田製作所	1950	村田昭＊	長岡京市	電子部品
堀場製作所	1953	堀場雅夫＊	南区	計測機器
佐川急便	1957	佐川清	南区	宅配業
ローム	1958	佐藤健一郎	右京区	電子部品
京セラ	1959	稲盛和夫	伏見区	電子部品・電気機器
サンクロレラ	1969	中山秀雄	下京区	健康食品
ニデック（旧日本電産）	1973	永守重信＊	南区	小型モーター
王将フードサービス	1974	加藤朝雄	山科区	餃子の王将チェーン

(3) 未来の京都

　2021年京都市は，2028年度に財政再生団体に陥るだろう発表した。そのため市バス・地下鉄料金の値上げ，敬老乗車証制度の見直しなどが予定されている。幸い2022年度は収支均衡が達成され，門川大作市長（当時）は財政破綻の可能性を否定した。

　京都市人口は約145万人であるが，他の大都市と比べ高齢者と学生が多く，市民税収入は漸減している。固定資産税についても大量にある京町家の評価額は低く，寺社仏閣は免税[注39]である。すなわち，皮肉なことに京都の魅力が京都市財政の足枷になっているのである。

　京都市では道路が狭いうえに建築物の高さ上限（31m）がある。したがって容積率は低い。しかし，京都というブランド力があるため地価は高く，その結果空き家は増加し（全国でも珍しい「空き家税」導入が予定されている），マンションは高騰し，子育て世帯は流出し，急激な人口減少が予想されている。

　京都駅南側など高さ制限を緩和する地域を設けるなどの検討がなされている。しかしながら，肝心の田の字地区に手をつけないとすれば京都の未来は開けないだろう。政治や芸

注38）表中のサンクロレラの創業者中山秀雄は北海道礼文島の出身である。私は稚内に3年間住んでいて，絶品のバフンウニと花が美しい礼文島をこれまで何度も訪れたが，中山のことを最近まで全く知らなかった。感動したのだが，肝心の礼文島ではサンクロレラすら知っている島民に出会ったことはない。

注39）京都市は戦後になってから寺院の拝観料に3度課税したことがある。3度目は有名な「古都保存協力税」（「古都税」，1985年〜'88年）で，信教の自由を冒すものだとして寺の拝観ストライキまで起こり，結果的に寺側が勝利した。しかし，拝観料が多少値上がりしたとしても，観光客の足が遠のくことはあり得ないのは明らかである。要するに，寺が自分たちの懐具合を市に把握されるのを嫌ったというのが本音だと思う。悪意はないだろうが，旧統一教会と通底するものを感じる。

術の分野では京都は革新的なのに，都市計画ではなぜか保守的，むしろ旧套墨守と言ってもよい。他所者が口出しすることではないので，京都人によく考えてもらいたい。

第3章　京都の寺と神社

　「歴史は建造物によって記録される」とヒトラーは述べたという。ヒトラーを持ち出すのは不本意であるが，この言葉は理解できる。実際，日本でも多くの人々が古い寺や神社を通じてわが国の歴史伝統を感じているのであろう。

　欧州の建造物は組石造であるのに対し，日本では近世まですべて木造であった。そのため，度重なる火災や地震により京都の寺社のほとんどは建て替えられている。特に桃山から江戸時代初期に復興・再建が集中している。豊臣・徳川の争いが関連していると思われるが，結果として秀吉親子と徳川三代の功績は偉大である。

　主要な寺社の再建においては，消失前の姿ができるだけ再現されてきたと思われる。現代では計画的な修繕工事が行われている（数年から10年の長期にわたることもある）。したがって，創建当時から保存されている寺社の姿・ディテールは，それらが収蔵する仏像や絵画などとともに日本の歴史文化をまさしく記録しているのである。

3.1　仏教の基礎知識

(1) 仏教の教義

　寺のパンフレットやガイドブック等では「〇宗×派の総本山，本尊は△如来」などと周知のもののごとく仏教用語が書かれており，私は日本人としての常識と信心の足りなさを痛感している。寺は全国津々浦々にあり身近な存在であるが，しかしながら，葬式と法会（法事・法要）や除夜の鐘以上の知識を持っている人間はあまり多くないのではないか。

　広辞苑によると，仏教とは紀元前５世紀にインドでゴータマ・シッダールタ（面白いことに孔子と同年代）が「苦悩から解放された涅槃の境地を目指す」と説いた世界三大宗教のひとつである，とある。そして，仏とは「悟りを得た者」とある。したがって，人間ならば誰でも仏になれるというのが仏教の要諦であろう（キリスト教やイスラム教では人は神になれない）。なお，仏陀・釈迦牟尼（＝釈迦）とは悟りを開いた後のゴータマ・シッダールタの尊号である。もともとの教義では，仏＝仏陀＝ゴータマ・シッダールタだったようであるが，後に様々な仏が創造され信仰対象に加えられた。

　ゴータマ・シッダールタの死後，仏教は古代インドの宗教・風俗と結合し，アジア各地に伝わっていった。その過程において多くの経典が生み出された。日本では，どの経典のどの文言に着目するかによって，多数の分派（宗派）が起こった。利権闘争は激しく，戦国期の一向一揆のような死を恐れない反逆集団をも生んだが，結局どの宗派も異端とはされなかったし，教義をめぐる大規模な殺し合いはこれまで皆無である。

　一方，キリスト教の経典は旧・新訳聖書，イスラム教はコーランのみなのにも関わらず，

それぞれの内部において血で血を洗う宗教戦争が繰り広げられた。キリスト教とイスラム教間の戦争もあった。現代でも国家間の対立に宗教がかかわっていることが多い[注1]。

(2) 宗派と本末制度

宗教では必ず分派活動が起こる。ただし，キリスト教やイスラム教とは異なり，仏教の新宗派開創は私には起業活動のように見える。

表3.1は近畿地方の著名な寺を宗派別にまとめたものである。現在の宗教法人法に基づくものではなく，便宜上1940年の政府認定13宗で分類した。終戦まで末寺であったが戦後に新たな宗派を開創し本山となった寺は旧宗派に分類した。なお，**表3.1**に掲げる11宗以外では，禅宗の曹洞宗と浄土系の時宗がある。

本山と称するものには総本山・大本山・別格大本山・本山があるが，宗派によって使い方は異なる。要するに企業の本社・地域別本社などに相当するものであろう。末寺とは，いずれかの本山に所属する支店や営業所といったところであろうか[注2]（つまり上納金の義務や人事支配を受ける）。例えば石庭で有名な龍安寺のフルネームは臨済宗相国寺派大運山龍安寺である。宗派は臨済宗で大本山の相国寺に属しているということがわかる。「大運山」は山号[注3]という称号で，中国の多くの寺がかつて山間で建立されたことに因んでいるという。また，宗派はあるが本末関係を持たないという寺は，単立寺院と呼ばれている。

(3) 仏教人口と寺院数

令和2年版文化庁宗教年鑑によると全国の仏教寺院数は約7万7000[注4]（コンビニは約5万6000店），仏教信者数は約8400万人だという。各法人・団体からの報告に基づいているが，神道と重複しているし，あまり正確ではない。そのうち文部科学大臣所轄包括宗教法人からの申請では，信者数合計47百万人のうち浄土系が圧倒的で約47％，ついで日蓮系が24％（創価学会員は含まれていないらしい）ということである。なお，京都府の寺院数は約3千で全国第4位（1位は愛知県），そのうち京都市には千数百あるとみられる。

注1）2022年勃発したウクライナ戦争においては，正教会間の対立も関係していると言われている。日本でも島原の乱にみるように，キリスト教がかかわると面倒になる。

注2）こうした寺の階層を**本末制度**といい，1665年の諸宗寺院法度で確立された。それまでは神社も含めた寺社間で勝手な権力闘争が繰り広げられていた。

注3）成田山（真言宗智山派大本山新勝寺，智山派総本山は智積院）や比叡山（天台宗総本山延暦寺）のように山号が通称となった寺も多い。

注4）ほぼ全国民がカトリック教徒であるスペインでは，wikipediaによると小教区の司教は約2万人（2005年）とあるので教会の数もほぼ同数と思われる。人口比を考慮して日本に置き換えると5～6万となるので，日本の寺が特出して多いとまでは言えない。しかし，神社も同数以上あるので，（集金力は分からないが）日本は宗教大国といえる。

表3.1　近畿地方の主な寺院（系統や宗派の名称は文化庁宗教年鑑による）

時代	宗派名		開祖	総本山・大本山・本山	主な単立寺院／末寺・塔頭
奈良仏教	法相宗		道昭	法隆寺　興福寺　薬師寺　清水寺*	
	華厳宗		審祥	東大寺	
	律宗		鑑真	唐招提寺　壬生寺	
平安二宗	法華系	天台宗	最澄	四天王寺*　三井寺（園城寺）　鞍馬寺*　延暦寺　蘆山寺*　西教寺　聖護院*	六角堂（頂法寺）　三千院　青蓮院　妙法院／寂光院　三十三間堂（蓮華王院）
	密教系	真言宗	空海	室生寺　東寺（教王護国寺）　金剛峯寺　泉涌寺　醍醐寺　大覚寺　仁和寺　智積院	広隆寺　神護寺　高山寺／飛鳥寺　石山寺　神泉苑　六波羅蜜寺　浄瑠璃寺　祇王寺
	なし				平等院
鎌倉仏教	禅宗	臨済宗	栄西	建仁寺　東福寺　南禅寺　大徳寺　妙心寺　天龍寺　相国寺	西芳寺（苔寺）／八坂塔（法観寺）　六道珍皇寺　常照皇寺　金閣（鹿苑寺）　銀閣（慈照寺）　龍安寺　高台寺
	浄土系	浄土宗	法然	百萬遍知恩寺　永観堂（禅林寺）　知恩院　金戒光明寺	化野念仏寺　清涼寺　蛸薬師堂（永福寺）／阿弥陀寺　瑞泉寺
		浄土真宗	親鸞	佛光寺　西本願寺　東本願寺　興正寺	／養源院
		融通念仏宗	良忍	大念仏寺	
	法華系	日蓮宗	日蓮	妙顕寺　本圀寺　本能寺　他12寺	光悦寺　常寂光寺
江戸	禅宗	黄檗宗	隠元	萬福寺	／大悲閣（千光寺）

太文字は京都府内の寺院　＊印は戦後に新たな宗派を名乗っている寺院　アンダーラインは飛鳥時代開基の寺院

3.2　日本における仏教の歴史

(1) 日本史と仏教

　日本における仏教の歴史を通観すると，支配階級・上流階級だけのものだった平安時代までと，農民・商工業者にも広がっていった中世以降（すなわち現代まで）に大別できよう。表3.1からわかるように，宗派開創と時代区分の関係は極めて明確で，仏教と寺はまさに日本の歴史を物語っている。

(2) 古代

①仏教伝来と奈良仏教

　仏教は飛鳥時代（6世紀半ば）に朝鮮（百済）から伝来した[注5]。最初の寺は蘇我馬子が創建した法興寺（現飛鳥寺）ということである。聖徳太子も四天王寺や斑鳩寺（現法隆寺）などを創建した。このころの仏教は，古墳に代わって，豪族の権威を象徴する氏寺の存立根拠のようなものであったらしい。

　奈良時代になると，中国（唐）で開創された六宗（総称して奈良仏教または奈良六宗と

注5）日本に伝わった仏教は，後の密教も含めすべてチベット・中国・朝鮮半島を経由したもので，大乗仏教と呼ばれる。それに対してビルマ・タイなど東南アジアに広まった仏教は上座部仏教（あるいは部派仏教）と呼ばれる（ただしベトナムは大乗）。前者は古代インドの文語で雅語とされるサンスクリット語で書かれた経典を伝えたのに対し，後者は口語であるパーリー語による経典を用いた。そのため私たち団塊の世代が教えられたように，かつては（大乗仏教側の見解に沿って）小乗仏教と呼ばれていた。

呼ばれる，現在では法相宗・華厳宗・律宗が残っている）が伝えられ，国家を支える思想（鎮護国家）として仏教は大きく発展する。奈良仏教の寺は後に開かれた宗派（教団）とは異なり，教理研究に専念する大学・研究機関のような緩やかな組織であった[注6]。政府のいわば顧問として活躍した僧侶も多く，行基のように土木事業まで主導した僧もいた一方，道鏡[注7]のような者も現れた。

　布教活動の過程で，本来は第二義的なものであった現世利益が中心となっていった。また，日本古来の神々と仏は同一であるという神仏習合（神仏混こう）思想も起こった。春日大社と興福寺，日吉神社と延暦寺のように神社が寺の守護神となることや，神宮寺（神社境内の寺）や鎮守社（寺境内の神社）の存在もその事象である[注8]。

③平安二宗

　桓武天皇は奈良仏教が政治に過度に介入するのを嫌い，平安遷都し，新しい宗派すなわち天台宗と真言宗を支援した。平安二宗または平安新仏教と呼ばれる。

　前者は6世紀中国ですでに確立されていて，804年の遣唐使に従った最澄[注9]が（僅か8か月で）それを学び帰国，比叡山延暦寺を建立して開創したものである。奈良の興福寺などと対立するが，論争に打ち勝ち日本の仏教・学問の中心となっていった。

　後者は最澄と同時に入唐した空海（弘法大師）[注10]が密教[注11]に基づき高野山金剛峰寺に

注6）例えば東大寺には現在でも墓地がない。勤務僧は他に菩提寺を持っており，亡くなるとそこに葬られるそうである。

注7）8世紀後半の政治僧。当時の称徳天皇の寵愛を受け，皇位につけようという動きにまで至ったが，和気清麻呂の働きにより失脚した。

注8）クリスマスにキリスト教会で祈り，大晦日夜に仏寺で除夜の鐘を聞き，その足で元日には神社に初詣するという奇妙な日本人の宗教感は，奈良時代に形成されたに違いない。

注9）近江国滋賀郡（現大津市）出身。優秀・勤勉で青年期に東大寺で学んだが，鎮護国家の仏教に疑問を持ち，個人の救済のための仏教を求めて比叡山にこもる。当時奈良勢力からの脱却を目論んでいた桓武天皇によって重用され，破格の待遇で遣唐使に加えられた。なお，彼は奈良の修業時代にすでに天台宗の経典（法華経など）には接していたという。

注10）讃岐出身。常に最澄と並び称されるが，当時彼ほどのエリートではなかったようである。しかし，最澄が開基した寺は延暦寺のみなのに対し，空海は実に活動的で，住職になるなどかかわった寺は，金剛峯寺はじめ全国に多数ある。京都の著名寺院では東寺・神護寺・神泉苑がある。その他に書家・文人としての業績も多い。四国八十八箇所巡りや讃岐うどんあるいは各地の温泉発見など，空海由来の伝説は数多い。

注11）密教とは，古代インドの呪術性を仏教に取り込み，儀礼として整備された仏教の体系のひとつである。大陸経由の大日経とインドネシア経由の金剛頂経が，7世紀中国の西安で統合・完成されたものである。秘密の呪法の習得によって悟りを開こうというものであり，その奥義は師匠と弟子の間で秘密のうちに伝承されるので，秘密仏教すなわち密教と呼ばれている。仏法の教えを視覚的に表現しようとすることも特徴である。その代表である曼荼羅は，大日如来を中心としたおびただしい数の仏・菩薩などのヒエラルキーを図化したものである。密教寺院では他宗派では見られない名称の仏像が多々あり困惑するが，この曼荼羅に基づいていると考えてよいらしい。一方，顕教とは真言宗からみた密教以外の教えである。経典（伝承や偶像ではなく文字）の学習と修行によって悟りを得ようとするもので，我々一般人が思い描く仏教と同一であろう。『平家物語』巻十高野御幸に嵯峨天皇の時の「けんみつ（顕密）の法文論談」の記述があるので，もとは奈良仏教と天台宗を指す言葉であったことが分かる。当時の日本では（少なくとも空海にとって）顕教密教は仏教を二分する概念だったかもしれないが，鎌倉仏教の出現によって顕教という言葉は死語になったと私は考え

開いたものである。天台宗でも後に空海から密教を学び，取り入れることになる^{注12)}。密教は加持祈禱を扱うので，時代劇にみるように代々の権力者たちに大いに支持された。現在でも行われていて，曹洞宗と日蓮宗にも受け継がれている。

　特に延暦寺の権勢は強大で，織田信長の焼き討ちまで時の政権と争い，他宗派への弾圧を繰り返した。一方，鎌倉仏教の開祖を輩出するなど，日本の仏教のみならず歴史全般に深くかかわっていくことになる^{注13)}。

(3) 中世

　平安後期から鎌倉時代に開創された宗派を総称して**鎌倉仏教**という。ほとんどの経典はごく初期に日本にわたっていたというので，新経典が見つかったとか，革新的思想が生まれたから，というわけではない。既存のどの経典を重視するか，どの部分に着目するか，いかなる解釈をするか，極端に言えばたった数文字から得たひらめきに基づいて新宗派が起こされているように思える^{注14)}。いずれの開祖も延暦寺に学んだ者であったが，翻るとそれだけ当時の比叡山の体質に問題があったということなのであろう^{注15)}。

る。それを裏付けるように，顕教という言葉は仏教専門書には見あたらない。ところが，いまだに歴史教科書や国語辞典で顕教が普通名詞化されているのは理解できない。

注12) 東寺も真言密教の中心であったので，真言宗の密教を略して**東密**と呼ぶ。一方，天台宗の密教を**台密**と呼ぶ。真言宗寺院では（現在はどうなのかわからないが，空海の教えでは）密教を仏教の最高峰とし，専ら密教のみを学んだという。それに対し延暦寺では密教は仏教の一部と位置付けられ，顕教を主として学んだ。そのため，鎌倉仏教の開祖が輩出されたとされる。

注13) 織田信長の焼き討ちを契機に延暦寺は政治の舞台から遠のいていった。さらに，江戸時代には天台宗総本山の地位を東叡山寛永寺に奪われるまでに落ちぶれた。なお，寛永寺は幕末の上野戦争で主要伽藍が焼失し衰退した。現在は天台宗関東総本山として復活している。

注14) 京都駅前に双子のように建つ東・西本願寺の歴史を調べれば，分派活動のありさまがよくわかる。本願寺は浄土真宗のうち親鸞の子孫（明治時代からは大谷家）が世襲（浄土真宗では妻帯が許されていた）で継いできた寺で，宗派自体の名称でもあるという。迫害や内部抗争などのため約250年間にわたり移転を繰り返した後（戦国時代の石山本願寺が知られている），1591年豊臣秀吉の寄進により現在の西本願寺の地に移った。しかし，わずか11年後の第12世宗主准如の時，引退させられた兄の第11世宗主教如が分派し，徳川家康から土地を得て現在の東本願寺を建立した。分裂の原因は，石山合戦（織田信長との抗争）の際の講和派と徹底抗戦派の対立とされる。宗教法人法では，前者は浄土真宗本願寺派（通称西本願寺），後者は真宗大谷派（通称東本願寺）である。境内に入ると東・西ともに巨大で見事な御影堂と阿弥陀堂が並んでいる。名称も姿形も同じで区別がつかないが，なぜか並びは左右逆転している。張り合っている印象を感じる。京都では珍しく両寺とも拝観は無料である。なお，東本願寺は江戸時代に4回火災にあっていて，現在の伽藍は蛤御門の変の大火後1895年の再建である。また，浄土真宗では親鸞の墓地が聖地（知恩院敷地内にあった大谷廟堂が本来の墓）とされる。西本願寺は大谷本廟（東区大谷墓地内），東本願寺は大谷祖廟（東区円山町）としている。墓まで張り合っている。さらに，1969年から約30年続いた「お東騒動」の結果，真宗大谷派から3派が独立した。それぞれに大谷家出身の門主・法主が立ち，親鸞以来の歴世を名乗っているのが興味深い。

注15) 朝廷・公家の力が弱まった11世紀頃から，武力を持つ延暦寺は司法・警察権力の空白に付け込み，祇園社（現八坂神社）や北野天満宮を末社とし，それらの社地を通じて京都の支配を確立していった。その手段は，（寺であるためか）人に危害を加えるのではなく"打ちこわし"が主であった。個人的見解であるが江戸時代の富裕町人に対する打ちこわしのルーツだと思う。ただし，延暦寺は庶民の家も打ち壊したらしい。

　鎌倉仏教に共通するのは，苦しい修業をしなくともひとつの経典を選び，ひたすらすがれば救済されるということである。敷居が低いせいか，農民や商工業者に広まっていった。武士勢力の台頭と朝廷・貴族の衰退と相俟って鎌倉仏教は発展する。一方，旧宗教（奈良仏教・平安二宗）は権威を失っていった。

①浄土系の宗派

　平安後期になると末法思想（仏の教えが行われなくなる時代が来るという仏教の予言）が広まったが，これに対して既存仏教は無力で腐敗していた^{注16)}。そこで現世利益ではなく，浄土（仏や菩薩の住む極楽）への往生（生まれ変わること）を求めることで現世の苦しみから逃れることを説く浄土教が流行した。

　延暦寺で学んだ**法然**は特別な学問や修行および金銭的負担をしなくても南無阿弥陀仏（南無とは心から服従するという意味，阿弥陀仏は浄土系宗派の本尊）と唱えれば，つまり念仏すれば極楽往生が可能であると説いた。浄土系宗派は，阿弥陀仏をキリストと見立てれば一神教に近いと考えられる。後で述べる一向一揆の狂気は，不殺生を旨とする仏教とは異質であることからも分かる。

　旧仏教は権力者のためであったのに対し，浄土教は一般民衆の間で支持が広がっていった。その結果，法然は旧勢力の延暦寺や興福寺の迫害を受け讃岐に流罪となり，やはり延暦寺で学んだ弟子の**親鸞**^{注17)}も同時に越後に流された。両者とも新宗派を開く意図はなかったというが，後にそれぞれの門弟たちが**浄土宗**と**浄土真宗**を打ち立てていくことになる。こうした浄土系宗派では，念仏を唱えさえすれば救済されるというので，次第に「他力^{注18)}」の考えが強まっていく。

　浄土真宗では，15世紀半ばに第8世宗主となった蓮如が平易な言葉で農村の布教に努め。その結果，強い結束力を持った信者（門徒と呼ぶ）の集団が生まれ，各地で大名と対立し一向一揆^{注19)}が起こった。

　政治の中心が鎌倉に移ると，支配はさらに浸透し，鎌倉末期には京都の土倉（現在の質屋・高利貸）の8割に当たる280軒を支配下に置いていたという。その中には延暦寺の僧や大衆が直接経営していたものもあったらしい。まさに戦後暴力団の勢力拡大過程の原型である。鎌倉仏教開祖たちが延暦寺に見切りをつけた原因かも知れない，というのは私の勝手な想像である。

注16) 仏教伝来は鎮護国家思想にみるように権力側のためのものであって，民衆を向いたものではなかった。大寺院は僧兵を養って時の政権や他宗派寺院と俗権を争い，住職や高僧の地位は皇族や貴族の天下り先となっていた。

注17) 「善人なをもちて往生をとぐ，いわんや悪人をや」（歎異抄）で有名な悪人正機説は親鸞の教えである。

注18) 広辞苑によると「他」とは仏・菩薩を指す。「他力」とは，浄土系宗派では阿弥陀仏の本願の力によって往生するという意味になる。本願とは衆生を救済するという仏・菩薩の誓い，ということらしい。要するに，仏様に祈ってもらって自らは何もしなくてよいということになる。もっぱら他人の力をあてにする俗語の他力本願とは異なり，肯定的な意味らしい。

注19) 歴史教科書では「浄土真宗（一向宗）」とカッコつきで書いてある。宗教年鑑には一向宗という名称はない。Wikipediaによると，この「一向」は「ひたすら」などを表す本来の国語の意味であるが，浄土真宗信徒が「浄土」を使うのを嫌った浄土宗側が，浄土真宗側を呼ぶのに用いたのが始まりだという。さらに，やはり念仏を唱える時宗にも「一向宗」という派があり，当時混同されたという。浄土真宗＝一向宗が定着したのは，徳川家が浄土宗を支持し一向一揆に苦しめられたことから，幕府が浄土真宗の正式名称として一

他の浄土系宗派として，良忍を開祖とする融通念仏宗と一遍を開祖とする**時宗**[注20)]がある。

②禅宗の宗派

　日本が平安時代であった時の中国（宋）では**禅宗**[注21)]が盛んでいくつかの宗派があった。座禅することによって悟りを得ようという「自力」の教えである。**栄西**は延暦寺で学んだのち，南宋にわたって学び**臨済宗**を伝えた。栄西の孫弟子にあたる**道元**も南宋に渡った後，**曹洞宗**を開いた（本山は永平寺と總持寺。なお宗派名を名乗るのは後世になってからで，中国の曹洞宗とは同一ではないという）。道元も延暦寺ゆかりの者で，両者とも延暦寺の反発を受けている。

　座禅が武士の気質と合致したため，禅宗は大いに発展した。室町時代になると足利尊氏・義満・義政は特に臨済宗を手厚く保護し，金閣・銀閣はじめ多数の寺院を建立するとともに，**京都五山など寺格**[注22)]の整備に努めた。朝廷の旧仏教に対抗して幕府の仏教としようとしたのであろう。臨済宗は水墨画，能，茶道など中世文化の発展に大きく寄与した[注23)]。

③日蓮宗

　安房出身の日蓮は地元の天台宗寺院や延暦寺などで学ぶうちに，天台宗の根本経典である法華経が最も優れているとの考えに至り**日蓮宗**（法華宗）を開いた。浄土教も加味され，南妙法蓮華教（題目という）を一心に唱えれば救済されるというものである。

　鎌倉を中心に活動したが他宗派を激しく攻撃する戦闘的な布教（折伏）を行なったので，幕府からも弾圧を受け日蓮は2度流罪となった。幕府が法華教に帰依しなければ国難が起こるだろうと警告していたところに元寇が起こったため，受け入れられる可能性も出たが結局認められず，甲斐の身延山に入山した。その後日蓮宗は京都町衆（商工業者）や地方武士の間に広まっていった。

　向宗に固執したからであろう。これをめぐって18世紀に宗名論争が幕府と浄土真宗との間で起こった。なお，単なる「真宗」は浄土真宗のある1分派が名乗っている宗派名である。

注20）踊念仏で知られる。総本山は神奈川県の清浄光寺である。観阿弥・本阿弥など能・茶道・華道などの文化人達の「阿弥」は，時宗に多い法名であった。林屋［1962］によると，当時の時宗は出家が最も容易な宗派だったという。彼らは身分が低いため，出家することによって将軍の同朋衆（芸能や雑務にあたった）になることができた。

注21）中国の禅宗の始祖は，6世紀前半に中国に渡ったインド出身の達磨だとされている。

注22）義満は南宋の官寺（国家が運営する寺）の制度にならい，日本の五山・十刹の制を確立した。鎌倉と京都の臨済宗寺院にそれぞれ序列を設定し，亀山法皇開基による南禅寺を鎌倉五山および京都五山の上にある別格の大本山とした（しかし臨済宗にはいわゆる総本山はない）。京都五山は天龍寺・相国寺・建仁寺・東福寺・万寿寺の順である（万寿寺は現在，東福寺の塔頭となっている）。十刹とは五山に次ぐ官寺で，大徳寺は当時第9位の京都十刹であった。なお，京都の臨済宗寺院には得意分野によってあだ名がつけられている。南禅寺は武家面，建仁寺は学問面，東福寺は伽藍面，大徳寺は茶面，妙心寺は算盤面（商売と言ことではなく，経営システムがしっかりしていた）である。

注23）林屋［1962］は，曹洞宗は祈祷を行うなど宗教色が強いのに対し，臨済宗は文化・教養性が強かったので京都に受け入れられた，と述べている。

(4) 近世

　仏教の本来の目的は悟りであるが，日本では時代によって鎮護国家・現世利益・極楽往生などと変遷した。しかしそれらは，葬儀および先祖供養を主催するという現代の我々が一般に認識している仏教から大きく乖離している。そもそも仏教では死者は「ほとけ」となるので，祖先崇拝は教理に反している。祖先崇拝は日本古来の思想と儒教思想によるもので，江戸時代においてこれらとの習合が行われ，仏教は換骨奪胎されたと考えてよい。

　まず，墓[注24]が個別のものから先祖代々（一族）のものとなった。庶民にも墓標（石柱）が普及するようになり，墓参りの習慣が生まれた。位牌も江戸時代に一般化した。盂蘭盆会（お盆）の儀式も同様である。

　こうした変容はキリスト教禁止の手段として施行された寺請制度（てらうけせいど）[注25]の副産物だとされている。天皇家にも菩提寺（泉涌寺（せんにゅうじ）[注26]）ができた。寺は大きな権力を持つようになり仏教界は特権階級化し，民衆の反感をかうようになっていった。

　なお，1654年に来日した中国（当時は清）の僧隠元は，三番目の禅宗である黄檗宗を開いた。インゲン豆や煎茶など隠元が伝えた明の文化は，今日の日本にも息づいている。

(5) 近代

　明治新政府は王政復古の観点から神道国教化の方針を決め，1868年維新早々神仏分離令を発した。神仏分離令は仏教を排斥するものではなかったが，これをきっかけに廃仏毀釈（はいぶつきしゃく）運動が起きた。神職者や民衆によって全国各地の寺・仏像・仏具・経典などが破壊・焼き討ちされ，仏教界は大打撃を受けた（京都では大きな被害はなかったようである）。背景には前項で述べたように寺や僧への反発があったらしい。

　廃仏毀釈運動は2，3年で終息し，神道は国教化され，仏教は民営化された。何故か僧侶の肉食妻帯も政府から許された。太平洋戦争後，国家神道は戦犯あつかいされたが，かといって仏教が戦争の抑止力になったとは思えない。

(6) 現代

　仏教の本来の目的は，現世における個人の精神の救済と倫理である。他人に強制するよ

注24）「墓」とは遺体や遺骨を埋めた場所あるいは「塚」である。平安京で三大葬地に遺体を放置したように，日本人は遺骨をむしろ忌避していたが，平安末期から遺骨を尊重するようになったという。中世まで墓はひとりずつ個別にもうけられ，身分の高い者には五輪塔などが建てられた。

注25）武士・貴族・僧侶以外の民衆個人が，自分が禁制宗徒でないことを寺に証明してもらう制度。転居や結婚などには檀那寺からの寺請証文が必要であった。したがって，どこかの寺の檀家とならなければならなかった。宗教統制が目的であったが，戸籍制度でもあった。

注26）真言宗泉涌寺派総本山。856年創建。13世紀初め頃から皇室との関係が深く，歴代天皇の葬儀を執り行っていた。江戸時代の後水尾天皇から孝明天皇までの天皇・皇后の陵墓は境内にある。他に楊貴妃観音が有名。また，塔頭の来迎院の茶室含翠軒は，大石内蔵助が寄進したもので，討ち入りの謀議が繰り返されたという。

うなものではないし，ましてや教義をめぐって殺し合いなど起こるはずはない。人に宗教というものが必要なのであれば，仏教は理想的と言えよう。

　ところが現在，日本仏教は葬式仏教と揶揄されている。あるいは，文化財保護が主たる社会的使命となってしまったのかも知れない。1900年代後半にテレビ出演などで人気のあった高田光胤も，薬師寺の伽藍復興をライフワークとしていた。今となってはスーパースターの最澄・空海や，江戸幕府の法整備を建議した以心崇伝のような政治僧が再び出現するとは，残念ながら思えない。

　しかしながら，ローマ法王が世界の時事問題について声明を発するように，日本仏教の総元締めである天台座主が盆・正月や大災害発生時などの節目に，国民に向かって講話を行うことがあってもよいのではないだろうか。政治が信頼を失っている今日，私は必ず人々の共感を得ると信じている。

3.3　寺院建築

(1) 寺院と伽藍

　広辞苑によると，寺院とは「仏像を安置し，僧が居住し，道を修し教法を説く建物」とある。伽藍とは本来は，僧が居住して修行する清浄閑静な所という意味であったが，現在では寺院の主要な建物群を意味している。

　図3.1に伽藍配置の例を示す。（a）四天王寺と（b）薬師寺からわかるように，奈良時代までは小規模だったためか基本通りに境内は回廊で囲われ，中門を中心軸に塔・金堂・講堂が配置されている。（c）は臨済宗大徳寺の中核部分である。これ以外の敷地はすべて塔頭で占められている。禅宗寺院では，三門・仏殿・法堂が一直線に配置されるのが原則である。

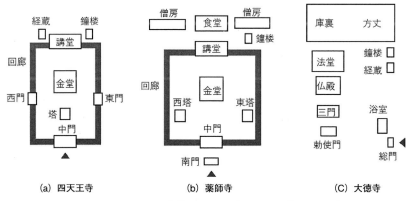

(a) 四天王寺　　　　　(b) 薬師寺　　　　　(C) 大徳寺

図3.1　伽藍配置の例（NO SCALE）

46

(2) 伽藍を構成する建物

①三門・山門

寺院の境内は築地塀によって，さらに境内のなかでも本堂や塔がある聖域は回廊で区切られるのが本来の形態であった。

回廊には中央と左右に三つの門が配置されるのが原則であるが（図3. 1 (a)），それらを一つに統合したものを三門という（禅寺においては仏殿の前の門を三解脱門にたとえて三門と呼ぶようになったとされる）。また，寺は山号を持つから山門とも呼ぶようになったとも言われる。**写真3. 1** に示す知恩院・南禅寺・仁和寺の三門・山門・二王門を京都三大門という（仁和寺にかえて東本願寺御影堂門とする場合もある）。現在の門はいずれも17世紀の建立である。

（a）知恩院三門	（b）南禅寺山門	（c）仁和寺二王門
（H23.8m W50m D26.6m）	（H22m W27m D16m）	（H18.7m W23m D13m）

写真3. 1　京都三大門（カッコ内の数字は高さ・屋根の幅・奥行，私の歩測も含む）

なお三門・山門以外の門，すなわち正門および禅宗寺院の総門などは敷地に入るための門で，宗教上特に必要なものではない。ただし，東大寺や法隆寺などのように南側正門は一般的な意味で重要で，南大門と呼ばれることがある。また，勅使門とは天皇勅使が遣わされた際に出入りする門である。

②本堂・金堂・仏殿

本尊を祀る建物である。禅寺では仏殿という。

③塔

本来は仏舎利（釈迦の骨）を収めたストゥーパである。日本の寺では三重・五重塔が多い[注27]。二層の塔は多宝塔[注28]という。墓石や供養塔として使われる五段石造の五輪塔もストゥーパである。“五”にこだわるのは地・水・火・風・空という古代インドにおける宇宙の五大構成要素を象徴しているからだという。なお，禅宗において塔は伽藍構成の必須要素ではないので，禅寺には塔がない。

注27）8世紀の聖武天皇による国分寺建立事業では七重塔が建設されたが（東大寺では東西2塔あった），現存するものはない。

注28）元来は単純な円筒形の塔で頂部に方形の屋根が掛けられていたが，空海の案で下層にも屋根が掛けられたのが多宝塔の始まりだという。

　京都市内にある国宝の塔は，**東寺五重塔**（現在のものは1644年建立，高さ54.8m，木造塔としては日本で最も高い）と**醍醐寺五重塔**（951年建立，高さ38.2m）である。後者は創建当時のままで，京都最古の建造物である[注29]。

④講堂・法堂

　学習の場で，禅寺では法堂という。

⑤庫裏・僧堂・禅堂

　僧が住居し座禅する建物。臨済宗では禅を行う建物は独立していて，禅堂と呼ばれる。

⑥食堂

　文字通り食堂である。

⑦鐘楼

　梵鐘を釣るための建物である。

⑧経蔵

　仏教経典の倉庫である。

⑨浴室

　禅寺では入浴も修行の場とされ，伽藍構成の必須要素である。浴槽はなく，蒸し風呂と湯掛けのみであった。

⑩東司・雪隠

　便所である。臨済宗では雪隠という。

⑪方丈・書院

　方丈とは1丈（約3m）四方の面積という意味で，本来は寺の住職の居室を指した。鎌倉時代以降では，仏像や位牌を祀る仏間や応接室あるいは庭園なども備えた独立した建物を指す（大方丈とする場合もある）。書院は宗派によって異なるが，方丈と同じ場合もあるし，住職の居室と書斎のみの建物を指す場合もある。

⑫塔頭

　境内に建てられた小寺院を指す。本来の伽藍の構成要素ではない。日本では，死亡あるいは隠居した高僧のために建てられ，一代限りの原則だったが，弟子たちが継いでいくようになった。安土・桃山時代以降では大名家など有力者が寄進した塔頭が多くなる。なお，塔頭は山号を持たず，院・庵・房などの称号がつけられる。とりわけ臨済宗寺院に多く，妙心寺や大徳寺のように境内のほとんどが塔頭で占められている寺もある。その風情は他所にはない京都独特の景観である[注30]。

注29）平安中期には平安京郊外に多数の塔が建ち，「百塔参り」が流行していた。『平家物語』にも出てくる藤原忠親は3日間で120塔回ったという（山槐記）。応仁の乱によってほとんどが焼失した。

注30）著名な塔頭としては織田信長の菩提ために豊臣秀吉が建立した大徳寺総見院，徳川家康の政治顧問だった以心崇伝の南禅寺金地院，秀吉の正室於寧の高台寺圓徳院などがある。また，足利義満の金閣寺（鹿苑寺）と義政の銀閣寺（慈照寺）はともに相国寺の，小野篁で知られる六道珍皇寺は建仁寺の境外塔頭である。

⑶ 建築様式と代表的寺院

日本の寺院建築は教科書では，和様・大仏様（天竺様）・禅宗様（唐様）およびこれらの混合である折衷様に分類される[注31]。ただし，完全な形で残っている建物は少ない。

2023年時点で京都府にある国宝建築[注32]は52件で，そのうち44件が寺院である（その他の7件は神社，1件は二条城）。大半は桃山時代以降の建設あるいは再建であるが，再建だとしても国宝に指定されたものは創建当時の様式が受け継がれていると思われる。

京都府にある国宝寺院建築を表3.2に示す。古ければよいというものではないが，人と同じく，長く存続しているものには敬意を払うべきであろう。なお，日本最古は奈良の法

表3.2　京都府の国宝建築がある寺院（建築年順，名称は文化庁ホームページによる）

寺　院	建　物　名
醍醐寺	下醍醐：五重塔（951年，京都府内最古）　金堂（12世紀後半）　三法院書院・唐門（1598～1599年）　上醍醐：薬師堂（1121年）　清瀧宮拝殿（1434年）
平等院	鳳凰堂（1053年）
浄瑠璃寺	本堂（1157年頃）　三重塔（1178年移築）
東寺（教王護国寺）	蓮花門（1191年）　大師堂（西院御影堂，1380年）　金堂（1603年）　観知院客殿（1605年）　五重塔（1644年）
高山寺	石水院（五所堂，1206年頃）
海住山寺	五重塔（1214年）
法界寺	阿弥陀堂（1226年）
大報恩寺	本堂（1227年，「洛中」最古）
光明寺	二王門（1248年）
広隆寺	桂宮院本堂*（1251年頃）
蓮華王院（三十三間堂）	本堂（1226年）
東福寺	龍吟庵（1387年）　三門（1405年）
慈照寺（銀閣寺）	東求堂（1485年）　銀閣（1489年）
大徳寺	大仙院本堂（1513年）　唐門（16世紀後半）　方丈及び玄関（1635年，1636年）　龍光院書院（17世紀半ば）
本願寺（西本願寺）	北能舞台*（16世紀後半）　飛雲閣*（16世紀後半）　唐門（17世紀前半）　書院*（17世紀前半）　御影堂（1636年）　黒書院及び伝廊*（1657年）　阿弥陀堂（1760年）
妙喜庵	茶室（待庵）（1582年，千利休作）
南禅寺	方丈（16世紀末）
妙法院	庫裏（1600年前後）
仁和寺	金堂（1613年）
知恩院	三門（1621年）　本堂（御影堂）（1639年）
清水寺	本堂（1632年）

カッコ内は建築年（主として文化庁ホームページ国指定文化財等データベースによる）。*は原則非公開。アンダーラインは春・秋など期間限定公開あり。無印は少なくとも外観の鑑賞は可。

注31）和様は平安時代から伝わる日本独自のもので，三十三間堂（蓮華王院本堂）が代表である。細かい木割りや緩勾配の檜皮葺屋根などによって全体的に繊細な印象を与える。大仏様は宋の一地方（現在の福建省周辺）の建築様式と伝えられ，東大寺大仏殿が代表である。豪快さが特徴である。禅宗様は宋の主流の建築様式をそのまま移したとされる。急勾配の屋根，そりの強い軒，繊細な部材の組合せは整然とした美しさを感じさせる。鎌倉中期以降禅宗寺院で用いられた。

注32）御所・桂離宮・修学院離宮なども国宝級であるが，皇室財産は文化財保護法（国宝・重文・名勝）の対象外である。

隆寺金堂（739年頃）である。

(5) 庭園

　寺に庭園[注33]はつきもので，建物が失われても庭は残る。**表3.3**に京都府内にある13の特別名勝庭園を示す。

　日本庭園の源流は平安貴族が舟遊びをした庭[注34]で，西欧の庭園と対比すると，池・草木・石・苔を使い自然の風景を人工的に作り出そうというのが特徴である。特に石[注35]に重要な意味をもたせている。

　枯山水（かれさんすい）は白砂[注36]を水に見立てた庭園で，世界に例を見ないものであろう。水源は不要で，

表3.3　京都府の国指定特別名勝の庭園（竣工年順，名称は文化財保護法に基づいた）

名　称	形　式	竣工年*	備　考
浄瑠璃寺庭園	浄土式	12世紀半ば	
法金剛院青女滝	浄土式	1133年	
西芳寺庭園**	池泉回遊式＋枯山水	1339年	枯山水は夢窓疎石作
天龍寺庭園	池泉回遊式	1345年	曹源池　夢窓疎石作　特別史跡
鹿苑寺（金閣寺）庭園	池泉回遊式	1397年	特別史跡
龍安寺方丈庭園	枯山水	1450年	
慈照寺（銀閣寺）庭園	池泉回遊式＋枯山水	1490年	特別史跡
大仙院書院庭園	枯山水	1509年	大徳寺塔頭
本願寺大書院庭園	枯山水	1591年	非公開
二条城二の丸庭園	池泉回遊式	1603年	1626年小堀遠州によって改修
金地院庭園	枯山水	江戸初期	南禅寺塔頭　小堀遠州作
醍醐寺三宝院庭園	池泉回遊式	1624年	豊臣秀吉原案　特別史跡
大徳寺方丈庭園	枯山水	1635年	常時非公開，特別公開あり

＊寺の創建年と同じとしたものもある　　＊＊西芳寺の参拝には往復はがきによる事前申込が必要。

注33）造園の歴史においては絵画や彫刻などのような流派はないようで，時々名匠が現れて一代限りで数多くの庭園を造った（建築も同様であると思う）。**表3.3**に示す夢窓疎石や小堀遠州（作庭家というより建築家と言った方がよい）のほかには，明治の小川治兵衛（平安神宮神苑など）や戦中～戦後の重森三玲（東福寺方丈庭園など）が知られている。

注34）「池泉舟遊式庭園（ちせんしゅうゆうしき）」という。現存するものでは神泉苑が最古。これに対し室内から眺めるものを「池泉鑑賞式」，歩きながら鑑賞するものを「池泉回遊式」という。「浄土式庭園」は池泉回遊式と同じであるが，浄土思想に基づくとされ金堂や仏堂の前に池が広がる形態をとる（平等院鳳凰堂が代表例）。

注35）形や配置も重要だが，石の組み方（石同士を接するのか離すのか，人工的に整然と積むのか，あるいは自然に岩が崩れたように並べるのか）も技術の要所らしい。

注36）京都の白砂は比叡山から産出した白川砂で，内裏の庭などで古くから使用されていたという。鴨川に流れ込む白川は，白砂の堆積で流れが白く見えたのでそう名付けられたらしい。比叡山方面から琵琶湖にそそぐ川筋もいくつかあるが，それらの川底も白く，「琵琶湖周航の歌」にあるように砂浜も白い。白川砂は風化花崗岩すなわち真砂土であるが，一般の真砂土より際立って白いのは，NHK番組「ブラタモリ」第102回「京都・東山」によると，水流によって黒色の雲母がはがれたからだという。白川の上流から採取していたというが，現在は禁止されている。

抽象的な思考を促すものであるためか広い面積も必要なく，造園の自由度は増した。枯山水の技法は平安時代にもあったようだが，修行が深まるとして禅宗寺院で大きく発展した。特に龍安寺方丈庭園（石庭）が名高い。

3. 4　仏教芸術

(1) 宗教と偶像崇拝

　イスラム教とユダヤ教では偶像崇拝禁止は徹底されており，キリスト教においても十字架・イエス像・マリア像にほぼ限定されている（正教会では聖人のイコンが加わるので多くなるが）。ゴータマ・シッダールタも禁止していたが，その後の仏教では偶像崇拝はむしろ奨励されてきたと言える。

(2) 仏像

　仏像の種類はおびただしく多い。訪れた寺のパンフレットで「本尊は釈迦如来」などと当たり前のように説明される。しかし，一般人には菩薩より偉そうだとはわかっても大日如来とどう異なるのかさっぱりわからない。

　様々な種類の仏像があるのは，仏教教理により「人が悟りを開いて仏になる」からだと考えられる。つまり，理屈では釈迦（＝ゴータマ・シッダールタ）のみならず彼の前にも後にも幾千もの仏がいるはずなので，いくらでも創造可能なのである。特に真言密教では他の宗派にはない独特の名前の仏像が数知れないほどある。根拠となる経典はあるらしい。宗派によって扱いの軽重はあるが，興味深いのはそれぞれに役割（得意な救済の分野）と階級があることであろう。

　表3. 4は日本の主な仏像[注37]を分類したものである。菩薩以下は如来の脇侍（わきじ）にもなるし，

表3. 4　主な仏像の種類（広辞苑より）

尊称	意味	代表的な仏像
如来	仏の尊称	釈迦如来　盧遮那仏　薬師如来　　阿弥陀如来　大日如来
菩薩	悟りを求めて修行する人	弥勒菩薩　観（世）音菩薩（聖観音・如意輪観音・十一面観音・千手観音など）日光菩薩　月光菩薩　文殊菩薩　普賢菩薩　地蔵菩薩
明王	密教独自の尊者。仏教に帰依していない民衆を強制的に帰依させるという	五大明王（不動明王・降三世明王・軍荼利明王・大威徳明王・金剛夜叉明王）愛染明王　孔雀明王　大元帥明王　馬頭明王
天	元々は古代インドの神々で，仏の世界を守る	四天王（持国天・増長天・広目天・多聞天＝毘沙門天）　梵天帝釈天　吉祥天　弁財天　大黒天　韋駄天　摩利支天　金剛力士（仁王）鬼子母神　八部衆　十二神将　二十八部衆
その他		阿羅漢（羅漢）　実在の人物（祖師，大師，聖徳太子などの偉人）

注37）日本の仏像は木造が多い。奈良時代までは一本の木材から彫り出す一木造が主であった。平安末期になるとパーツに分割して組み立てる寄木造が主流となり，製造能力が飛躍的に伸びた。

単独で祀られることもある。なお，如来と菩薩は男女の性別を超越した存在とされるが，明王と天には性別があるようである。

①如来

如来は仏と同義語で，最高位の仏像である。如来は2体の（菩薩以下の）脇侍を伴うことがある（三尊形式）。以下に代表的な5種類の如来について述べる。

釈迦如来（釈迦牟尼仏ともいう，以下同様）とはゴータマ・シッダールタである。法隆寺金堂の銅像が代表である。廬舎那仏（毘盧遮那仏）は華厳経の中心の仏で，代表は東大寺大仏である。阿弥陀如来（阿弥陀仏）は浄土系宗派の本尊で，平等院鳳凰堂の像が代表であろう。薬師如来（薬師瑠璃光如来）は疾病治癒の仏で，脇侍に必ず日光・月光菩薩が伴う。左手に薬壺を持っているのでこれだけは誰にも見分けがつく。薬師寺金堂の像が代表である。大日如来は密教の最高位であり，宇宙そのものとされる。真言宗寺院の本尊で，京都では東寺講堂の像が代表であろう。

②菩薩

菩薩とはもともとは修業時代の釈迦を指していたが，後に仏となるべく修行する者を意味するようになった。観音菩薩は，民衆を救い人々のあらゆる願いをかなえるという現世利益をもたらす代表的存在で，したがって全国に数えきれないほどある[注38]。普通の人間の姿をした聖観音（正観音）のほかに十一面観音や千手観音のような超人的な像も生まれた。地蔵菩薩は民間信仰と結びついて道祖神的な「お地蔵様」のもととなった。

③明王

明王は密教独自の尊者で，真言宗と天台宗の寺院以外には祀られていない（と思う）。大日如来の命令により，未だ仏教に帰依していない強情な民衆を力ずくで帰依させるというもので，憤怒の形相をして武器をもっていたりする。大日如来自身の化身ともされる。

④天（天部）

天とは仏法と仏教徒を守護する神の総称を意味する。もともとは古代インドの神々（バラモン教やヒンドゥー教）で，後に仏教に取り入れられたものである。四天王・八部衆・十二神将・二十八部衆などグループがあるのが特徴である（複数のグループに属している天もある）。普通名詞ともなった四天王は帝釈天の部下だという。阿修羅や龍神は八部衆に属する。十二神将は薬師如来の守護神である。二十八部衆は千手観音の使者（眷属）とされ，三十三間堂の像が有名である[注39]。金剛力士（仁王，二王）も天であり，阿形と吽形の一対になっていることが多い（インドでは一体であったという）。

⑤その他

阿羅漢（羅漢）は，原始仏教における修行者，人が到達しうる最高位，聖者を意味する。

注38）観音には女性のイメージが定着しているが，本来，仏像に性別はない（経典では菩薩はむしろ男性らしい）。また，西国三十三所など各地に33か所の霊場を巡礼する観音信仰が現在でも盛んである。観音は33の姿に変身すると説く観音経に因んでいる。

注39）仏像群の両端に配置されている風神雷神は，日本の民間信仰の神で，厳密にいえば仏教とは関係ない。

十六羅漢や五百羅漢が知られている。原始仏教では人は仏になれないとされていたが，大乗仏教では人は仏になれるとされているので，大乗から見ると阿羅漢は厳密には仏ではないらしい。また，実在の人物も仏像となる場合もある。一宗一派を開いた祖師，高徳の僧である大師，聖徳太子などがこれに相当する。

(3) 仏教絵画

　仏像と比較すると著名な仏教絵画は少ないかも知れない。欧州の宗教画の多彩さとは対照的である。
　神護寺や東寺（教王護国寺）に伝わる曼荼羅や建仁寺の「風神雷神図」が見事である。しかしながら，仏像は本物であるが，現地に展示されている国宝絵画の多くはレプリカである。オリジナルは博物館や美術館に収蔵されていて，展示されるのは稀である。色あせているので，みると素人はがっかりするかも知れない。したがって，画集で十分で，私はわざわざ現地にそれらを見学に行くことはあまり意味がないと思っている（ただし，最新のデジタル技術によるコピーは極めて鮮明ではある）。
　なお，龍の天井画には国宝はない。現地のものはすべてオリジナルである。表3.5に示すように，臨済宗の各派本山の法堂または本堂に例外なく描かれている。龍は天部八部衆のひとつで水を司ることから法堂（講義の場）を火災から守り，教えの雨を降らすとされ，禅宗では特に尊重されている。可能ならばすべての寺を見比べたいが，常には公開されていないので機会をうかがうしかない。常時公開の妙心寺雲龍図（八方睨みの龍）は狩野探幽の絶頂期の作で，雲龍図のなかでも最大で圧巻である。

表3.5　臨済宗各派本山の雲龍図（制作年順）

寺院	名称	作者	制作年	備考
相国寺	蟠龍図	狩野光信	1605年	八方睨み・鳴き龍。春秋の特別拝観期間に公開
大徳寺	蟠龍図	狩野探幽	1636年	通常非公開（特別公開はある）
妙心寺	雲龍図	狩野探幽	1656年	八方睨みの龍。常時公開
東福寺	蒼龍図	堂本印象	1933年	内部には入れないが正面窓（開口）から覗ける
南禅寺	蟠龍図	今尾景年	1905年	同上
天龍寺	雲龍図	加山又造	1997年	土日祝日・特別拝観期間に公開
建仁寺	双龍図	小泉淳作	2002年	常時公開

3.5　神社

(1) 神道と神社

　神社は日本固有の民族信仰である神道[注40]（しんとう）の拠点で，97%が神社本庁[注41]に属している。神道は八百万神（やおよろずのかみ）と言われるように多神教で，かつ地域性が強い。"道"としているようにその開祖も正典もない。神道は人の精神的な救いより祭祀（まつり・行事）を重視するという特徴があり，厳密には宗教に当らないのかも知れない。

　令和2年度版宗教年鑑によると全国の神道信者数（氏子など）は約8900万人という（各法人・団体からの報告に基づいているが，確実に仏教信者と重複している）。宗教法人の神社は現在約8万[注42]ある（コンビニは約5万6000店）。明治初期には村落の数だけ神社があり，約18万あったという。すなわち地域社会の鎮守の神であるが，発祥は一族の氏神だったという例も多い。例えば，春日大社は藤原氏，賀茂社は古代豪族の賀茂氏，伏見稲荷大社は渡来系氏族の秦氏（はたうじ）の氏神であったとされている（賀茂氏から祭祀を受け継いだという）。その他に，天皇・菅原道真・徳川家康・戦死者など，実在の人物が祭神となることがある[注43]。なお，京都府の神社数は約1800（京都市約250）で，全国順位は高くない。

　世界の宗教は偶像崇拝と闘ってきたが，神道では完璧に達成されている。神社の神体の実物の多くは鏡だが，誰もそれを拝んでいるとは思っていないだろう。ごく最近神となった明治天皇（明治神宮）には毎年300万人が初詣するが，明治天皇の写真を拝むことはほとんどない。明治天皇に祈願しているという意識も全くないに違いない。他の宗教と比較すると非常に不思議である。

注40）神社を中心とした神道は神社神道と呼ばれる。ほかに民族神道（道祖神・山の神などの信仰）や教義神道（戦後創設された新興宗教）などがある。なお，近代において国が主導した神道を国家神道と呼び，本来の神道とは区別している。

注41）"庁"とあるように戦前では内務省外局であった。現在は宗教法人法に基づくひとつの包括宗教団体に過ぎない。総本山にあたるのは伊勢神宮で，明治維新の際，天皇制と神道を結びつけるために，明治政府が決めたままになっている。そのため，北野天満宮でも天神様のお札と並んで天照大御神のお札（神宮大麻）も頒布されている。すなわち，祭神の別にかかわらず神社本庁に属する神社は伊勢神宮に上納し，神社本庁から再交付を受けるシステムになっている。そのため，山奥の小神社でも存続可能なのである。仏教の本末制度とは異なり，互助会のような組織なのではないかと私は想像する。一方，靖国神社・伏見稲荷大社・日光東照宮などのように，自立できる大神社・有名神社のなかには，支配を嫌い神社本庁から離脱して単立神社となっている例もある。

注42）ほとんどが神社本庁所属であるが，宮司（宗教年鑑でいう教師）は約2200人しかいない。すなわち，多くの宮司が掛け持ちしていることになる。一方，寺の住職の兼務は2万未満にとどまっているようである。

注43）多くの祭神の根拠は『古事記』・『日本書記』に書かれている神話である。初めて地上に降りたのはイザナギ（伊邪那岐）・イザナミ（伊邪那美）の夫婦で，日本列島をつくった。その子供がアマテラス（天照大神）とスサノオ（素戔嗚尊，須佐之男命）で，神武天皇はアマテラスの5代目子孫，オオクニヌシ（大国主命）はスサノオの6代目子孫，ということである。

(2) 系列社

神社は基本的に土着であるが，人気の高い神様は分霊され同名の神社が全国に多数建てられた（勧請という）。これらを系列社という。**表3．6**に代表的なものを示す[注44]。なお，分霊は無限に可能なため，ひとつの神社が摂社・末社としていくつもの神様を祀っていることが多い。その結果，オールマイティな神社が数多くある。

表3．6　代表的な系列社（神社数は宗教年鑑と，一部Wikipediaによった）

神社名	主祭神	信仰対象・ご利益	総本社	神社数
稲荷神社	ウカノミタマノオオカミほか	穀物・農業の神	伏見稲荷大社（京都）	約3万2000
八幡宮	ハチマンオオカミ（応神天皇）ほか	武運の神	宇佐神宮（大分）	約2万5000
神明社	天照大御神	日本全体の守護神	伊勢神宮（三重）	約1万8000又は5000
天満宮・天神	菅原道真	菅原道真の怨霊を鎮めるためだったが，学問の神となった	北野天満宮（京都）・大宰府天満宮（福岡）	約1万5000
日吉・日枝・山王神社	大己貴神・大山咋神	山王信仰，比叡山の神だが天台宗とともに全国に広まる	日吉大社（滋賀）	約4000
熊野神社	熊野権現（スサノオ，イザナギ，イザナミ）	熊野信仰（山などの自然神）	熊野三山（和歌山）	約3000
住吉神社	住吉三神（ソコツツノオノミコト他）	海上交通の守護神	福岡・下関・大阪の住吉神社（大社）	約2000
愛宕神社	イザナミ（神仏習合時代は愛宕権現）	愛宕信仰（火伏の神・武神），火迺要慎のお札が有名	愛宕神社（京都）	約1000
貴船神社	タカオカミノカミ	水の神（雨乞いなど）縁結び	貴船神社（京都）	約450

(3) 社格

神社には仏教寺院の本末制度のようなものはなく，神社・社・大社・宮・神宮の名称の定義もない（天皇が祭神となる場合は神宮が多い）。ただし，大宝律令のころから社格といって，神社に等級がつけられることがあった。

表3．7は平安後期に制定された「二十二社」[注45]という社格制度である。伊勢神宮を筆頭として，朝廷とのかかわりが強い神社が選定されたという。江戸初期に諸社禰宜神主法度が出されたが，この時は神社の等級化は行われなかった。明治政府は等級化を行ったが（近代社格制度という），GHQ（連合国軍最高司令部）の神道指令によって撤廃された（現在でもこの制度による等級名を解説版に記している神社もある）。

注44）仏教宗派の本山・末寺の関係とは異なり，神社の総本社と系列社との間には上下および経済関係はない。単立神社を除くすべての神社の上部組織は，伊勢神宮（神社本庁）である。

注45）近代社格制度が廃止されたのなら，この二十二社が生きていることになる。当否はさておき参拝の目安になるかもしれない。

表3.7　二十二社（名称は現在）

	京都府内	京都府外
上七社	石清水八幡宮　賀茂社（上賀茂・下鴨神社）松尾大社　平野神社　伏見稲荷大社	伊勢神宮（三重）　春日大社（奈良）
中七社	大原野神社	住吉大社（大阪）　大神神社　石上神社　大和神社廣瀬大社　瀬田大社（以上奈良）
下八社	梅宮大社　吉田神社　八坂神社　北野天満宮貴船神社	日吉大社（滋賀）　廣田神社（兵庫）丹生川上神社（奈良）

(4) 神社建築

　寺院と比較すると神社の建物は極めて簡素である。すなわち，鳥居・本殿（神殿）・拝殿^{はいでん}のみで構成されている。**表3.8**は京都府内の国宝建築がある神社である。

表3.8　京都府の国宝建築がある神社（建築年順，名称は文化庁ホームページによる）

神　社	国宝建築と建築年
宇治上神社	本殿（平安後期）　拝殿（鎌倉前期）
北野天満宮	本殿・石の間・拝殿・楽の間（1607年）
豊国神社	唐門（もとは伏見城→二条城→南禅寺金地院から1880年に移築）
石清水八幡宮	本殿内殿・外殿，幣殿，舞殿，東門，西門、廻廊，楼門（1634年）
八坂神社	本殿（1654年）
賀茂御租神社（下鴨神社）	東本殿・西本殿（1863年）
賀茂別雷神社（上賀茂神社）	本殿・権殿（1863年）

　本殿[注46)]は神体（実物は鏡が多いという）を安置する建物で，南向きか東向きに建っている。拝殿は本殿の正面におかれ，祭祀や祈禱はこの中で行われる。神楽や舞も奉じられる。したがって通常，本殿よりも大きい。一般の参拝者は拝殿の手前で拍手する。

　これらのほかに幣殿^{へいでん}というものがあることがある。捧げものを奉る建物で，本殿と拝殿の間にあるのが通常であるが，拝殿と一体の建物となっていることもある。あるいは，境内の他の場所に独立して建っていることもある。

注46) 神社の本殿は専門書によると，入り口の位置（平入か妻入か）やおよび屋根形状によってパターン分類がなされている。大分類だけでも神明造・大社造・流造・春日造など10種以上におよび，細分類まで含めると発散してしまう。まるで個々人の目鼻立ちを論じているようなので，専門家を目指すならともかく一般人は知らなくともよいだろう。少なくとも私は匙を投げてしまった。

第4章　京都の四季

　京都の四季は特徴が際立っている。夏の猛暑や冬の底冷えは全国的に知られている。春の桜のライバルは全国に多いが，品質の点では京都の桜は比類なきものであると思う。秋の紅葉については，山間部ではなく市内に名所があることが特徴であろう。さらに言うと，ひとつの町の中で桜と紅葉が共存するのは京都のみである。本章では，私が毎年行きたいと感じた京都の季節名所について述べる。

4.1　春

(1) 京都の桜

　桜の代表はソメイヨシノだと私は思いこんでいたが，京都に来てそれは大きな間違いであることに気が付いた。ソメイヨシノが開発されたのは江戸時代末期で，それまでは日本古来種のヤマザクラやエドヒガンなどが主役だったのである。現在，街路樹や公園など公共の場の桜のほとんどはソメイヨシノになっているが，京都の寺社・庭園ではシダレザクラ（枝垂れ桜，エドヒガンの一種）など，依然として古来種が主人公である。

　ソメイヨシノは20〜30年で最盛期を迎え，寿命は60年と言われている。まるで人の一生のようである。それに対し，古来種の寿命は数百年から1000年にもおよび超人的である。生きていれば周囲を圧倒する大桜となる。一方，山奥に咲く超然とした一本桜も素晴らしいが，数にも価値があると思う。

　京都の桜の定番を挙げればきりがない。以下に述べるのは，私が考える名所である。古来種が中心である。もちろん，ソメイヨシノが多い琵琶湖疏水・白川・高瀬川沿いも，川との共演で京都らしい風情を堪能することができる。これらは無料で，毎日いつでも楽しむことができる。飲んだ後の帰りの散歩に最適であろう。ライトアップもある。

　なお，古来種の開花時期はソメイヨシノと異なる。NHKニュース等の開花情報はソメイヨシノを基準としているので，当てにすると，もう散ってしまったということもあるので注意したい。

(2) 洛中の桜

①半木の道（ヤエベニシダレ，74本）・鴨川公園

　まだつぼみ・もう満開などと思いながら見上げる日常の桜が，京都の正しい花見であるという。ブルーシートを敷いた酒盛りはもってのほかである。もちろん有料の施設では飲食禁止である。大体にして，シーズン中は歩くのも困難なほど混み合う。しかしながら“花より団子”で，やはり酒を飲みたくなる。“お一人様”だと哀れに見えるかもしれない

が，わがまま年寄りとしては我慢したくない。

　その観点からいうと鴨川公園は広くベンチも
あるので，障壁は低い。とりわけ鴨川デルタ
（賀茂川と高野川の合流点）以北では通行人は
少なくなり，ブルーシートのグループやカップ
ルが多くなる。

　鴨川公園の桜のほとんどは白いソメイヨシノ

写真4．1　半木の道

であるが，北大路橋・北山大橋間の賀茂川左岸
のみ紅く燃えている。ヤエベニシダレ（八重紅
枝垂れ桜[注1]）の並木である。半木の道（なからぎ　みち）と呼ばれている（写真4．1）。約800mの間に合計74
本が並ぶ（ナンバーリングされている）。1973年（昭48）に十六代佐野藤右衛門（庭師・桜
守）によって植えられた。並木を歩いていくと，姿がよいもの，若々しいもの，妖艶なも
のなど一本一本に個性があることがわかる。

　これほどの数のベニシダレ並木は他に例がないのではないか。なにより無料である。並
木道の人通りは激しいので，対岸（右岸）のベンチに陣取って，鯖寿司を食べながらビー
ルを飲みたい[注2]。

　半木の道の東側は京都府立植物園[注3]である。ここも桜の名所である。植物園なので作庭
に特別な技巧は感じられないが，広々としていて比叡山もよく見えるので気持ちが良い。植
物に名札が掲げられているので桜の種類を学ぶことができる。

②平安神宮神苑（ヤエベニシダレなど約20種，300本）

　『細雪』で谷崎潤一郎は，主人公姉妹の京都花見旅行[注4]のクライマックスを神苑（しんえん）[注5]（図4．
1）に設定した。

　「……門をくぐった彼女たちは，忽ち夕空にひろがっている紅の雲を仰ぎ見ると，皆が一

注1）桜の品種は多いので定かではないが，シダレザクラにはシダレとベニシダレの2種類があり，一般的に
　　ベニシダレの開花は遅い。シダレの花の色はソメイヨシノと同じ程の淡いピンクで，ベニシダレは比較的濃
　　いが，色だけでは区別がつかない。また，桜の花弁は一般的に5枚であり，ヒトエ（一重）という。花弁が
　　6枚以上のものは全てヤエ（八重）という（8重ということではない）。ソメイヨシノやシダレはヒトエで，
　　ベニシダレはヤエが典型だと思うが，半木の道ではヒトエを3本見つけた。
注2）北山大橋から北山通を西に約150m行った最初の交差点（衣棚通）にコンビニがある。ただし，弁当は
　　昼過ぎになると売り切れの可能性が高い。なお，トイレは北山大橋東詰の京都府土木事務所が利用できる。
注3）川端康成の『古都』で，主人公一家は植物園を見物した後，賀茂川に出る。その時は松の並木のみで
　　あった。小説連載は1951年なので，半木の桜が植えられたのはその20年後に当たる。
注4）旅の二日目，彼女らは麩屋町通の旅館（おそらく柊家か俵屋）を出て，広沢の池→大沢の池→渡月橋→
　　法輪寺で弁当→渡月橋→天龍寺北の竹林→厭離庵→釈迦堂前→（愛宕電車で）渡月橋→（タクシーで）平安
　　神宮と回ったとある。徒歩のはずだが，まるでマラソン並みである。しかも，和装の女4人を含む5人連れ
　　である。いくらフィクションとしても盛り過ぎではないか。
注5）平安神宮外拝殿・本殿の背後に広がる3万3000㎡（1万坪）の広大な池泉回遊式庭園。南・西・中・東
　　神苑にわかれている。1895年に七代目小川治兵衛によって造園された（南神苑を除く）。泰平閣（橋殿）と
　　尚美館は京都御所からの移築である。

様に，『あー』と，感嘆の声を放った。……この一瞬の喜びこそ，去年の春が暮れて以来一年に亘って待ちつづけていたものなのである。」

これは，神苑入口（南神苑）をくぐるとすぐに現れるヤエベニシダレ群の描写である。いずれの桜も容姿・枝ぶりが丁寧に整えられていることが，素人にも感じ取れる。私は祇園舞妓の

図4.1 平安神宮神苑（Google Earthより作製）

総踊りを連想した。これらと比較すると，半木の道のベニシダレは野性的である。

西神苑・中神苑と進むが道は狭く，鬱蒼として桜は少ない。『古都』（川端康成）では小説の冒頭で主人公の千重子と，その幼馴染が神苑で花見をする。彼女が「抽象」といった中神苑臥竜橋[注6]を渡り，しばらく行くと東神苑栖鳳池に出る。一気に視界が開ける。

栖鳳池は様々な種類の桜に取り囲まれている。それらを眺めながら池の北側を廻り，泰平閣と名付けられた橋殿を渡る。通路両側には腰掛がしつらえてある。そこに座り，通り過ぎてきた桜を眺める。水面にそれらが映っている。尚美館そばに誠に美しいヤエベニシダレがある。これは千重子が最も好きだと言った桜と同じであろうか（写真4.2）。

③円山公園（シダレなど）

シンボルの「祇園シダレ」（写真4.3）は樹齢70年超のシダレの大木で，妖艶である。現在のものは二代目で，十五代佐野藤右衛門の作である。『細雪』で谷崎は，神苑のベニシダレを一番としたのは，そのころあった初代（十四代の作）が老木となって色褪せたからだ，と書いている。もし，彼がこの二代目を見たら何というのだろう。

写真4.2 東神苑のベニシダレ

写真4.3 祇園シダレ

注6）豊臣秀吉が建設した三条大橋と五条大橋の橋脚を輪切りにした石材を並べた沢渡。

④京都御苑（約1000本）

京都御苑（入場無料）では，1か月以上にわ
たって，様々な桜が咲く。特に近衛邸跡のシダ
レザクラが名高い。御苑内にある**京都迎賓館**[注7]
には桜は1本しかないが，建物とともに一度は
見ておきたい。その桜は，池に架けられた廊橋
（ろうきょう）
（屋根付きの橋）から望むシダレである（**写真4.
4**）。祇園シダレほど妖艶ではなく，平安神宮神

写真4.4　京都迎賓館

苑のベニシダレほど華やかでもないが，容姿が
極めてよく整っていて建物とよく調和している。造園とともに十六代佐野藤右衛門の作で
ある。

⑤二条城（約50種，300本）

二条城[注8]の桜の特徴は，品種が多いことである。シダレザクラやヤマザクラなどの定番
に加え，二条城独自の品種[注9]が多数ある。

二の丸御殿（国宝）も必ず見学したい。大広間・黒書院・白書院などが雁行して並ぶファ
サードは，桂離宮とともに日本建築の様式美の極致である。徳川慶喜が大政奉還を宣言し
た大広間一の間背後に描かれている巨大な松や，遠侍（諸大名の控えの間）の虎の図[注10]は
大名たちを威嚇するためだったという。当時25歳の狩野探幽（かのうたんゆう）の作である。構図は超然大胆
であるが，解説されれば意図が直截的であると納得できる。

注7）2005年開館。外国来賓があるとき以外は一般公開されている（有料，予約不要，水曜休館）。鉄筋コン
　　クリート造地上1階地下1階。設計は日本設計，"現代和風"を標榜している。敷地中央の池泉舟遊式庭園
　　を囲んで数棟が配置されていて，どの部屋からも庭が見えるようになっている。舟に賓客を乗せて園池を周
　　遊することもある。内装は和風で，各部屋には壁いっぱいの日本画や綴織りのタペストリー，極めて繊細な
　　截金が施された扉などで装飾されている。どの作品もおそらく200〜300年もたてば国宝となるに違いない。
　　長さ12mの一枚板の漆塗り座卓など，調度品や内装材料はすべてが大振りである。外国人対応の高さ2mの
　　障子が日照をより奥まで取り込んでいることに加え，間接照明が駆使されていて，室内は和風建築にしては
　　明るい。空調設備があるはずなのに，吹出口など全く見当たらない。驚くべきは屋根である。日本の伝統建
　　築は入母屋の檜皮吹きか瓦であるが，ここは緑色のステンレス鋼を使っている。入母屋といっても，入母屋
　　風であってそのものではない（多分，忠実に従えば陳腐な屋根になったと思う）。しかしながら，全く違和
　　感なく周囲と調和していて，御所の施設としての品格を発している。
注8）現在の二条城は徳川家康が征夷大将軍の宣下を受けるために建設されたものである（実際は伏見城で受
　　けた）。二の丸御殿（国宝）は1626年後水尾天皇行幸の際に完成された。しかし，1634年の家光上洛以降幕
　　末まで二条城は歴史の舞台から消え去る。天守閣や本丸御殿は焼失した。明治になり京都府庁を経て宮内省
　　に移管され二条離宮と称され，1939年京都市に下賜された。正式名称は「元離宮二条城」となった。なお，
　　現本丸御殿は1894年に京都御苑今出川門脇にあった桂宮本邸を移築したものである（桂宮家は1881年断絶）。
注9）二の丸庭園内にある「御所御車返し」（ごしょみくるまがえし）や，桜の園にある「雨宿」（あまやどり）が美しい。なお，城内全体では徳川
　　らしく松が圧倒的に多く，カエデ・モミジは1本もない。
注10）二の丸御殿障壁画の重要文化財は1016枚あるというが，現地にあるものはすべて模写である。原作は展
　　示収蔵館に保存され，ローテーションで公開されている。ただし，400年たっているので経年劣化は否めない。
　　光り輝く複製を見た後では感動が薄くなるのは悔しい。

　一方，大広間四の間は武器庫とされていて，そこにも障壁画が描かれているが，他と較べると渋く地味である。この部屋のみ豊臣秀吉のお抱え絵師であった狩野山楽[注11]の作である。探幽がどのような意図でこれを山楽に割り振ったのか，想像すると面白い。

(3) 洛外の桜

①醍醐寺（シダレなど，1000本）

　醍醐寺[注12]は，豊臣秀吉の「醍醐の花見」[注13]で知られる。ただし，秀吉たちが臨んだ場所は上醍醐へ登る途中の檜山であった。花見御殿が建てられ，秀吉が下醍醐から檜山までの路に植樹させた桜（700本と言われている）を見下ろしたという。現在，その場所は立ち入り禁止のうえ木が生い茂っていて，下醍醐を見通せないらしい。

　入口総門から西大門に続く参道はソメイヨシノの桜並木になっている。しばらく進むと左手に唐門（国宝）がある。桐紋と菊紋が左右に並び，どちらも極めて大胆大柄な真鍮製である。背景の黒漆と，金色との対比が見事である。

　金堂・五重塔周辺の桜花も見事であるが，敷地が広いため疎に感じる。その点，霊宝館エリアは適度に密である。前庭に実に美しいシダレが十数本ある。霊宝館の休憩室には大きな窓があり，そのすぐ向こうに見事なシダレ（**写真4.5**）の大木がある。暖かい室内から椅子に座りながら鑑賞できる。さらに，霊宝館の裏側を回る路には，白とピンクそして大小様々な桜が咲き乱れる。人も多くはなく，ゆっくりと観ていける（常時は立ち入り禁止）。

　古来種は一般的にソメイヨシノより遅咲きであるが，醍醐寺のシダレは早咲きなので注意したい。しかも，一気に散るソメイヨシノと異なり，花弁を残したまま萎むので，老婆の白髪のようになってしまう。

写真4.5　醍醐寺のシダレ

注11）狩野永徳の後継と目され，血縁関係はないので養子となった。永徳の孫探幽からは義理の叔父にあたる。大坂の陣の後，嫌疑をかけられるが赦免される。代表作に大覚寺障壁画などがある。探幽は江戸に移ったが，山楽の系統は京都に留まり幕末まで続いた。それぞれ江戸狩野，京狩野と呼ばれる。

注12）真言宗醍醐寺派総本山。874年創建。醍醐山頂にある上醍醐と，山裾にある下醍醐からなる。上醍醐へは山路で1時間かかる。五重塔（951年）は京都府で最古の塔である。三宝院庭園（特別名勝・史跡）は豊臣秀吉の原案という。園池と枯山水を併設させるルール無視や，全国各地から名石を集めさせたりするなど，秀吉らしい傍若無人ぶりが分かる。なお，2018年の台風21号による倒木被害は甚大で，西大門から金堂にかけての森林はほとんど伐採さてしまった。2023年になっても，国宝金堂は北側の住宅地から丸見え状態で，無残であった。

注13）1598年に秀吉が醍醐寺で開いた花見。招かれたのは1300人であった。子の秀頼と前田利家以外はすべて女性で，一人3着の着物が新調されたという。秀吉は花見の5ヶ月後に死亡した。

②仁和寺（御室桜など，約200本）

　仁和寺[注14]の桜は，17世紀から御室桜[注15]として知られている。遅咲きで見ごろは通常4月中旬である。一条通（周山街道）にそびえたつ二王門は京都三大門のひとつとされる。くぐると金堂に向かって一直線に参道が伸びる。中門の左手の一角が御室桜の林となっている（川端康成は『古都』で「さくら畑」と呼んだ）。花は緑がかった白である。花弁は密である。低木のため，桜雲に五重塔が浮かぶように見える。少し高くなっている西側の塀沿いが最高の撮影場所である。

　同時期に御室ツツジも境内のあちこちで咲き誇っている。濃いピンクの花は桜と対照的で印象的である。なお，仁和寺の庭師は植藤造園（佐野藤右衛門）である。

③龍安寺（ベニシダレ・ヤマザクラなど）

　仁和寺二王門から「きぬかけの路」を北へ10分ほど歩くと龍安寺[注16]がある。方丈の枯山水は石庭として有名であるが，塀の外側から庭に枝を落とすヤエベニシダレの大木でも知られていた。私でさえ，この石庭にはオーラを常に感じるが，春は桜に心を奪われてしまう。残念ながら，現在の桜は2018年に植え替えられたものである。今のところ哲学的思索を邪魔するほどには育っていないが，十年後は如何であろうか。開花は仁和寺とほぼ同時で遅い。境内の桜苑にはベニシダレ・ヤマザクラなどが多数咲く。

　石庭の反対側の庭にある，徳川光圀が寄進したという「吾唯足知」の蹲踞（茶庭の手水鉢）も面白い（ただし，展示されているのは複製）。

4.2　夏

　新緑の季節は清新な葉モミジである。やはり濃密な永観堂や東福寺が名所である。しかし，真夏の京都の熱さは尋常ではない。無理をして出かけることもないだろう。

　嵐山や宇治川で，伝統漁法として鵜飼が催されているが，動物虐待と言われかねず感心しない。

　他の夏の風物で強いてあげるならば，鴨川・貴船（神社は"きふね"と濁らないが，地名や川の名は"きぶね"となる）などで行われる納涼床・川床である。5月から9月まで，川の傍に料理屋の仮設店舗が設営される。営業目的の河川の占用は許されないが，京都市で

注14）真言宗御室派総本山。888年宇多天皇が創建し，出家して御室（僧房）を建てて以来，法親王（出家したのち親王宣下を受けた皇族）の門跡寺院となっていた（明治期に断絶）。国宝の金堂は17世紀初めに造られた紫宸殿を移築したものである。周辺の地名も御室で，電気機器メーカーのオムロンが本社を置いていた。社名は地名からつけたという。

注15）分類としてはヤマザクラの系統の「有明」という種である。関東にも有明があるのでそれと区別するために「御室有明」とされる。粘土質土壌のため根が張れず，樹高は2～3mにとどまる。しかし，なぜこの土地のみ粘土質となったのかは不明だという。

注16）臨済宗妙心寺派末寺。1450年細川勝元により創建。後出の「吾唯足知」の蹲踞は，中央の水溜の正方形を「口」という文字として考えれば，四文字が完成するという趣向である。私には真剣なのか駄洒落なのか，あるいは禅問答なのかわからないが，ウィットは理解できる。

は特例措置として許可されている。地域別に床
の構造が決まっている。京都人は鴨川を「ゆ
か」，貴船を「どこ」と呼んで峻別している[注17]。
なお，さすがに「おひとり様」では入り難いの
で，同伴者を用意しておいた方がよい。

①鴨川納涼床

　鴨川右岸では二条から五条にかけて，木屋町
通や先斗町通に軒を並べる約90軒の飲食店が，
河川敷に床を張り出す（**写真4. 6**）。始まりは17

写真4．6　鴨川納涼床

世紀後半であるという[注18]。母屋から直接出入りできる高床で，約3.5m下に人工河川のみ
そそぎ川が流れ「川床」の体裁を保つが，涼を感じさせるほどのものではなく，解放感と
鴨川・東山を眺める以外の効能はない。

　景観規制によって床の形態は統一されている。すなわち，床は利用者のためというより，
人に見せるための観光装置なのである。季節料理の鱧や鮎を出す店が多いが，中華・西洋・
喫茶など雑多である。ただし，私が知る限り和食に期待してはいけない。客の数が多いの
で，温泉旅館の宴会料理程度にならざるを得ない。価格は貴船の5割以上高い。

②貴船川床

　貴船川床は大正時代に始まった。貴船川の流
れの直上に床がつくられる（**写真4. 7**）。真夏で
も川の水温は16〜17℃なので天然の床冷房とな
る。天井はよしずなどの日よけによって日射が
遮られ冷気が閉じ込められ，真夏の日中でも寒
気を感じるほどである（もともと京都市内より
気温は3〜4℃低い）。13店舗ほどある。鮎や鱧
を中心とする京料理や流しそーめんが供される。
味も価格も納得できる。

写真4．7　貴船川床

注17）京都人（と思われる人）に，鴨川の「ゆか」に行ったのを「かわどこ」と言い間違うと，聞き流さるこ
　　となく糺される。「ゆか」は劣るらしい。貴船・鴨川のほかに，高尾（神護寺近辺清滝川）でも川床が4店
　　舗出る。ここでは屋形が川を見下ろす位置に建てられる。

注18）明治半ば琵琶湖疏水ができるまでは左岸でも納涼床が出ていた。また，四条大橋付近の中州でも納涼床
　　が盛んであったようである（芝居小屋や見世物小屋もあった）。大正期の治水工事の結果，中州が撤去され
　　川の流れが遠のいたため床の営業ができなくなった。店の陳情の結果，みそそぎ川が開削され現在の形になっ
　　たという。

4.3 秋

(1) 京都の紅葉

　秋の主役は紅葉<ruby>紅葉<rt>こうよう</rt></ruby>である。全国の名所は山や渓谷にあり，樹木の種類は多く，深紅・赤・橙・黄・薄緑の極彩色が山を埋め尽くす。一方，京都の紅葉は寺社の境内や庭園にある。東山はあまり紅葉しない。嵐山も半分は常緑樹である（西日本では当然のことである）。街路樹にイチョウも多いが，京都の紅葉の主役はモミジ[注19]で，文字通り紅一色となる。

　私は長らく北海道や日光など山間の紅葉・黄葉を至上と考えていた。しかし，何百年・何世代もの人々によって周到にデザインされ手入れされた京都の庭園を見た途端，野生の森が到底敵うべくもないと思った。

　モミジの色は鮮やかであるが桜の老大木のような存在感はないので，数で勝負することになる。そうすると，植えられている場所により日の当たり方が異なるので，それぞれの色づき方も違ってくる。驚くべきは同じ枝の葉の間でさえグラデーションが生じていることである（カエデが主である野生林では葉の密度が低いためなのか，葉は黄色か紅色かのいずれかである）。京都の紅葉には彩度・明度の時間的空間的移ろいに趣があり，各地にライバルがいる桜と比較すると観光資源としての競争力は最強だと思う。

(2) 離宮・御所庭園

　次に掲げる3つの施設は，いずれも17世紀に造営された離宮（皇族の別邸）または上皇御所である。それらの庭園は規模・意匠・維持管理ともにわが国で比類なきものである。季節を問わず参観に値するが，一度というならば紅葉の季節であろう（3施設とも桜はほとんどない）。一般開放されている。参観者数が制限されているので[注20]，時間は限られて

注19）紅葉の代表のモミジとカエデはともにバラ類ムクロジ科カエデ属で，いずれも葉先が5～7分裂する。英語ではmapleの一語しかないが，日本では葉の切れ込みが深いものをモミジとして区別する。京都で最も多いのはイロハモミジで，葉の大きさは3～5cmと小さくその密集度は極めて高い（北海道にはない）。次に多いのがオオモミジで葉の大きさは数cm程度，野生のヤマモミジは10cmとなるものもある。一方，カエデの代表はハウチワカエデで，葉の大きさは数～十数cmと大きく全国に分布するが，京都の名所では見たことがない。ただし，ヒナウチワカエデなど小振りのカエデは京都にもあると思う（常寂光寺では何本か見つけた）。なお，葉の大きさが数cmで葉先が三つに分かれているものは，中国原産で，明治期に街路樹などに植樹されたトウカエデである。高さ10m以上の高木となる。京都では東福寺と紫明通の緑地帯に植えられている。また，トウカエデとそっくりなのがフウ（楓と書く）である。これも街路樹に多いが，カエデとは"類"の段階から別の植物である。トウカエデの樹皮は一般のカエデ・モミジと同じで，色は明るく緑がかっている。フウの場合，木肌はゴジラの肌のように黒くごつごつひびわれている。京都でも時々街路樹のなかに見つけられる。12月中旬でも紅葉を残しているのですぐわかる。

注20）皇室財産なので宮内庁が管理している。（2021年現在）一日に数回，20～40人のグループで案内付きの参観が行われる。事前予約はオンラインか往復ハガキによるが，抽選制なので春秋の休日の当選確率は低く，希望日時に沿うとも限らない。また，紅葉の遅い早いもあるし，当選日の天候が悪い場合もある。一方，定員の半数に割り当てられた当日枠がある。8時30分から当日分受付を始めるので，1時間ほど前から並べば，

図4.2　桂離宮庭園（Google Earthより作製）

写真4.8　桂離宮書院

いるが，ゆったりと観て廻ることができる。

①桂離宮

　桂離宮は17世紀初頭に創設された親王家桂宮（明治に断絶）の別荘である（敷地総面積6万9000㎡）。二代にわたり約50年かけて完成した。

　その庭園は池泉回遊式とはこういうものかと納得させられる。**図4.2**からわかるように園池は複雑に入り組み，周囲の地形も起伏に富んでいて周遊路もくねっている。池の際を歩いていると思えば，わざと池から遠ざかり，高みに導いて庭園全体を眺めさせる。

　モミジはさほど多くはない。むしろ常緑樹の背景の中にちらほらある程度である。庭園としては仙洞御所の方が広いし，雄大であろう。しかしながら，私は桂離宮を支持したい。その理由は，書院と紅葉の鮮烈な対比である（**写真4.8**）。

　建築学の教科書は，この桂離宮書院を和風建築の代表としている。4棟で構成され，雁行型に連なっている。大きな開口，深い庇は和風建築に共通だが，高床は他と全く異なる。その意図はすぐ東を流れる桂川の洪水対策，月や庭園を見やすくするため，あるいは風通しのためとも言われているが，よくわかっていない。

　書院の全ての障子は常に閉まっている。高床部分は漆喰塗りである。そして，柱は頼りないほど細い。結果として白いキャンバスとなった書院を背景に，深紅のモミジがゆったり並び立つ様は，否が応でも目に焼き付く。

②仙洞御所

　仙洞御所は京都御苑の中にある（敷地総面積9万1000㎡）。1630年完成に完成し，江戸時代，六代の上皇が使用した。敷地南西に御所の建物があったが，1854年に焼失したのち再

　時刻はさておきほぼ確実に当日予約できる（早い人は6時頃に到着している）。京都に住んでいればその日の朝に，紅葉の具合や天候を判断して出かけることができよう。仙洞御所は市内なので公共交通機関を使って手続き（身分証明書が必要）をしたのち，周辺を見物するなり喫茶店で時間をつぶせる（御苑内に有料駐車場はあるが，8時開場なので間に合わない可能性がある）。桂離宮と修学院離宮は郊外なので，早朝に到着するためには車を使い，車内で待つしかないだろう。桂離宮には広い無料駐車場，修学院離宮には入り口近くにコインパーキングがある（2021年現在）。原則月曜・第2火曜は参観休止（桂離宮は第4火曜も休止）。桂離宮参観は有料だが，他は無料である。

図4．3　仙洞御所庭園（Google　Earthより作製）　　　写真4．9　仙洞御所北池

建されることはなかった。正門正面の大宮御殿（皇太后御所）は1867年造営されたもので，現在でも天皇・上皇の上洛の際の宿舎として使われているという。

　庭園は池泉回遊式で小堀遠州作とされる（**図4．3**）。園池[注21]は北池と南池にわかれている。大宮御所前庭から続く狭い路を行き，くぐり戸を抜けると空地があって視界が開け，東山を借景とした雄大な北池があらわれる（**写真4．9**）。周遊路は複雑である。モミジが水面に映る。ガイドの職員は2000本あると言っていた。

③修学院離宮
　修学院離宮は，1629年にわずか33歳で退位した後水尾上皇が，隠居所として造営した山荘である。彼は創世期の徳川幕府から様々な圧力を受け，嫌気がさしたのであろう。法律（禁中並公家諸法度）を押しつけ，天皇の行動を束縛するなど，有史以来のことである。歴代天皇の中で初めて，経済力のみならず権威まで著しく否定された不幸な天皇であった。若さの力をこの離宮建設に注ぎ込んだに違いない。1659年頃完成した。

　比叡山の麓の広大な敷地（総面積54万5000㎡）に上・中・下の三つの離宮（または上御茶屋などとも言う）がある。図4．4からわかるように，それらの間には水田や畑[注22]が広がっている。離宮をつなぐ道はのどかである。田園趣味はマリー・アントワネットのプチ・トリアノンを思い起こさせる（彼ら二人の年齢も似通っている）。

　三離宮にはそれぞれ御殿と小規模な庭があるが，主たるのは上離宮である。その庭園は桂離宮や仙洞御所のように入り組んではいないが，道は広く歩きやすい。池（浴龍池）の水際は，一般の日本庭園とは異なりよく刈りこまれているため，境界が明確である。園池をとり囲むモミジは大木が多く，数の少なさを補って余りある。穏やかな水面に紅葉が映る。

　茶屋が置かれている南の高台から浴龍池を見渡すことができる（**写真4．10**）。池の中島（万松塢）の突端に見事なモミジが見える。修学院離宮を代表する眺めである。反対側からは京都市街を一望できる。

注21）園池用水は，禁裏御用水（水源は賀茂川）→ 御所用水（琵琶湖第一疏水分線）→ 御所水道（琵琶湖第二疏水）→ 地下水（1992年から）と変遷している。
注22）これらの農地は戦後の農地解放で小作人に売り渡されたが，1964年国が買い戻し，現在は地元の農家が耕作している。

図4. 4　修学院離宮庭園（Google　Earthより）　　　写真4. 10　修学院離宮浴龍池

(3) 紅葉三名刹

①永観堂（禅林寺）

　モミジの数が価値ならば永観堂[注23]と肩をならべる名所はないであろう。総数は分からないが辟易するほどの高密度である。しかも，ほとんどの木が同時に一様の深紅となり，その美しさ・均一性は日本一だと思う。東山の緑を除けば紅色しか見えない。敷地に高低差があり，回遊する途中で紅葉を見上げることも見下げることもある。とりわけ，放生池周辺は絶景である。夜にはライトアップされ，昼にもまして圧倒される。

　池に隣接する東山高校は，観覧するにはベストな位置にある。3階あるいは屋上からの眺めは想像を超越しているに違いない。しかし，毎年のことなのであろう，うんざりするほどの観光客を尻目に，校舎内を行きかう生徒や教職員は紅葉には全く興味なさそうに見えた。

②東福寺

　東福寺[注24]境内は稲荷山から流れ出る三ノ橋川によって南北に隔てられている。その川底は深さ10mほどで，両岸はモミジ[注25]で覆われたV字谷（洗玉潤と呼ばれる）となっている。これを渡るために三本の橋廊（東福寺三名橋）が架けられている。上流から偃月橋・通天橋・臥雲橋という。

　偃月橋は1603年再建以降建替えられていない。あまり観光客はやってこないので，比較的静かで京都らしい。

　最も有名な通天橋は，本堂から開山堂まで続く屋根付きの長い渡り廊下の途中にある廊橋である。皆はそれを真っ先に目指すが，私はまず（別料金だが）方丈の展望台（通天台）

注23）浄土宗西山禅林寺派総本山。863年創建。正式な名称は禅林寺である。中興の祖永観律師に因んで永観堂と通称される。本尊の阿弥陀如来立像は「みかえり阿弥陀」として知られている。

注24）臨済宗東福寺派大本山・京都五山第四位。五摂家の九條家菩提寺として1239年建立された。寺名は奈良の東大寺と興福寺からとられたという。1881年の火災で失われるまで大仏があった。三門は国宝。かつて桜の名所であったが，修行の妨げになるという理由で室町時代にすべて伐採された，という言い伝えがある。

注25）東福寺には京都では珍しいトウカエデが10本ほどある。通常トウカエデもモミジと同じく黄を経て赤に変色するが，東福寺のトウカエデは黄色で終わり，モミジが最高潮の時期にはすべて落葉してしまうようである。

に直行する。通天台は渓谷に張り出している。眼下に紅葉の雲海が広がり，その上に浮かぶように通天橋が見える。その屋根と欄干の間からは，その先にある臥雲橋も見通せる。午後には逆光となるので朝早い方がよい。通天台のあと，方丈の東西南北に巡らされている「八相の庭」（昭和の名匠重森三玲作）をゆっくりと鑑賞し，通天橋の行列に並べばよい。

　臥雲橋からは，通天橋と方丈を同時に眺めることができる。私はこれが東福寺の一番の画像だと思う。午後になれば，順光となるので写真の映りもよい。何よりも臥雲橋を渡るのは無料である。

③常寂光寺

　前掲の二つの寺と比較すると境内は狭いが，常寂光寺（1596年開基の日蓮宗寺院）を忘れてはならない。境内は嵯峨小倉山の山麓にあり，傾斜が急なので足には負担がかかるが，紅葉鑑賞には適している。紅葉の彩・明度は日本一かもしれない。回遊路の最高点まで上ると，午後ならば順光で京都駅から北山方面まで京都市街を俯瞰できる。

(4) 嵐山・嵯峨

　嵐山・嵯峨[注26]は古代から皇族や貴族の観光地・別荘地であり，小督・祇王・横笛・勾当内侍[注27]の悲恋を伝える文学の名所でもある。明治になって，鉄道が敷設されソメイヨシノが植樹されたことにより，庶民にとっても観光名所となった。

①渡月橋周辺

　桂川[注28]に架かる渡月橋[注29]は嵐山の象徴的存在である。春ではあるが『細雪』（谷崎潤一郎）の主人公たちは1日に三度訪れている。

注26) JR山陰線の駅名は「嵯峨嵐山」，その目の前の嵯峨野トロッコ列車の駅名は「嵯峨」で次の駅は「嵐山」，渡月橋近くの嵐電嵐山本線の終点は「嵐山」で，そのひとつ手前は「嵯峨」というように，他所者には嵯峨と嵐山の区別がつかない。現在の地名では桂川を境として左岸が西京区嵯峨で，右岸が右京区嵐山ということである。しかし，古地図を見ると，少なくとも戦前まで地名としての嵐山は存在せず，対岸の「嵯峨野」に属していたようである。一方，観光業界では渡月橋周辺一帯を，嵯峨も含めて嵐山と呼ぶらしい。正式な地名というより一般的に知られている嵐山をとったのだろう。

注27) 小督・祇王については注32・注36を参照。『平家物語』巻第十横笛の段によると，平重盛の家来であった斎藤時頼（滝口入道）は，建礼門院徳子の雑仕女横笛を見初めるが，父親に離別させられ，嵯峨の旧往生院の子院（現滝口寺）で出家する。そこを横笛が尋ねるが時頼は修行のため追い返してしまう。横笛も出家し，まもなく死んでしまう。後に時頼は，一の谷合戦後屋島から逃亡した平維盛（重盛の弟）と高野山へ同道し，出家を導き，紀伊勝浦沖で彼の入水を見守ることになる。また『太平記』によると，勾当内侍は南朝の女官で新田義貞の妻とされ，これも滝口寺で義貞の菩提を弔い余生を送ったとある。時頼は実在人物なので横笛も存在したかも知れないが，勾当内侍は疑わしいとされる。

注28) 河川法上では源流から淀川合流まで桂川で統一されているが，通称では上流から上桂川→大堰川→保津川と変わり，渡月橋上流16kmはなぜか再び大堰川になるらしい。渡月橋下流は古代から桂川で一貫している。

注29) 大堰川に初めて橋が掛けられたのは836年で，法輪寺（後出）を中興させた道昌が建設した。当初は法輪寺橋と呼ばれ，寺の大きな収入源であった。その後，13世紀末の亀山上皇の言葉に因んで渡月橋と命名されたという。

『細雪』に倣ってまず渡月橋南詰の法輪寺[注30]
に上り，嵯峨を一望する。最近無料の展望台が
完成した。真正面に渡月橋があるが，残念なが
ら木立が邪魔し半分ほどしか見えない。仁和寺
の塔や京都タワーははっきりとみえる。

写真4．11　嵐山（左）・小倉山（右）

　渡月橋の南詰に降りる。嵐山山中に入ること
はできない。大堰川右岸の遊歩道は超高級旅館
「星のや」の門で行き止まりとなり，手前から大
悲閣（千光寺観音堂）[注31]への登山道が始まる。
私はこの遊歩道から上流を望む景色が嵐山で最も美しいと思う。対岸にモミジが見える
（写真4．11）。

　渡月橋まで戻り橋を渡る。北詰の下流の川辺から桂川・渡月橋・嵐山を眺める。京都の
代表的画像である。「琴きき橋跡」[注32]の石碑がある。嵐山は真北に向いている。秋分の日
以降，日の出は南側になるので，残念ながら嵐山の紅葉を順光で見ることは終日できない
（むしろ薄曇りの日がよい）。

　桂川左岸を上ると，渡月橋から100mほどのところに堰がある。小水力発電が行われてい
る（5.5kW，渡月橋の照明電源）。発電方式を工夫しているため，琵琶湖疎水の発電所と異

注30）真言宗鳳来寺末寺（真言宗五智教団）。寺伝では703年開山。京都では十三参り（成人儀礼，数え年13歳
　　　すなわち十二支を一回りした子供が知恵や福徳を授かるために参詣する）で知られる。参詣した子供は渡月
　　　橋を渡りきるまで振り返ってはいけない，とされる（振り返ると知恵を返してしまう）。輪法寺は渡月橋を
　　　建設・管理していたこともあり，大変栄えた。また，雷の神を祀る電電宮という鎮守社があり，電気・電波
　　　事業関係者の信仰を集めている。当該分野の先駆的研究者・事業者を顕彰する電電塔という石碑も建てられ
　　　ていて，エジソン（電気の研究者代表）とヘルツ（電波の研究者代表）の像が刻まれている。なお蛇足なが
　　　ら，中京区にも法輪寺（臨済宗妙心寺派末寺）があり，こちらは8000体の達磨で有名である（通称達磨寺）。
注31）千光寺は角倉了以が大堰川開削工事で犠牲となった人々を弔うため，嵯峨からここに移転させた寺であ
　　　る。下から見上げると登るのは大変厳しそうに思ったが，道程が短いためか実際にはそれほどではなかった。
　　　懸造の観音堂からは対面の亀山公園展望台越しに京都市街を望むことができる。ただし，渓谷はほとんど見
　　　えない。
注32）『平家物語』巻第六小督の段に，平清盛に追放された小督（高倉天皇の側室）を連れ戻す命をうけた源
　　　仲國が，釈迦堂（清涼寺）から法輪寺を目指しているとき，「亀山のあたりちかく，…峯の嵐か松風か，た
　　　ずぬる人のことの音か」を聞く。桂川左岸の福田美術館の入口横には小督塚が建っていて，ここに小督の隠
　　　れ家があったとしている。当時，天龍寺はもちろんその前身の離宮亀山殿もなく，かなり寂しいところだっ
　　　たと思われる。目印となる川や橋が近くにあれば『平家物語』は必ず言及するはずである。ところが，どち
　　　らの記述もないので，小督の家は川岸よりかなり離れていたとの印象を受ける。「琴きき橋」とはいつだれ
　　　が言い出したのであろう。岩波書店版注記によると平安初期においては亀山とは小倉山を指したとある。東
　　　側からみると亀に見えなくもない。その後，小倉山の裾野にあたる現在の亀山公園が亀山という地名になっ
　　　た。小倉山より低いがまさに亀の甲である。桂川にも近いので，石碑の建立者は亀山公園を仲國が琴の音を
　　　聞いた亀山としたのであろうか。なお，東山区清閑寺にある高倉天皇陵の近くには小督のものとされる墓が
　　　建っている。

なり景観を全く損ねていない。その隣を流れる分流は西高瀬川[注33]となる。

　高級料亭や旅館が並ぶのを横目で見ながら川を上る（余裕があれば福田美術館を見学したい）。蕎麦屋で路は行き止まりとなる。脇にある石段を上ると亀山公園（嵐山公園亀山地区）となる。

②亀山公園

写真4．12　保津川渓谷の紅葉

　亀山公園内には小倉百人一首の歌碑・角倉了以像・周恩来記念碑などがある。少々大変だが亀山地区頂上展望台までは登るべきと思う（さらにその上に展望台が2か所あるが，紅葉を観るだけならここで十分である）。

　頂上展望台の眼下に保津川渓谷が広がる（**写真4．12**）。川下りの船が頻繁に通う。嵐山は常緑樹とケヤキを主とする赤褐色で覆われ逆光で暗いが，対照的に順光の小倉山斜面はブナなどの黄金色に輝いている。

　嵐山の裾には「星のや」の建物群が見える（敷地には江戸時代角倉家の別邸が建っていた）。そして，その真上，山の中腹には木々に埋もれて，大悲閣が見える。観音堂にいる観光客も，やはりこちらを見ている。一方，小倉山の裾には赤い並木が一筋伸びている。トロッコ列車の軌道沿いに植えられたモミジである。

③嵯峨野観光鉄道（トロッコ列車）

　亀山公園展望台から下って，トロッコ列車嵐山駅（始発のトロッコ嵯峨駅の次の駅）に向かう。桜・紅葉シーズンの予約は極めて困難で，キャンセル待ちの方が確実と思うほどである（大半は旅行会社が押さえているに違いない）。運よく乗れたとしても，自由気ままな定年退職者は落胆するかもしれない。片道約30分，電車なのでそれなりに速く，気に入った場所があっても止まってはくれない。紅葉を堪能したいのなら，舟の保津川下りの方がゆっくりとして満足できるであろう。

　終点の亀岡駅はJR線亀岡駅近くではなく，ひと駅手前の馬堀駅から徒歩10分の畑の中にある。周囲には何もない。単線なので帰り（上り）の列車は1時間後となる。

　嵐山駅に戻ったのちは，天龍寺[注34]に戻ってもよいし，北の小倉山の麓にある常寂光

注33) 1863年に河村与左衛門という当時の豪商の立案によって千本三条まで開削された運河で，角倉家とは全く関係ない。その後京都府によって伏見区上向島町まで延長され，鴨川と合流した。現在は天神川に放水された後，ポンプアップされて下流に続いている。

注34) 臨済宗天龍寺派大本山で京都五山第一位。1339年足利尊氏が後醍醐天皇を弔うため開基した。初代住職の無窓国師はその資金として天龍寺船による元（中国）との貿易を進言したという。彼が作庭した曹源池庭園は遠くの嵐山と近くの亀山を借景としたもので，非常に名高い。しかし嵐山は秋には逆光となるため，薄曇りの日の方がより魅力的だと思う。

寺・二尊院^{注35)}・祇王寺^{注36)}から大覚寺^{注37)}へと回ってもよい。いずれも紅葉の名所である。

4.4　冬

(1) 雪の金閣

　京都の冬は北海道生まれの私にも厳しく，飲みに行く時を除き引きこもっている。信心がないので，除夜の鐘や初詣のためにあえて出かける気概もない。神社には暖かくなってからお参りしてもご利益は変わらないだろう。

　しかし，雪の金閣^{注38)}は別格である。深々と雪が降りそそぐ金閣もよいが，晴れ上がった空を背景に，屋根に雪を載せ金色に輝く姿は，この世のものとは思えないほど美しい。その姿を映す池は鏡湖池という。ただし，そのような日は日射も強く雪が融けてしまうので，10時前には駆けつけなければならない。

　私が京都に移住しようと思い立った最大の理由は，この雪の金閣を観るためである。祭・桜・紅葉については時期が読める。予約が取れるかはさておき，長くても10日ほどの宿泊で対応できよう。しかし，雪だけは近くに住み，じっと待つしかない^{注39)}。なお，普段の金閣も美しい。私は雪とは別に，四季に一度ずつは拝観している。

注35)　9世紀前半創建の天台宗寺院。寺名は釈迦如来と阿弥陀如来の2体を本尊としていることに因んでいる。特に総門から伸びる馬場と呼ばれる坂道の参道が，紅葉の名所として知られている。小倉山の斜面に沿って，二条家や鷹司家など貴族の古い墓が多数建てられていて，興味深い。嵯峨を一望できる。角倉家の菩提寺で了以の墓もある。

注36)　天台宗大覚寺派の尼寺。法然の弟子良鎮が創建した旧往生院跡に建つ。かつての往生院の敷地は広大で，『平家物語』において平清盛の寵愛を競った白拍子の祇王と仏および祇王の母（刀自）・妹（祇女）の4人が出家して余生を送った草庵もあったとされる。往生院は明治に廃寺となったが，第3代京都府知事北垣国道らによって現在の建物が建てられ，因果関係はないが祇王寺と名付けられた。その後再び荒廃したが，1935年東京新橋の元芸者高岡辰子が住職となって復興させた。彼女をモデルにして瀬戸内寂聴が『女徳』を書いている。なお，岩波書店版『平家物語』の注記によると長講堂（後白河法皇開基，現在は下京区にある）の過去帳に名前があるというので，祇王らは実在していたらしい。

注37)　真言宗大覚寺派大本山。嵯峨天皇の離宮を876年寺に改め，以降門跡寺院となった。南朝を大覚寺統と呼ぶのは，後醍醐天皇の父後宇多上皇が御所を置いたからである。境内の大沢の池は嵯峨天皇が築造した日本最古の園池で，周囲1kmある。平安時代には舟を浮かべて月見を楽しんだ。現在は紅葉の名所となっている。百人一首にある「名古曽の滝」はかつての水源である。京都御所から移築された宸殿など，宮廷風の建築が多い。池の反対側から望むと，これらの伽藍は雄大である。

注38)　金閣の正式名称は鹿苑寺舎利殿である。1397年足利義満によって建造された。鹿苑寺は臨済宗相国寺の境外塔頭であるが，著名な金閣のために金閣寺と通称されるようになった。もともとは寺院ではなく邸宅であった。金閣は1950年，当寺の住み込みの学生僧の放火によって全焼した。現在の金閣は1955年に再建されたものである。焼失前に撮影された写真と比べると，再建された金閣は金箔の復活のみならず，意匠的に全く同じでないことがわかる。むしろ一段と洗練されたように見える。したがって結果的に焼けてよかった，と不謹慎ではあるが私は思う。

注39)　京都ではちらつく程度の降雪は東京より多いが，積雪するのはひと冬に3〜4日で，ほとんどは1cm未満である。降雪予報はあまり当たらないので，朝に目視するのが最も確実である。2001年から20年間で積雪10cm超は5日あった。観測史上最深は2015年1月3日の22cmである。

(2) 京都の梅

　菅原道真が「東風吹かば匂いおこせよ梅の花……」と詠んだように，平安初期までの貴族たちは桜より梅を好んだという。桜の品種改良が優ったため，後世の人々は梅に対してそれほど熱狂的ではなくなったと言われている。見ごろは2月下旬～3月中旬である。

写真4．13　北野天満宮御土居の梅

　名所の代表はやはり**北野天満宮**[注40]で，その梅苑には50種・1500本が植えられているという。例年2月25日に梅苑で行われる梅花祭では，上七軒の芸舞妓のお点前による野点（のだて）が行われる。

　しかし，平面的に行儀よく並ぶ梅の木を，同じ高さの視点で見るのは単調である。私は梅苑に接続する御土居の梅の方が勝っていると思う（**写真4．13**）。料金は梅苑入場料に含まれている。深く流れる天神川と御土居の斜面が梅林に立体感を与えている。

　また北野天満宮は，本殿・拝殿などが接続して一棟となる「八棟造（やつむねづくり）」と呼ばれる複雑な構成となっている。檜皮葺きの屋根が重なり合い見事であるが，御土居の上からでしかこれを見ることはできない。

注40）　天満宮の総本社。947年に別の寺があった現在地に創建されたという。中門・本殿の中心軸が鳥居と楼門を結ぶラインとずれているのは，天満宮創建以前から存在している第一摂社の地主神社の参道を避けたからであるという。現在の社殿は17世紀初めに豊臣秀頼が再建したもので，本殿の高欄の擬宝珠に「右大臣豊臣朝臣秀頼公」の名が刻まれている。毎月25日（道真の命日）には「天神市」が開かれる。特に1月・12月の「初天神」・「終い天神」では露店が一層多く，京都の風物詩になっている。菅原道真を天神（＝雷神）というのは，彼の死後京都で相次いだ落雷がその祟りとされたことに由来している。道真の邸宅は下京区菅大臣町周辺にあったとされ，仏光寺通を挟んで北が紅梅殿（現在小さな社がある），南は白梅殿（菅大臣神社が建つ）と呼ばれていた。飛梅は前者にあったという。ところで，**表3．6**に示すように天満宮には総本社が二つある。両者とも神社本庁に属している。そのような例は他にないのではないか。太宰府天満宮は，道真の葬送の牛車が動かなくなった地に，遺言通りに919年建立されたという。しかも，墓所の上に本殿が建っているとされる。一方，北野天満宮は戦国時代から明治維新の神仏分離まで，延暦寺と本末関係にあり，その支配下にあった。したがって私は，大宰府の方が総本社としての由緒があると考える。

第5章　京都の祭と行事

　京都には数百の祭や行事があるという。それらのすべてをこなしていくのが京都人の必要十分条件であるといえよう。最も知られているのは**表5．1**に示す京都三大祭であるが，その外にも他所にない個性的な祭があり，観光客が押し寄せる。本章では京都の主な祭・行事の概要と，それぞれについて効率的な見物の仕方を述べる。

表5．1　京都三大祭の概要

名　称	起源	主　催	目　的	主な祭事	日　程	会場・行程
葵祭	6世紀	賀茂社 賀茂一族	五穀豊穣	流鏑馬 神事	5月3日（雨天順延） 14時〜16時頃	下鴨神社糺の森馬場
				賀茂競馬	5月5日（雨天決行） 14時〜16時頃	上賀茂神社
				路頭の儀	5月15日（雨天16日） 11時30分〜14時30分頃 （16日も雨の場合中止）	御所建礼門前〜堺町御門〜丸太町通〜河原町通〜出町橋〜下鴨神社〜北大路通〜賀茂街道〜御園橋〜上賀茂神社
祇園祭	869年	八坂神社 祇園祭山鉾連合会	疫病退散	前祭 山鉾巡行	7月16日（雨天決行） 9時〜11時30分頃	四条烏丸〜四条通〜河原町通〜御池通〜新町通
				神幸祭	7月16日（雨天決行） 16時〜21時頃	八坂神社南門〜西門石段下〜（各神輿氏子町内）〜御旅所
				後祭 山鉾巡行	7月24日（雨天決行） 9時〜11時30分頃	烏丸御池〜御池通〜河原町通〜四条通〜四条烏丸
				還幸祭	7月24日（雨天決行） 17時頃〜23時30分頃	御旅所〜（各神輿氏子町内）〜又旅所〜三条通〜寺町通〜四条通〜西門石段下〜八坂神社
時代祭	1895年	平安講社 （平安神宮）	平安遷都記念	時代行列	10月22日（雨天23日） 12時〜14時30分頃 （23日も雨の場合中止）	御所建礼門前〜堺町御門〜丸太町通〜烏丸通〜御池通〜河原町通〜三条通〜神宮通〜平安神宮

5．1　葵祭

(1) 葵祭の概要

　葵祭は正式には賀茂祭といい，五穀豊穣を願う賀茂社（上賀茂・下鴨神社）注1) の例祭で

注1） それぞれの正式名は賀茂別雷神社（上社）・賀茂御祖神社（下社）で，両者を総称して賀茂社という。

ある。祇園祭より300年古く6世紀に起源を持つ。祇園祭が町衆（商工業者）の祭に変貌していったのに対し，今日でも貴族の祭の体裁を保っている。葵祭と呼ばれるようになったのは，1694年に再興[注2]されたとき，祭祀にかかわるすべての人々および牛馬に至るまでが双葉葵の葉（地面に生える草で賀茂社の紋）を飾ったことに由来する。

(2) 主要な祭事

　5月1日から15日まで様々な祭事が行われるが，流鏑馬神事・賀茂競馬・路頭の儀（行列）が最も知られている。いずれも馬が重要な役割を担っている。

①流鏑馬神事（5月3日 13：00～）

　下鴨神社糺の森にある全長約400mの馬場に，100mごとに置かれた3枚の杉板の的をめがけ，公家風装束と武家装束姿の射手たちが馬上から矢を放つ，というものである。命中すると杉板はよい音を立てて割れるので気持ちがよい。3騎または5騎1組（正式には3騎らしい）で数回試技する。全国から小笠原流の射手が集められる。

　ガイドブックでは13時開始だが，事前の儀式のため競技開始は14時頃になる。試技は16時頃まで続く。後半には見物客が少なくなるので，15時頃まで待つという手もあろう。

　一の的付近（南側）ではゆっくり出場してくるので射手がよく見える。ほとんどが的に命中する。二の的付近では全体を見渡すことができる。馬場殿という大会本部があり，褒章（神録）授与などの儀式が行われる。一の的を射た後立て直すための距離が短いのか，命中の確率は最も低いように思う。三の的付近では，馬のスピードが最高に達するので人気がある。命中の確率は二の的よりは高いと思われる。

　立ち見は無料である。有料観覧席（当日受付のみ）があり，13時過ぎでも席は残っているようである。間近なので人馬の息使いが感じられ迫力がある。しかし，的との位置関係によっては不満を感じるかも知れない。自由に移動できる立ち見の方がよいと思った。

②賀茂競馬（5月5日 14：00～）

　上賀茂神社で行われる（正式名称は競馬会神事）。赤と黒の古代装束の騎手（乗尻といって賀茂氏の末裔が務める）が，2頭一組となって一の鳥居から二の鳥居まで約150mの芝を疾走する。9番勝負で競う。単純な同時スタートではなく，前年の勝者である赤方または黒方がまず走り出し，他方が追うという形である。必ずしも早くゴールに着いた方が勝ちというわけではなく，どれだけ縮められたかということで審判されるらしい。

　14時開始であるが，競馬自体は15時頃になる。競技の前にコースを行ったり来たりする儀式があるのだが，馬自身は逸っているので，スタートのタイミングが難しく，競馬と言うより“馬合わせ”だと思った。

京都の先住豪族賀茂氏の氏神であったが，平安遷都以降京都鎮護の神社となった。葵祭は賀茂氏の祭に天皇が勅使を送ったことが始まりであった。

注2）路頭の儀の行列は1502年から約200年間中断されていた。また，1871年～'83年，1943年～'52年（戦中戦後），2020年～'22年（新型コロナ感染症のため）も中止された。

参道上で立ち見もできる。しかし，騎手は見えるが馬は見えない。ここでは有料観覧席（当日受付のみ）が有効である。スタート地点の一の鳥居側では馬の尻しか見えないので，中間地点の「鞭打ちの桜」から二の鳥居側が良いと思う。

③路頭の儀（5月15日 10：30〜）

上賀茂・下鴨神社で「社頭の儀^{注3)}」を行うために，勅使（近衛府の中将が勤めたので近衛使ともいう）の行列が両神社に向かう儀式である。斎王^{注4)}の制度があったときまでは，その行列も加わっていた。現在では両制度ともなくなっているので，それぞれ近衛使代・斎王代^{注5)}と呼ばれる。本来は勅使列が本列なのだが，今日では女人列（斎王列）が主役となっている。

10時30分，総勢500人以上（ほとんどはアルバイト）・馬約40頭・牛4頭・牛車2台が御所建礼門を出発する。行列は1kmにわたる。12時頃下鴨神社に到着し，社頭の儀を行う。そして，14時30分頃下鴨神社出発，15時30分頃上賀茂神社に到着し再度社頭の儀を行う。全行程8km，左側通行である。

十二単衣の斎王代や女人列に目が行きがちであるが，行列を形成する様々な役人や従者たちの衣装も見ものである。平安朝廷では役職・階級に応じて服装およびその色が決まっていて，それが忠実に再現されているという。1000年以上前の伝統や職人技が，質・量ともに継承されているのは世界に類を見ないことであろう。

京都御苑建礼門前と下鴨神社に有料観覧席（予約有）が設置される。御苑は広いので行列の間隔も広く，御所を背景としてゆったりと観ることができる。ただし，座席数も多いので，後列だと見えにくい。下鴨神社の場合座席数は少なく，すぐに売り切れてしまう。

一方路上の場合^{注6)}，行程が長いので人の密度は少ない。祇園祭と較べると自由に動けるので好みの場所を選ぶのは比較的簡単である。最も良い場所は堺町御門前とされるが競争は激しい。写真に凝っていないのなら，北大路大橋の南側歩道が穴場だと思う（**写真5.1**）。橋の中央が少々高くなっているので，下鴨本通から北大路通へ行列が左折するところから

注3）近衛使が天皇の御祭文を奏上し，御幣物を献上する儀式。行列の近衛使代ではなく本物の勅使（宮内省掌典職）が務める。勅使が派遣される神社の祭祀を勅祭と言うが，なかでも葵祭・石清水祭（石清水八幡宮）・春日祭（春日大社）は古式にのっとり旧儀保存を目的とした特殊なもので，三勅祭と呼ばれている。

注4）古代では天皇代替わりの際に，伊勢神宮・賀茂社に使える巫女として未婚の内親王および女王（現在の女子皇族）を差し出す習わしがあった。それぞれ斎宮・斎院とよび，総称して斎王という。斎宮の方が古く，斎院は嵯峨天皇の代，810年に斎宮に倣って制定された。Wikipediaによると斎院および女人列は13世紀初頭承久の乱の混乱で中断されたという。一方斎宮は14世紀半ばまで続いた。斎王は選定されると一定期間世俗から離隔して籠る。その場所を野宮という。現存する野宮神社・斎院野宮神社・斎宮神社・斎明神社は斎宮の野宮であった。

注5）行列の近衛使役は社頭の儀を行う正式な勅使ではないので，近衛使役代と呼ぶらしい。斎王代は1956年に新設され，京都にゆかりのある有力者の令嬢が推薦などで選ばれるという。十二単を自前で調達するなど，準備に数千万円の費用がかかるらしい。

注6）行列が通る際，交通規制が行われバスのみが右側車線の走行を許されるが，その歩道側から行列は遠く，バスが何台も連なり全く見えなくなる場合がある。なお，行列が近づくと道路横断はできなくなる。

見通すことができる。雅さは今ひとつであるが，一人一人を観察するには最適である。しかも意外と空いている。人の頭が邪魔になるということもない。

　賀茂街道は新緑の中を進むので人気がある。北山橋以北になると，手を伸ばせば触れることができるくらい道幅は狭く人も少なくなる。15時頃の通過であるが，直前でも場所は確保できる。賀茂川を背景とし順光となるので，西側に陣取ること。

写真５.１　北大路大橋の女人列

5.2　祇園祭

(1) 祇園祭の概要

　祇園祭（ぎおんまつり）[注7]とは，疫病退散を願って毎年７月１か月間にわたって行われる八坂神社[注8]の行事や祭礼の総称である。日本全国の祭の原型で，神輿・山車・屋台などもこれに倣っているという。山鉾巡行（やまほこじゅんこう）[注9]（山鉾行事）が有名であるが，主役はその後に行われる神輿渡御（みこしとぎょ）であることを忘れてはならない。

　神事である神輿渡御は八坂神社の主催となるが，実際には宮本組[注10]という氏子組織が取り仕切っている。山鉾巡行は神輿が通る道程のお清めという位置づけで，神事ではない。

注7）明治までは祇園御霊会（ぎおんごりょうえ）と呼ばれていた。古代では政争に敗れ地方に流され死亡した人々（早良親王など）が怨霊となって疫病を振りまくと考えられていて，それらを鎮めるための朝廷による祭（官祭）であった。貞観地震があった869年，平安京の神泉苑に日本全国の国の数である66本の剣鉾（鉾の先に剣の刃をつけたもの）が立てられた。そこに祇園社（現八坂神社）が牛頭天王の神輿を送ったことが発祥である。中世になると貴族勢力の衰退とともに怨霊信仰は廃れ，より一般的な疫神（疫病神・怨霊・悪霊・鬼など）がとって替わった。なお，応仁の乱のため1467年～1500年，太平洋戦争で1943年～'47年，新型コロナ禍で2020～'21年中断した。コレラの流行により秋への延期が４回，1962年には阪急電鉄地下化工事のため山鉾巡行が中止されることもあった。また，1996年～2013年は後祭巡行が前祭りに統合されたため，巡行は17日のみであった。

注8）渡来人を租とする京都先住の八坂氏によって創建された。明治維新まで祇園社と称し，祭神は祇園精舎の守護神（すなわちインドの神）とされる牛頭天王である。牛頭天王は疫神の代表格と信じられていて，これに頼めば他の疫神を抑え込んでくれるということらしい。一方，古代から牛頭天王と素戔嗚尊は同一視されていて，祇園社はまさに神仏習合の象徴のような存在であった。そのため明治政府の神仏分離令によって，名は八坂神社，祭神は素戔嗚尊となった。それにともない，祭の名称もそれまでの祇園御霊会から祇園祭に変更された（「会」を「え」と読むのは仏教用語である）。

注9）山鉾巡行が始まったのは室町時代とされる。下京の富裕な町衆（商工業者）が，最初の御霊会（869年）で神泉苑に立てられた66本の鉾に因み，始めたという。

注10）祇園町の商店主の氏子組織。神輿洗や神輿渡御では先頭を歩く。宮（神社）のもと（本），という意味か。NHK番組によると，明治維新により江戸幕府から八坂神社への援助が亡くなったため，経済的支援を目的として祇園町のお茶屋経営者・商工業者によって結成されたという。

（a）山（油天神山）

（b）鉾（函谷鉾）

写真5.2　山鉾の例

主催は（公財）祇園祭山鉾連合会（山鉾保存会すなわち山鉾町[注11]で構成される）である。このように現在では，祇園祭は100％京都市民（一部ではあるが）の祭となった。

　山と鉾の違いは一言でいえば，山[注12]は松の木を載せている山車（写真5.2），鉾[注13]は長い木の棒（真木という）を立てている山車である。細かくは表5.2に示すように5種類に分類される。2023年現在計34基（前祭23基・後祭11基）[注14]ある。また，山鉾の組み立てや巡行は分業化された専門集団が担っている。表5.3は主な役割分担をまとめたものである（すべて男性）。

　鉾にはかつて稚児という10歳くらいの男児が乗っていた。しかし，明治維新前後からなり手がいなくなり，順に稚児人形に置き換わり，1929年以降本当の稚児（生稚児[注15]と呼ぶ）は長刀鉾のみとなった（写真5.3）。

写真5.3　長刀鉾

注11）山鉾町とは山・鉾を維持運営する町のことを指し，山・鉾名と同じ町名が多い。姉小路通・東洞院通・松原通・油小路通に囲まれた街区に分布している。これは室町後期に上京と下京に分断されていたときの下京と全く重なる（現在の下京区とは異なる，図2.2参照）。そこに住む人々が言う"京都OF京都"である。

注12）山車の屋根は，名の通り山と見立てられる。林屋は著書『京都』で，「祇園御霊会の根幹は鉾であり，山は謡曲から主題を取っていて余興である」と書いている。

注13）鉾とは槍や長刀など柄の長い武器の原型・古称である。真木はその柄にあたる部分である。数本に分割された丸太材と竹が組合せられ，先端（鉾頭）に金物が取付けられる。鉾・曳山の重量は9～12tに及ぶ。簡単に方向転換ができないので，交差点における辻回しが巡行の最大の見せ場となっている。なお，長刀鉾の現在の鉾頭は竹光で（真剣だと落下すると危険という理由による），本物（1522年，三条長吉作）は別に保管されている。

注14）当然ながら各山鉾は巡行における早い順番を望む。山・鉾の種別による順番は決まっているが，個々の順はくじ引きで毎年決められる。7月2日に京都市議会会議場で市長のもとで「くじとり式」が行われる。ただし，全ての山鉾のうち9基は「くじ取らず」といって，その順番は毎年固定されている。例えば前祭では1番は長刀鉾，5番は函谷鉾，31～33番は放下鉾・岩戸山・船鉾である。

注15）Wikipediaによると生稚児に選ばれた家には，葵祭の斎王代ほどではないが，2000万円ほどの費用が掛

　山鉾を飾っている織物を懸装品（けそうひん）という。国産のみならずゴブラン織やペルシャ絨毯など世界中から集まっているのが興味深い。山鉾町どうしの見栄っ張り競争に加え，人目を引くことによる商売上の宣伝目的もあったらしい。古くは16世紀から伝わるものもある。巡行

――――――――――――――――――――――――

かるという。したがって，資産家によって引き継がれているらしい。なお，生稚児には禿（かむろ）という２人の同年代の少年がつき，稚児舞の際には両脇で"補佐"する。

表5．2　祇園祭の山鉾

種別	山鉾の名称	備　考
鉾（ほこ）	（前祭）長刀鉾・函谷鉾・放下鉾・菊水鉾・月鉾・鶏鉾／（後祭）なし	囃子方が乗り込む。疫神等を舞・音曲で集め，鉾頭の金属（光るもの）に依りつかせ，鴨川に流すとされる。車輪がついていて，綱で引く。高さ約25m。
舁山（かきやま）	（前祭）芦刈山・油天神山・霰天神山・占出山・郭巨山・太子山・蟷螂山・木賊山・伯牙山・白楽天山・保昌山・孟宗山・山伏山／（後祭）橋弁慶山・役行者山・黒主山・鯉山・浄妙山・鈴鹿山・八幡山・鷹山	和漢の故事・謡曲の名場面を表現する御神体人形を載せている。これで悪霊を呼び寄せ松の木に依りつかせるのだという。重量は0.5～１ｔと比較的軽いので本来は担ぐのだが，現在ではキャスターが付いている。蟷螂山の「からくり」は人気がある。
曳山（ひきやま）	（前祭）岩戸山／（後祭）北観音山・南観音山	車輪がついている大型の山。綱で引く。囃子方も乗る。
傘鉾（かさほこ）	（前祭）綾傘鉾・四条傘鉾	大きな傘で，踊りの行列や囃子方を伴う。
船鉾（ふねほこ）	（前祭）船鉾／（後祭）大船鉾	船の形をした曳山。囃子方が乗るが，真木も松も持たない。

アンダーラインは「くじ取らず」（順番が決まっている）の山鉾　その他はアイウエオ順

表5．3　山鉾を支える人々と役割

名　称	役　割
手伝い方	「込み栓」（仕口を固定する木材）と「縄絡み」（荒縄を使って部材を緊結する）という伝統技法で，山鉾の胴体の骨組みをつくる。釘は一切使わない。懸装品で隠れてしまうが，縄の縛り方の美しさにもこだわりがある。最近では写真やビデオで工程を記録しているが，かつては図面さえなく，技術は人から人へ伝承されていた。巡行時は音頭方となる。
大工方	真木建てを主導するほか鉾屋根・囃子台を組み立てる。巡行時は屋根方となる。
車方	直径２ｍの樫木製車輪を取り付ける。巡行に際しては鉾・曳山の車輪の調整役となり，進行方向の調整やブレーキをかけたりする。辻回しの時は車輪に青竹をかませるなどして，横滑りを促す。巡行では最も重要な役回りで，縁の下の力持ちである。
音頭方	鉾・曳山の先頭に乗り，扇子で進行を合図する。直進時２名，辻回し時４名となる。直進の掛け声は（山鉾により異なるが概ね）「ヨーイ・ヨーイ・エンヤラヤー」，辻回しでは「ヨーイ・ヨーイ・ヨーイトセ・ヨーイトセー」となる。
屋根方	鉾の屋根の上にいる３，４名の大工と，路上から指示・監督をする棟梁で構成される。鉾の屋根や真木などが信号機・電線・建物などと衝突しないよう車方などに伝える。刺股や，自らの手足で建物を押し返したりするなどして事故を防ぐ。真木が異常に揺れた時は，綱を引いて抑える。
囃子方	鉾・曳山に乗り，鉦・笛・太鼓で祇園囃子を演奏する。各山鉾それぞれが独自の曲を多数持っていて，場面に応じて使いわける。幼少時に鉦を打つ練習から始めて，小学生ぐらいから実際の巡行に参加し，次いで笛の練習を行う。
曳き方	綱で鉾・曳山を引っ張る。40～50人で構成される。古くから町内ではなく近隣農家の人々が主体だったとされるが，現在では学生アルバイトやボランティアが主のようである。
舁き方	舁き山を担ぐ。キャスターが付いているので，普段は押したり引いたりするが，辻回しなど要所では担いで回す。20名前後で町会の人間が主であるらしい。
町会役員	裃姿で山鉾の後ろを歩き，粽を配ったりする。くじ改めの差出し役も務める。

で実際に用いられるのは復元品あるいは新作が多いが，オリジナルを掲げる山鉾もある。

　懸装品のなかにはイサク（旧約聖書）やトロイ戦争の説話を描いた図柄がある。このように祇園祭は朝鮮渡来人が創建した神社の祭なのに，日本神道・仏教・キリスト教・ギリシャ神話も共生している（イスラム教も探せばあるかもしれない）しかも祭神は古代インドの神，牛頭天王（ご ず てんのう）である。外国人には（日本人にも）理解不能であろう。

　祇園祭は大きく前祭（さきまつり）と後祭（あとまつり）に分けられる。八坂神社の三基の神輿（注16）が四条河原町の御旅所（お たび しょ）（注17）に渡御する17日夜の神幸祭（しんこうさい），神社に戻る24日夜の還幸祭（かんこうさい）がそれぞれのクライマックスである。

(2) 前祭

①みやび会お千度（7月4日〜9日の日曜を除くいずれかの日）

　公式行事ではない。9時過ぎから祇園甲部の芸舞妓たちが揃いの浴衣で八坂神社にやってきて，3回本堂を廻った後，10時本堂にておいてお祓いを受ける。その後西楼門で集合写真が撮影される。総勢約70人の芸舞妓を一度にみられるのは圧巻である。井上流家元の人間国宝井上八千代氏も参加する。

②長刀鉾町稚児舞披露（ち ご まい ひ ろう）（7月5日）

　15時頃，長刀鉾町会所（四条烏丸）の2階窓から，稚児が観衆に稚児舞（太平の舞）を数回披露する。

③お迎提灯（むかえちょうちん）・神輿洗（み こしあらい）（7月10日夕）

　16時30分頃，鷺舞（さぎまい）など祭に参加する子供たちを中心とした提灯行列が，八坂神社を出発し市内を巡行したのち，八坂神社西楼門下に戻り神輿洗の儀式を待つ。

　19時30分頃，三神輿の代表である素戔嗚尊の神輿（中御座）が，松明の先導で四条大橋に向かって出発する。20時頃四条大橋に到着，神職が午前中（10時）に汲み上げた鴨川の水（神用水）を榊に含ませ神輿に振りかける。この飛沫を浴びると厄除けになるというので，多くの人々が集まる。

④前祭山鉾建て（7月10日〜14日）

　前祭の山鉾の部材が町内会の収蔵庫（円山公園の倉庫に保管している町もある，現在10基）から運び出され，普段は地元の建設従事者である作事三方（さくじ）（役）（手伝い方（てつだ かた）・大工方（だい く かた）・車方（くるまかた））によって組み立てられる。路上で行われるのでその工程がよくわかる。舁山は小規模なので半日で終わるが，3日かかる鉾もある。

　最大の見せ場は長さ約25mある真木の引き起こしである。真木は，路上で鉾の胴体に差

注16）明治までは，牛頭天王・妻（頗梨采女）・8人の子供たち（八王子）であった。神仏分離令以降は，素戔嗚尊（中御座）・妻（櫛稲田姫命，東御座）・8人の子供たち（八柱御子神，西御座）となった。それぞれに数百人が所属する担ぎ手の組織（三若・四若・錦神輿会）がある。

注17）八坂神社の御旅所はかつて洛中に2か所あったが，1591年に豊臣秀吉が現在の1か所にまとめた。祇園祭以外の期間は四条センターとして京都土産を販売している。

し込まれたのち，装飾品が取り付けられる。横たわる真木を人力で垂直に立ち上げる（現在では手巻きウインチを使う）。梃子を利用した仕掛けも面白い[注18]（**写真5.4**）。その後，囃子台や屋根が組まれ，懸装品が取り付けられる。ひとつひとつの部品は，大きくとも2人で運べる程度の大きさに分割されている。

写真5.4　真木建て（長刀鉾）

　山・鉾が完成すると曳初め・舁初めと呼ばれる試運転が行われる（儀式ではなく，本当の調整）。鉾の曳初めは12日14：00函谷鉾，14：30鶏鉾，15：00月鉾・菊水鉾，15：30長刀鉾，13日15：00放下鉾と決まっている。長刀鉾は四条通を通行止にして約400mの間で行われるが，他の鉾は50m程度で引き返す。このように，長刀鉾は常に特別扱いされる。なお，曳初めには観光客も参加できる。

⑤前祭宵山（7月14日〜16日）

　15日を宵々山，16日を宵山という。夕方から夜にかけて各山鉾では駒形提灯に火がともされ，囃子方は祇園囃子（コンチキチンとどれも同じように聞こえるが，山鉾によって異なるらしい）を奏でる。18時から四条通と烏丸通の一部では歩行者天国となる。踊りの披露など様々な催し物があちこちで行われる（**写真5.5**）。一般の人でも山鉾に上がることができる（ただし，長刀鉾と放下鉾は女人禁制である）。

　山鉾を運営する町会所では，御神体やゴブラン織など宝物が披露され，それぞれの独自の粽[注19]（笹の葉でつくられたお守り，**写真5.6**）が販売される。子供達は「丸竹夷」（東西の通りの名の歌）などのわらべ歌を歌う。販売促進のためであるという。室町通や新町通には屏風祭といって，代々伝わるお宝を披露する家が多い。

　15日・16日には烏丸通・室町通・新町通に夜店が

写真5.5　宵山（前祭）

写真5.6　粽

注18）ロープがかけられて梃子の支点となる木枠は，鉾立が終わると本体から取り外される（解体時には再び取り付けられる）。ウインチは鉾の前後2か所に設置され，3〜4人がかりで巻き上げる。路面上に支柱となる木杭を差し込む穴がある。普段は鋳物の蓋でふさがれている。

注19）笹の葉でつくられたお守り。洛北の農家が内職で作る。商売繁盛や安産など山鉾それぞれ固有のご利益に加え，すべての粽に「蘇民将来之子孫也」の札がついている。牛頭天王（＝素戔嗚尊）が一宿一飯を提供してくれた蘇民将来という男に感謝し，その子孫は疫病を免れると約束したという伝説に基づく。子孫である印として茅でつくった輪を腰につけさせた。したがって，粽は茅で巻かれている。一年間玄関先に吊るす。なお，茅の輪くぐりの風習は各地にあるが，粽のお守りは祇園祭（と大津祭）のみであろう。

並ぶ。日本中の露店商が全て参集したのではないかと思われるほど壮大である。地元の商店も出店を出しビールや焼鳥を売る。

　特に16日の宵山が盛大で，京都人は翌日の本祭よりも宵山を重要視しているらしい。康成の『古都』においても，主人公の双子姉妹が邂逅するのは宵山夜の御旅所であった。

⑥前祭山鉾巡行（7月17日午前）

　葵祭や時代祭と異なり，行列を追いかけようとは思ってはいけない。路上なのに満員電車並みとなるので身動きができなくなる。裏道をたどって先回りするのも至難である（四条通地下道は普段通りのようである）。計画的に的を絞らなければならない。

　儀式は四条烏丸の長刀鉾から始まる。その他の山鉾はくじ順通りに四条通に並んでいる（これらの山鉾が四条通に集まってくる道程も見ものである）。9時少し前に生稚児を強力（こうりき）という大人が抱いて長刀鉾に上る。13日の稚児社参神事の後，稚児は地面を歩いてはいけないというしきたりに基づいている。その後，稚児は鉾から大きく身を乗り出す稚児舞を繰り返す。落ちないように背後で大人が抱えるほどである。からくり人形のようである。2時間以上続くので子供には相当な負担であろう。9時，長刀鉾を先頭に巡行が進発する。

　第2のポイントは四条堺町における「くじ改め」である。各山鉾町の町行司（代表者）がくじ順に巡行していることを奉行（京都市長）に示し，確認を求める。文箱の紐を解いてくじ札を見せる芝居がかったしぐさが面白い。見物するのなら四条通の南側に回ること。なお，最後尾の船鉾がくじ改めを通過する11時過ぎは，先頭の長刀鉾が終点の新町御池に達する頃である。

　第3は四条麩屋町における「注連縄切り」（しめなわき）である。山鉾が一列に並ぶ。その先頭の長刀鉾の稚児が神に代わって太刀で結界（神域と俗域の境界）を開放し，神域への山鉾の進入を許可するという儀式である。ただし，路上からその全容を見るのはなかなか難しい。

　第4は山鉾巡行最大の見せ場とされる辻回（つじまわ）しである（写真5.7）。巨大な山鉾の方向転換（車輪を横滑りさせる）のことで，工程を3〜4回に分けて行なう。四条河原町・四条御池・新町御池交差点で観ることができる。音頭方（おんどかた）・車方（くるまかた）・曳き方（ひきかた）が息を合わせて大活躍する。当然ながら行列の進行方向の反対側正面で待ち受けるのがよいが，場所取りは熾烈である。

　第5は御池通である（写真5.8）。長く広い通りなので鉾の連なりが遠くから見通せるし，

写真5.7　辻回し（四条河原町）

写真5.8　御池通の山鉾巡行

比較的自由に移動できる。有料観覧席[注20]（予約有）もこの通りに設けられる。座って待っていられるが，前期高齢者としてはコストパフォーマンスを認めがたい。

　最後の見せ場は新町通である。祭りとしては12時過ぎに終了し，山鉾がそれぞれの収蔵所へ向かう帰路に当たる。町家が立ち並ぶ狭い通りを進む様は平安時代の姿を想像させる。電柱（無粋な黄色のカバーで覆われている）とぶつかりそうになるが，屋根方が活躍する。途中で他の通りにわかれる山もあるので，三条通より北が良い。交通規制がかかるので早めに先回りして待ち受けること。

　なお面白いことに，建てるときは2〜3日要していたのに巡行が終了すると山鉾はすぐに解体される。悪霊を封じ込めるためだという。建てた時と全く逆の工程をたどる。夕方にはコンパクトにまとめられ道端に置かれている（鉾は18日午前までかかる）。

⑦神幸祭（7月17日夜）

　八坂神社における神事の後，三基の神輿が南楼門を出て，千数百人の担ぎ手とともに18時頃西楼門石段下の交差点に集結する（小さな子供神輿1基も加わる）。各団体挨拶など出発式が行われたのち，「ホイット，ホイット」（祝人の意ともされる）の掛け声とともに，それぞれの神輿が差し上げ差し回されて練り暴れる[注21]。神輿の重量は2tあるという。跳ねるように担ぐのが祇園祭の特徴らしい。交差点は担ぎ手達の法被で真っ白に埋め尽くされる（写真5．9）。

　その後，それぞれの神輿の氏子町を廻り御旅所へ向かう。ばらばらになるが祇園の通りや商店街を練り歩く光景は京都らしい。経路以外の通りも含め人が溢れ交通規制もあるので，神輿を追っても抜くことは難しい。場所を決めて待ち受けるのが現実的と思う。21時半頃から22時過ぎにかけて四条河原町の御旅所に到着し再び練り暴れる。後から行っても御旅所前にはたどり着かないので，先回りしていなければならない。神輿は還幸祭までここに鎮座する。

写真5．9　神幸祭（八坂神社前）

注20）パンフレット付。2022年までは辻回しをかぶりつきで観られる席の入手は困難ではあったが，価格は庶民でも手の届く範囲であった。しかし，2023年1席40万円のプレミア観覧席が設けられたように，高値の花となってしまった。

注21）高みの見物ができる場所に伝手がなければ石段の上がベストである。しかし，2時間以上前から暑い中を場所取りしていなければならない。石段下ならば北側の角が良い（車道には入れない）。神輿の行列が東大路通をやってくるのがよく見える。

(3) 後祭

①後祭山鉾建て（7月18日〜21日）

　20日15時，新町通の大船鉾・北観音山・南観音山の曳初めが行われる。

②後祭宵山（7月21日〜23日）

　前祭と同じように様々な行事が行われるが，前祭ほど盛大ではない。夜店も建たない。

③後祭山鉾巡行（7月24日午前）

　9時30分，橋弁慶山を先頭に11基の山鉾が烏丸御池を出発して，四条烏丸まで前祭と逆の道程を巡行する。その後に花笠巡行[注22]が続く。前祭と同様に御池通に有料観覧席が設けられる。

④還幸祭（7月24日夜）

　17日から御旅所に安置されていた三神輿が，17時頃から順次出発する。それぞれの氏子町を渡御し，祇園祭発祥の地である又旅社[注23]に一旦集合したのち，次々と八坂神社へ向かう。西楼門石段上で待っていると，22時頃神輿が担ぎ手達に囲まれて厳かに進んでくるのが見える。石段下交差点で祭の最後を締めくくるように練り暴れたのち（**写真5.10**），三神輿は23時頃神社に戻る。

写真5.10　還幸祭（西楼門前）

⑤神輿洗（7月28日夜）

　前祭と同様，20時頃鴨川の水で中御座の神輿が清められたのち，三神輿は神輿庫に収められる。

5.3　時代祭

　時代祭（時代行列）は**平安神宮**[注24]の例祭に付属するものとして，桓武天皇が入洛したとされる10月22日に行われる。主催は一般の京都市民[注25]である。葵祭・祇園祭と比較すると宗教色は全くない。起源は，1895年（明28）の「平安奠都千百年紀念祭」に行われた時代

注22）1966年に後祭山鉾巡行が取りやめとなった際，代替として始められた行事。子供神輿を先導とし，花傘（傘鉾）・獅子舞等の古典芸能・子供太鼓等の多数の子供達約1000人の行列である。芸舞妓・花笠娘等の女性の参加もある。10時八坂神社を出発して寺町通を上り市役所前で山鉾巡行と合流する。

注23）三条御供社ともいう。869年最初の御霊会が行われた平安京神泉苑の南端にあたるとされる。1873年に八坂神社の境外末社となった。

注24）1895年第四回内国勧業博覧会・平安遷都千百年紀念祭にあたって，平安京大内裏朝堂院大極殿を約8分の5のスケールで復元したものであるが，桓武天皇を祀る神社として残された（反対論もあったという）。

注25）平安神宮の管理と保存のため結成された平安講社という市民組織が主体となっている。平安講社は元学区が基となっていて，現在11講社がある。それぞれが特定の時代列を担当している。

風俗行列，すなわち仮装行列である。ただし，衣装の時代考証は厳密らしい。

明治維新から平安時代までの8時代[注26]・20列で構成され，皇女和宮や戦国三英傑など歴史上の人物や，現在は見られなくなった大原女・白川女の行列が練り歩く。参加者数約2000人・馬約70頭・牛2頭，行列の長さは2kmにおよぶ。

写真5．11　**時代祭行列**（三条通）

12時に維新勤王隊列（笛・太鼓）を先頭に御所建礼門を発進し，14時半ごろ平安神宮に入る。全行程約4.5kmである。

有料観覧席（パンフレット付，予約可）は京都御苑・御池通・平安神宮通にあるが，特に写真にこだわるのでなければ私は沿道[注27]で十分であると思う。『古都』の苗子は堺町御門前で見物したが，場所取りは大変である。進行は遅く短距離なので，先回りして適当なところを選べばよい。私は人が混まない三条通が良いと思う（**写真5．11**）。

5．4　京都の火祭

(1) 五山送り火

8月16日20時〜，雨天決行。全国の火を使った行事，すなわち火祭のほとんどはお盆（盂蘭盆会）に関連した仏教的行事である。すなわち，あの世から戻ってきた先祖の霊を供養し，火の明かりで戻っていただくというものである。

五山送り火の起源および文字の意味は不詳である。江戸時代にはすでにあったらしい。京都盆地を囲む五つの

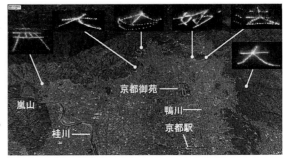
図5．1　**五山の送り火**（Google Earthより作製）

山で，かがり火によって**図5．1**に示す文字や図形（実際は6つ）が描かれる。文字の周囲がハゲ山となっているので，普段でも市内から肉眼で容易に見つけることができる。

表5．4にそれぞれの概要を示す。有志がとり行なう鳥居形を除けば市内4つの寺の世襲檀家でつくる保存会が行事を実行する。かつては上京町衆が担っていた。したがって，

注26）明治維新では足利尊氏は朝敵とみなされていたので室町時代の行列はなかった（楠木正成はあった）。2007年平安奠都千二百年記念祭を機に「室町幕府執政列」が加わった。このことからも京都市民の気質がわかる。その観点からいえば，京都にとって最悪の朝敵であった木曽義仲の側室とされる女武将巴御前（実在したか不明）が，平安時代婦人列の先頭にいるのは理解しがたい。なお，言うまでもないが新選組の隊列はない。
注27）行列は左側通行であるが反対側車線の歩道にいると両方向に車が通り渋滞し，バスが連なるので何も見えなくなる。

表5．4　五山の送り火の概要

名称	文字・形	山の名称	幅	火床数	よく見える場所
大文字	大	左京区如意岳（大文字山）	100m	75	賀茂大橋から上流の賀茂川右岸
松ケ崎妙法	妙	左京区松ケ崎西山	100m	103	宝池自動車教習場付近
	法	左京区松ケ崎東山	80m	53	高野橋から上流の高野川左岸
船形万燈籠	舟の形	西区西賀茂船山	200m	79	御薗橋から上流の賀茂川左岸
左大文字	大	北区大北山	50m	53	金閣寺から南の西大路通
鳥居形松明	鳥居の形	右京区嵯峨鳥居本曼荼羅山	72m	108	広沢の池

　祇園祭が下京の象徴ならば，送り火は上京の誇りである。

　20時から5分間隔で「大」，「妙・法」，「船形」，「（左）大」，「鳥居形」の順に点火される。京都タワーからすべての送り火を見ることができるらしいが，予約困難であるし，そうするまでもないと思う[注28]。なによりも雅ではない。

　最も人気があるのは大文字[注29]で，市街の多くの場所から見ることができる。定番は鴨川右岸であるが，賀茂大橋以南ではビルによって遮られることが多く，また北西を向いているため場所によっては「K」の字に見えてしまう[注30]。北に行くほど正面に見えるようになるが，当然遠くなる。間近に見たいのであれば，銀閣寺前の今出川通か吉田山[注31]が最適である。個々の人や火床が識別でき，どのような手順で進行していくのかが肉眼でわかる。

　火は1時間ほどで消えるので，あらかじめ場所を決めておいた方がよい。大文字については，私は出町橋の西詰付近がベストだと思う（**写真5．12**）。十分大きく完璧に見える。もう一か所は出町橋から約1km上流の出雲路橋の西詰であ

写真5．12　大文字

注28）京都駅ビルからも見えるらしい。無料だが抽選である。将軍塚展望台は広く予約不要であるが，肝心の大文字が見えない。ホテル屋上から送り火を見る宿泊プランもある。もちろん，どこかのビルの屋上に上れる伝手があれば最も望ましい。

注29）京都人に五山の送り火を“大文字焼き”と言うと，野蛮人を見るような目つきをされる。“大”の字を燃やすのは各地にあるが，Wikipediaによると“大文字焼き”と呼ぶのは関東地方の一部のみ，とある。東夷北狄の類とみなされるのであろう。

注30）京都御苑の寺町御門から入ったあたりが穴場だと述べるガイドブックがある。京都人からも，かつては天皇や貴族が眺めていたはずだと，勧められる。確かに危険を感じるほど外灯もなく人はほとんどいない。大文字はビルの合間に奇跡的によく見えるが，「K」の字である。

注31）山頂にある公園よりも東斜面からの方がよく見える。周辺は吉田神楽山旧谷川住宅群（22軒）として，国や京都市の保存景観に指定されている。映画テレビなどのロケ現場となっているが，現在でも普通に人が生活している。大正末期〜昭和初期に建設された和風住宅で，どの家からも大文字を見物できるように建てられているらしい。なお，吉田山山頂にある有名な木造カフェ茂庵からは，京都市街は見えるが，大文字は見えない。

る。少々遠いが大文字と船形を完全に同時にみることができる。家並みが低く揃っているので，大文字の写真映像としてはここがよいかもしれない。また，出町橋で大文字を見た後，鴨川デルタを渡り高野川を北上すると，約500m先の御蔭橋から「法」を見ることができる。もちろん，北上すればするほど，よく見える。

(2) 松上げ

「松上げ」[注32)]とは，地上に建てた柱（燈籠木と呼ぶ）の上に籠（傘と呼ぶ）をつけ，これに藁をいれて，集落の人々が下から小さな松明（放り上げ松と呼ぶ，細い木を束ねたもので縄がついている）を投げ上げ燃やすという民族行事である。火伏せの神である愛宕信仰と結びついているとされる。特に花脊と広河原の松上げが知られている[注33)]。

①花脊の松上げ（8月15日21時頃～，雨天順延）

左京区花脊八桝町の上桂川の河原（鞍馬街道沿いの「京都花脊リゾート・山村都市交流の森」という宿泊・キャンプ施設への入り口付近）で行われる。見物にはキャンプ場へつながる橋の上がベストポジションであろう。

先端に小さな松明がくくりつけられた長さ1mほどの約1000本の竹が地面に突き刺ささっている（地松という）。それらの中心に高さ20mほどの燈籠木が建っている。直径30cmほどの丸太を芯として，それに括りつけられた添え木が頂部の傘を支えている。

20人ほどの法被姿の男たちが放り上げ松に火を点ける。ぐるぐる回して勢いをつけ，傘めがけて次々と投げ上げる。勘がつかめないためか始めはなかなか当たらず，傘に乗らない。成功するのは一晩に数個らしい。多数の地松に囲まれた中，夜空にいくつもの炎の塊が飛び交う様は幻想的である（**写真5. 13**）。10分ほど経つとようやく傘に火が付き，（天候にもよるらしいが）さらに10分経つと夜空に向かって火柱が上がる。そして，燈籠木は引き倒されて祭は終了する。30分ほどの行事である。

なお，燈籠木の丸太は10回ほど再使用するらしく，普段も河原に横たわっている。

②広河原の松上げ（8月15日20：30頃～）

花脊から上桂川の上流，左京区広河原下之町バス停「下の町」付近（これも鞍馬街道沿い）

写真5. 13 花脊の松上げ（京都市左京区HPより）

注32) 京都市北部から若狭では「松上げ」と呼ばれるが，一般的には柱松・揚松などと呼ばれ，新潟・長野から西日本で広く分布している。Wikipediaによると現在13か所あり，ほとんどが8月24日（地蔵盆の日）に行われる。

注33) いずれも京阪出町柳駅から専用バス（要予約）が出ている（路線バスもあるが，祭終了後の帰りの便はない）。懐中電灯は必携である。花脊の場合，バス到着から祭の開始まで2時間近く待つことになる。広河原の場合，燈籠木が倒されるとすぐに帰りのバスが出発するので，ツッコミの見物ができない。自家用車の場合，花脊ではリゾート施設の有料駐車場か，少し歩くが路上駐車も可能である。広河原にはすぐ近くに十分な広さの無料駐車場がある。

で行われる。広河原地区は茅葺屋根の古民家も
残る典型的山村だが，空き家が多いようだ。左
京区北部と右京区京北には，平家の落人部落を
思わせるこのような集落がいくつか残っている。
かつては林業や炭焼きが盛んで，京都の都市生
活を支えていた。

写真5．14　広河原の松上げ

　会場は花脊より若干狭いかもしれないが，近
距離で見ることができる。祭の内容は花脊と同
じであるが，燈籠木が倒された後が異なる。地
面に落ち燃え盛る傘に，筵（むしろ）のようなものが新たに投入され火の勢いはさらに増す。二組に
分かれた男たちが火の中に丸太を何度も突き刺し，夜空に高く炎を舞い上がらせる（ツッ
コミという）。二組が競い合っているようで，まさしく大人の火遊びである。数十m離れて
いても炎の放射熱を感じる。花脊より豪壮である（写真5．14）。

　その後，男たちは最初に放り上げ松を命中させた者を先頭に，歌いながら近くの観音堂
に移動する。女性も加わって「ヤッサコサイ」という盆踊りの原型のようなものを歌い踊
る。

　花脊の集落には色々な施設があり祭の担い手もそれなりにいるのかも知れないが，広河
原の人口は100人を切っている。普段，若者の姿は全く見当たらない。多分，ほとんどの人
は祭のために帰省しているのであろう。伝統を守ろうとする努力に尊敬の念を禁じ得ない。

(3) 千灯供養

　8月最終の土・日曜日18時〜。嵯峨野の化野念仏寺（あだしののねんぶつじ）[注34]の本堂前に，「西院（さい）の河原」と呼
ばれる石垣で囲まれた区画（およそ30m×45m）があり，8000体を超える石仏・石塔が整
然と並んでいる。千灯供養（せんとうくよう）ではこれらの石仏にろうそくが供えられる。

　古代，化野は風葬地であった。土葬になってからは要するに共同墓地となったが，数百
年も過ぎると当然無縁仏化する。明治中期に地元の人々が，散乱埋没していた石仏を集め
て並べ，供養したのが起源である。

　本堂の裏山にある地蔵へ竹林を貫く坂路がある。細い路だが非常に美しい。途中，角倉
素庵（了以の息子）の墓[注35]が見える。

　春であったが，『古都』の主人公千重子も訪れた。この時は西院の河原で怪しげな写真撮
影会が行われていたので，入口の石段で引き返した[注36]。

注34）浄土宗の寺。寺伝では空海が如来寺という寺をこの地に開創し，野ざらしとなっていた遺骸を埋葬した
　　という。その後，法然が念仏道場としたとされる。
注35）角倉家の墓所は二尊院にある。素庵は晩年ハンセン病を患っていたという。それが，このような寂しい
　　場所に墓を決めた理由であろうか。
注36））千重子が戻った道は，愛宕神社へつながる愛宕街道である。町家と茅葺民家が交互に並ぶ嵯峨鳥居本

（4）鞍馬の火祭

10月22日18時～。京都三大奇祭[注37]のひとつ。鞍馬街道沿いの左京区鞍馬本町[注38]で行われる由岐神社[注39]の例祭で，本来の主役は2基の神輿と8本の剣鉾である。

鞍馬街道は幅5～6ｍの一本道で，両脇に木造建築が並び，篝火も多数ある。その中を大小の松明の炎が行きかう。集落全体に炎が満ち，高揚感が沸く。火の粉も舞う。火事が起きないのが不思議である。

20時頃になると，すべての松明が鞍馬寺[注40]仁王門前の石段に集まる。大松明は大人一人でもかかえきれないほど大きい。石段に立てられしばらく燃やされるが，最後に石段下の1か所に集められる。褌の男たちも集合して「サイレイヤ，サイレイヤ」とはやし立てる。100人くらいはいると思われる。鞍馬本町の人口は400人に満たない。毎年これだけの人数を揃えるのは大変な努力であろう。

21時頃，松明が燃え尽きると男たちは石段の上に駆け上がり，そこに置かれていた2基の神輿を担いで石段を下る。この時に行われる「チョッペン」という儀式[注41]が奇祭の由縁である。町の人に加え，その何倍もの観光客が押し寄せるので，身動きが取れない。

その後神輿は町内を練り歩き，300ｍ南の御旅所に安置される。翌日還幸祭が行われる。

5.5 その他の祭と行事

（1）蹴鞠初め

1月4日13：30から，下鴨神社舞殿西側の庭で行われる。烏帽子・鞠水干・鞠袴・鞠靴などの伝統衣装に身を包んだ鞠人（蹴鞠保存会）が，「アリ，ヤア，オウ」の掛け声で，直径20cmほどの美しい鞠を優雅に蹴る。8人一組で入れ替わりながら1時間30分ほど続けられる。見学自由。有料観覧席もある。

伝統的建造物群保存地区となっている。一之鳥居前に建つ平野屋は鮎料理で知られる。

注37）他の二つは，4月のやすらい祭（今宮神社）と太秦牛祭（休止中）である。

注38）最寄り駅は叡山電鉄鞍馬線の終点鞍馬駅である。臨時便もあり祭終了後でも帰れる（と思う）。始発出町柳駅の乗車券販売数が鞍馬の収容可能人数を超えると発券停止となる。自家用車はやめた方がよい。

注39）940年まで内裏に祀られていたが，都の北方の守護として鞍馬寺の麓に移された。火祭は，この時村人たちが松明を持って出迎えたという故事に由来している。明治政府の神仏分離令までは鞍馬寺が祭を主催していた。

注40）796年創建，鞍馬弘教総本山。戦前までは天台宗青蓮院の末寺であった。集落のある仁王門から，鞍馬山中腹の本殿金堂へは急坂の山道を30分歩かなければならない。途中に由岐神社がある。牛若丸（源義経）の修業の地として知られるが，納得できる。

注41）神輿の2本の担ぎ棒の先端に，2人の褌姿の男が足を前方に持ち上げてぶら下がる（九州以外では褌姿だけで十分奇祭である）。周囲の者がその両足を大の字に広げて支えながら，神輿を階段から下ろすという危険なもの。元服の儀式の名残というが，全く意味不明である。

(2) 三十三間堂の通し矢

1月15日に近い日曜日の9時から，三十三間堂（蓮華王院）注42)の西側空地で行われる弓道競技注43)である。有料席はなく見学自由だが，早朝7時過ぎには射場付近に幾重もの人だかりができる。したがって，極寒のなか競技が始まるまで長い時間待っていなければならない。木立が多く，撮影機材も視界を遮るので，なかなか良い位置は探せない。場所を確保したとしても，そのうち人に押し流されてままならず，抜け出すこともできなくなる。真冬でもあり，トイレが近い人は注意する必要がある。

午前は新成人の競技である。女子は振袖・袴姿，男子は和服片肌脱ぎとなり，男女別12人一組で，予選では直径1mの的に矢を2本ずつ射る。決勝では勝ち抜き戦となり，最後の1人が決まる。当然ながら，振袖女性が12人並んで一斉に矢を射る場面を見ようと，場所取りは熾烈を極める。一方，男子達は不幸にも（親以外）ほとんど注目されることはない。したがって，男子の競技中が場所取りの好機である。

毎年，北海道から沖縄まで全国から1500〜2000人の新成人が集まるという。本堂入口横に名簿が掲げられている。これだけの数の振袖集団は，なかなか見られるものではない。しかも，男女ともにけばけばしくなく，凛々しく好感が持てる。

午後は練士などの称号者（約100人）による競技となり，的は小さくなる。

なお，この日は無料となるので，本堂の千手観音像を是非拝観したい注44)。込み具合は普段よりむしろ少ないように思った。

(3) 節分

立春の前日2月4日に，多くの社寺で節分祭・節分会が行われ，それに伴って豆まきや鬼払いなどの行事（追儺式・「鬼やらい」とも言う）が奉納される。それぞれに特徴があるが，八坂神社・吉田神社注45)・北野天満宮の人気が高い。ほかには，壬生寺の大念仏狂

注42) 現在は天台宗妙法院の境外仏堂で国宝である。1165年平清盛が後白河上皇に寄進したのが創建である（清盛の父正盛も，後白河の父鳥羽上皇に岡崎で三十三間堂を寄進している）。火災を経た後，現在の本堂は1266年に再建された。三十三間というのは正面にあたる東立面に柱が34本あって，柱の間が33あることによる。あるいは，観音菩薩が33種の姿に変じるという説に基づくともいう。1間モジュール（約1.8m）とは関係ないと言われるが，実際は桁行118.2mなので2倍に当たるほぼ66間である。

注43) 通し矢は江戸時代に盛んだった。本堂の西側の軒下において，121m先の的を南から北へ射た。したがって，山なりの軌道は不可。現在では建物の外で行われる，距離は60m，反対の北から南に射る。

注44) 本堂内部には木造等身大の千手観音座像を中心に，1001体の千手観音立像が立ち並ぶ。最前列には四天王など二十八部衆像，それらの両端には風神雷神像が配置されている。すべて国宝である。なお2018年修理の際，風神と雷神の位置が逆であったことが判明し，右手が風神，左手が雷神に修正された。本来これらは観音達から外側に向かって走り出すべきなのに，1934年の修理で誤って配置されてしまったらしい。

注45) 吉田山の西麓にある。859年藤原氏の氏神である春日神（春日大社）が勧請されたのが起源で，以降京都における藤原氏の氏神となった。鎌倉時代から吉田家（元は卜部氏）が神職を世襲し，独自に打ち立てた吉田神道が全国に普及したため，宗教界では明治維新まで大きな影響力を持っていた。なお，『徒然草』の

言^{注46)}・大報恩寺（千本釈迦堂）の狂言，蘆山寺の鬼法楽（鬼おどり）が知られている。

①八坂神社（2月2日 13時〜16時，3日 11時〜16時）

　2日間にわたり八坂神社拝殿で節分祭が行われる。上七軒を除く四花街の舞妓の舞踊および雅楽・今様が奉納され，それぞれの演技終了後，演者らによる豆まきが行われる。祇園甲部の場合，地方の生演奏つきである。正真正銘の祇園小唄を無料で観られる機会はめったにないと思う。演目は正1時間ごとに開始される。その30分〜1時間前に拝殿の正面で待機したい。全体を見渡すのであれば，南楼門の階段が良い。

②吉田神社（2月2日 18時〜）

　京都の節分行事の中で最も賑やかであろう。毎年50万人が集まるという。境内や参道は露店で埋め尽くされる。赤・青・黄の3匹の鬼が境内を闊歩し，吠えて子供たちを脅かす。夕方になると彼らは本殿前の舞殿に集まる。そして，四つ目の鬼払いの神（方相氏という）によって退治されるという寸劇が行われる。平安初期の宮中で行われていた追儺式を再現しているという。見物は無料だが，数時間前に場所取りは終了していた。

③北野天満宮（2月3日 13時〜）

　神楽殿において，追儺狂言と上七軒歌舞会（芸舞妓4人）による舞踊が三曲披露されたのち（無料），豆まきが行われる。舞妓達が袋に入った豆を舞台から投げるのであるが，それを受取ろうと取り囲む100人ほどの人々が懸命に手を上にあげている光景は，モンキーセンターを思い出させる。八坂神社と較べるとフレンドリーで，舞妓と観衆のやり取りもある。京ことばのみを話すと思っていた彼女らが，少々乱暴な言葉を発するのを聞いて，彼女らも普通の若い娘なのだなと感動してしまった。

　場所取りは開始30分ほど前でも間に合う。しかも，（豆が目的なら別だが）舞台に近づき過ぎると演技が見えない。むしろ全体を見渡せる後方がよいだろう。

(4) 三船祭

　5月第3日曜日の13時から，嵐山渡月橋の上流で行われる（雨天中止）。三船祭^{注47)}は車折神社^{注48)}の例祭に伴う行事で，平安貴族の舟遊びを再現する。1928年（昭3）に始められた。

　中之島公園から平安装束姿の40〜50人ほどの行列が出発する。主役は清少納言で，年ごとに選ばれた若い女性が演じる。一行は渡月橋を渡り，大堰川上流左岸の船着き場に向か

　吉田兼好は吉田家の出身である。

注46）融通念仏宗の円覚が念仏の教えを無言劇にしたもの。狂言面をつける。節分との関連は特にない。ほかに清凉寺・引接寺・神泉苑で定期的に上演されている。

注47）白河天皇が，漢詩・和歌・管弦の才能に秀でた者を三艘の船に乗せて遊興したという故事に因む。

注48）右京区嵯峨朝日町にある。平安末期の清原頼業を祭神とする。なお，祭の主役清少納言は清原氏出身ではあるが，頼業にとって彼女は200年前の先祖に当たる。なお境内には，アメノウズメ（アマテラスが天の岩戸にこもったとき，舞で扉を開けさせたとされる）を祀った末社がある。映画撮影所にも近いためか，芸能人の名が書かれた玉垣がずらりと並んでいる。

う。儀式が行われたのち，三艘の船（御座船・龍頭船・鷁首船）に乗り込む（**写真5.15**）。龍頭船の舞台では羽根を着けた衣装（龍を表しているのか鳥なのか不明）の女性が雅楽（宮中で行われる音楽付きの舞）を，鷁首船[注49]では白拍子が今様（平安末期から鎌倉末期の流行歌）を舞う。クライマックスは，御座舟に乗り込んだ清少納言らが船から扇子を大堰川に流す扇流しである。足利尊氏の故事に由来するという。

写真5.15　三船祭

　ガイドブック等の解説や写真によると，かつてはもっと多くの船が参加していたようである。また，多数の手漕ぎボートや遊覧船が取り囲み賑やかだったが，2019年では（禁止されたのか）皆無だった。少々寂しい。

　これら3艘は左岸の船着き場からあまり離れない。したがって正面に人が集中する。パフォーマンスは比較的長時間に及び，しばらくすると観客は少なくなるので，それまで待っていても遅くはない。反対側の右岸にも多くの人が集まるが，遠すぎると思う。14時45分頃清少納言が下船し，祭は終了する。

(5) 粟田祭

　10月スポーツの日の前々日から3日間おこなわれる粟田神社の例祭で，千年前から続いている。

　一日目の夜には，粟田神社付近の三条通や鳥居の周辺に十数基の鮮やかな粟田大燈呂が出現する。これは灯篭でできた山車のことで青森県のねぶたの原型ともいわれている。1832年から途絶えていたところ，2008年に復活した。大燈籠は京都造形芸術大学の学生によって制作されている。

　二日目の夜には，まず18時に大燈呂が神社を出発する。知恩院黒門前の道路上にある瓜生石の周りでは，18：30から知恩院の僧侶と粟田神社の神職による夜渡り神事（れいけん祭）という神仏習合の行事が行われる。神職の祝詞と僧侶の読経の交歓が行われる。雅楽の演奏もある。儀式の後，大燈呂が連なって氏子地域（三条通・白川沿い・古川町商店街・東大路・神宮道）を練り歩き，22時頃神社に帰着する。

　三日目（スポーツの日）には，神輿渡御（神幸祭・還幸祭）が行われる。12：20に先立ちとして6基の剣鉾（鉾の先に剣の刃をつけたもの）が粟田神社を出発し氏子地域を巡行し，青蓮院と知恩院に向かう。祭のクライマックスである。剣鉾は長さ8m・重さ50kgあるという。持ち手は腰に付けた棹受けに鉾を指し，剣先の金具をしならせ，剣先に付けら

注49）鷁とは空想の水鳥である。龍頭船・鷁首船とは，船首に極彩色の龍や鷁の像をつけた船で，外見通り中国から伝わったものである。なお三船祭では，それぞれが（船首に何もつけていない）普通の船と連結され，踊り手と演奏者十数人が乗る約5m四方の舞台を支える。

れた鈴が美しく鳴るように独特のステップで歩く。12：50急な石段を下り神輿が出発，隣の青蓮院で門主から加持を受けた後，知恩院に向かう。瓜生石の周りを一周し，氏子地域を激しく練り歩き，18時頃粟田神社に戻る。

大燈呂・剣鉾・神輿の巡行経路は広範囲で複雑かつ長時間にわたる。パンフレットがあるので入手しておいた方が良い。

(6) 知恩院の除夜の鐘

12月31日22：30〜。除夜の鐘は京都のほとんどの寺院で撞かれるが，参加するのではなく見て聞くだけなら私は知恩院[注50]を勧めたい。知恩院の梵鐘は日本有数の大鐘（1636年鋳造，高さ3m・直径2.8m・重量約70ｔ）で，NHKの「ゆく年くる年」で何度か中継されている。

大晦日，知恩院の一般参拝は16：30に終了する。除夜の鐘を聞く（見る）ためには，改めて20時〜23時に開かれる黒門（三門の北にある小さな門）から入らなければならない。鐘楼（御影堂前の左奥にある）の周囲は狭いので，確実に鐘が見られる場所に達するには，開門前から並ぶ必要がある。

なお，12月27日（14：00〜）に「試し撞き」が，約1時間にわたって行われる。昼間なので，こちらの方がよく見えると思う。

撞木（鐘突き棒）には親綱と16本の子綱がつながれていて，それらを17人の僧侶が持つ。親綱を持つ僧侶は鐘楼の下に，子綱の僧侶たちは外にいる。鐘の周囲を数人の僧侶が囲んでいる。経が唱えられるなか，撞木が20度ほど引かれ調子が整えられる（タイムキーパーがいる）。親綱の僧侶が「え〜い，ひと〜つ」と叫ぶと，子綱の僧侶たちが「え〜い，ひと〜つ，それ！」と応じる。すると親綱の僧侶は鐘に背を向けた格好で綱にぶら下がり，鐘楼の敷居を蹴って身体全体を使うことによって勢いよく鐘を撞く。地面に背中がこすれ，ダイナミックである。次いで鐘の周囲にいる3人の僧侶が五体投地の礼拝を行う。これを108回繰り返す。

除夜の鐘の後，すぐ隣の八坂神社で初詣をすれば効率よく年末年始のしきたりを終えることができよう。

5.6　催し物

(1) 寺院の特別公開

毎年1月10日〜3月18日に「京の冬の旅」（京都観光協会主催）として，普段は非公開の建物や宝物が一般に公開される。ツアーバスもある。秋にも施設によって異なるが，9月末から12月初めにかけて個別の特別公開がある。

注50）浄土宗総本山。1175年法然が創建した。徳川家康が浄土宗徒であったため，17世紀前半に寺地が拡大され伽藍も整備された。国宝三門は1621年に秀忠が寄進したものである。

(2) 花街のをどり

　京都五花街はそれぞれ異なる舞の流派を持っている。総称して京舞と呼ばれる。"おいど を落とす"，すなわち中腰が基本姿勢であることが特徴とされる。

　1872年（明5）京都博覧会において花街の祇園甲部と先斗町が舞踏会を競演したのを機 に，定期的に公演が続くことになった，戦後には他の三花街も加わり，**表5．5**に示すよ うに「花街のをどり」と総称されるようになった。

表5．5　花街のをどり（開催日程はおおよそ）

花街名	名　称	会　期	会　場	流　派
上七軒	北野をどり	3月25日〜4月上旬	上七軒歌舞練場	花柳流
祇園甲部	都をどり	4月1日〜下旬	祇園甲部歌舞練場*	井上流
宮川町	京おどり	4月第1土曜〜中旬	宮川町歌舞練場	若柳流
先斗町	鴨川をどり	5月1日〜24日	先斗町歌舞練場	尾上流
祇園東	祇園をどり	11月1日〜10日	祇園会館	藤間流
五花街合同	都の賑わい	6月の2日間	南座	

　1994年から毎年6月開催の五花街合同の舞踏会（都の賑わい）も追加された。各花街4 名ずつ総勢20名の舞妓が踊るフィナーレ「祇園小唄」は，息をのむほど華やかである。同 じ「祇園小唄」でも各流派の踊り方の違いがあることが分かり，面白い。

(3) 南座吉例顔見世興行

　12月初〜下旬に四条大橋東詰にある**南座**[注51]で催される。京都は歌舞伎発祥の地である。 江戸時代には四条の鴨川周辺に7か所の芝居小屋があったというが，現在南座のみが残っ ている。

　江戸時代，歌舞伎役者は各芝居小屋と毎年一 年契約を結ぶのが恒例で，更改後の11月初めに 一座で舞台口上を述べるのを顔見世と呼んでい た。それにちなんで，現在も名古屋御園座（10 月），東京歌舞伎座（11月）で顔見世の名がつ く定例興行が行われている。

　なかでも南座の顔見世は最も歴史が古い。12 月初旬から下旬に行われる。劇場正面の外壁に， 出演する役者の名前が芝居文字（江戸文字のひ

写真5．16　南座のまねき

注51）幕末には南座と北座のみが残っていて，北座は明治中期まで興行していた。南座の四条通をはさんで北 側にある北座ビル（井筒八ッ橋本店）は，その跡地に建っている。なお，全国の歌舞伎の興行はほぼすべて 松竹㈱が独占している。創業者の大谷竹次郎は京都生まれで，京都の劇場で売店を営業していて，19世紀末 には興行も行うようになり，東京にも進出した。20世紀初めには歌舞伎座社長にもなった。

とつ，勘亭流ともいう）で書かれた「まねき」と呼ばれる木の看板が掲げられ，師走の風物詩となっている（**写真5．16**）。演目も有名で華やかなものが多い。歌舞伎通でなくとも事前にあらすじを知っておけば十分楽しめる。1日3回公演。なお，土日や良い席は予約開始初日で埋まってしまう^{注52)}。

注52）座席予約は松竹歌舞伎会に入ると有利らしい。また初日〜10日目前後には，芸の向上のため五花街ごとに芸舞妓が総出して，歌舞伎を鑑賞する花街総見が行われる。具体的スケジュールは分からないが，この時期を狙う価値はある。

第6章　京都の食と酒

　高齢者に残された欲望は酒食である。幸い京都の食べ物屋には外れは少ない。しかし，料亭や割烹など一人数万円かかる店では，価格と見合っているかというと首肯はできない。

　ミシュランガイドは，三ツ星の評価基準を「そのために旅行する価値のある卓越した料理」と定義している。なるほどフランス・イタリアには，私にとっても海外旅行の動機となり得るレストランが思い当たる。日本料理でも札幌・東京・福岡には，季節を決めて必ず食べに行く店がある。しかし残念ながら，京都ではそのような料理店は見つけられなかった。この不満は私の個人的感想にとどまらないことは，滝沢馬琴が「三つの京のあしきもの」のなかに「料理」をあげていることからも裏付けられよう。

　しかしながら，私は京都で食べ歩いているうちに，物理的満足は重要ではないと思うようになった。京都において日本の伝統工芸が守り伝えられているのと同様に，日本料理も継承されなければならない。京都の本流が消滅すれば，私がひいきにしている"田舎"料理も，漂流してしまうかも知れないのである。すなわち，京料理を守るのはフィロソフィーであり，具体的な手段としては我々がそれを食べ続けるしかないのであろう。ただし，その責務は京都人に担っていただきたいと思う。

6.1　京都の食

(1) 日本料理・和食・日本食

　京都の食といえば日本料理である。類語として和食・日本食がある。広辞苑には日本料理は「日本で発達した伝統的料理」で，日本料理⊂和食⊂日本食であると書いてある。

　料理の教科書では，日本料理とは魚介・野菜中心で獣肉を使わず，昆布・鰹節・椎茸などの出汁と味噌・醤油で調理した"手の込んだ"料理とある。和食には，日本料理の調理法によるその他の料理（そば・うどん・握り寿司・焼鳥・ウナギ・鍋料理・すき焼きなど）が加わる。日本食は和食よりさらに広く，カツ丼・カレーライスも入る。トンカツ・ラーメンはグレーゾーンにあるようだ。また，てんぷらは和食ではあるが日本料理ではない，という料理人もいる。

　日本料理は戦後から1990年代まで，西洋料理に劣ると卑下されてきた。低カロリーの野菜・魚介が基調であるからである。しかしながら今日，健康的であるなど国内外で高い評価を得ている[注1]。

注1）日本料理の再評価は，1983年〜2014年に小学館ビックコミックスピリッツに連載された雁屋哲原作・花咲アキラ作画の漫画『美味しんぼ』によるところが大きいだろう。背景には，1980年前後から普通のサラリーマンも海外勤務・出張するようになり，多くの日本人が西洋や中東の食文化に直面したことと，同時

日本料理にはいくつかの伝統的形式（料理の種類・盛付け方・数や調理法および作法）が伝えられている。現在一般人が食することができるのは精進料理^{注2)}・懐石^{注3)}・会席料理^{注4)}である。すべてコース料理である。

(2) 京料理

京料理という言葉は，普通名詞化しているが国語辞典や料理専門書にはない。京ことばや京扇子などのように，日本料理に京という冠辞を載せたに過ぎないからである。しかも，戦後にできた言葉らしく，数百年の伝統をもつ京都の工芸品と比べて歴史は浅い。したがって，今もって明確な定義はないらしい。

Wikipediaや料理人たちのコンセンサスでは，京都の郷土料理^{注5)}ということになっている。意訳すれば「京都の老舗料亭の料理」ということ，あるいは「ランクの高い料理人（京都料理人業界では格付けがあるらしい）のお墨付きを得た料理」ということかも知れない。したがって，その定義は店ごとの伝統や，個々の料理人の解釈によるということになろう。

そうと結論づけてしまうと身も蓋もないので，巷間の言説を私が独断で総括すると，まずは京料理の定義として狭義と広義があると思われる。

①狭義の京料理

狭義の定義は個々の料理（単品）に対するものである。これにも2種類あると考える。ひとつは川魚料理・いもぼう・祇園豆腐・かぶら蒸しなどのように，江戸時代に開発され現在にも引き継がれている，まさしく京都の郷土料理である。他方は戦後において懐石を基本として開発されてきた日本料理である。一般的には後者が京料理のイメージであろう。すなわち，野菜（本来は京野菜）中心で獣肉^{注6)}を使用せず（カモやウズラなどの野鳥や

に日本食も世界にも広まっていったことがあったと思う。それまで欧州の日本料理店はミュンヘンのレストラン三船（俳優の三船敏郎がオーナーだった）のみだった（ただし，非常に奇異な料理が出ていた）。一方，当時のパリの寿司店Fujitaの評判は高かった。

注2）寺における僧侶の食事として，鎌倉時代以降とりわけ禅寺で発達した。サンスクリット語の解説もあるという。食材は（ネギ類を除く）野菜・豆で，動物由来のものはカツオ出汁さえ使わない。元祖ヴィーガニズムである。豆腐で作ったウナギなどの「もどき料理」の超絶技法には驚きを禁じ得ない。

注3）精進料理の変容したもので，（茶道の）茶事の前に供される食事である。一品ずつ配膳され，魚介や酒も出される。現在の日本料理の原型で，一汁三菜の形式や八寸・向付などの名称も懐石に基づいている。懐石の語源は，禅僧が寒さや空腹をしのぐため温めた石を懐に入れていたこと，などとされるが不詳である。なお，「懐石」の二文字のみで茶会の食事を表しているので，「懐石料理」は適当でないとされる。

注4）連歌や句会の際に出された料理が原点である。茶会とは無関係で，武家の本膳料理に近いとされる。酒席のための料理として進化し，現在では獣肉も出される。宴会・冠婚葬祭などで供される現在最も一般的な日本料理の形式で，京都のお茶屋で出されるのも大抵会席料理である。そのほかの料理の形式としては，古代の宮中で行われていた饗応料理（大饗料理）や武家の本膳料理があったが，現在では残っていない。

注5）歴史的経緯から，京料理は全国各地（昆布やニシンなどの産地である北海道は特に重要）から集まる食材を使っているので，厳密には地産地消を前提とする郷土料理とは言えない。また，天皇が住んでいた地を郷土（つまり田舎）と呼ぶのは適当でない，という考えもある。

注6）祇園のど真ん中にある料理屋で猪肉（要するに牡丹鍋）を食べさせられたことがあった。白味噌仕立てで，

すっぽんは可らしい），加えて食器や盛り付けにこだわり上品さと美しさを追求するものである。確固とした定義はなく技術開発は現在進行形である。

　野菜でもニンニク・ニラ・タマネギなど強い臭いがあるものに加え，トマト・アスパラ・ジャガイモなど近代になってわが国に入ってきたものも原則使われない。乳製品（味が強く野菜に勝ってしまうらしい）も不可である。

　食べた後の器の汚れ具合さえ配慮される（すべて食べきれるように調理する）。したがって残酷な魚の活き造りは論外で，煮付も見たことがない。カニ・エビでも殻がついてくるのは邪道である。つまり日本人ならば誰もが欣喜雀躍するような京料理はないのである。

②広義の京料理

　京料理が持つ語彙には，料理の構成やそれらを提供する形式も含まれると思われる。すなわち料理店の形態も重要な要素である。京都の主な日本料理店としては，料亭・割烹・仕出し料理屋がある（6. 3(2)参照）

　戦前から続く高級老舗料亭が掲げる品書は「お料理」か「懐石」のどちらかである。一般的な料亭では「京懐石」と「会席料理」の併記が多い。これらのうち，「お料理」・「懐石」・「京懐石」は同義語で，二人〜数人に対して提供される狭義の京料理を主体とした接待コース料理を意味する（接待なのでお一人様への提供はあり得ない）。昭和初期まで料亭料理は老舗においてさえ何でも有りの宴会料理であったが，戦後になって茶事の懐石を基盤として洗練されていったという。こうした料亭料理を近年「京懐石」と総称するようになったらしい。広義の京料理の実相だと考えられる。高級老舗料亭の料理に京の冠辞がついていないのは，言わずもがなと言いたいのであろう。確かにそのつもりになって調べると，京料理の看板を掲げている店は，観光客相手と見られても仕方がない風情である。

　京懐石は料理自体も提供形態も本来の懐石と酷似しているが，あえて違いをあげるとすれば，季節へのこだわりが非常に強いことであろう。なお，京懐石と区別するため本来の懐石を「茶懐石」と呼ぶようになった（本末転倒であるが，本書でも茶懐石・京懐石と使い分けることにする）。

　一方，会席料理は要するに宴席料理である。料亭料理であったとしても，大広間の大人数の宴会では京都らしいおもてなしはできないので，厳密には正当京料理とはみなされない。少なくとも，高価な器は揃えられないに違いない。なお，京会席という言葉を時々見るが，そのような見方に対抗しているのかも知れない。

　割烹料理もまた広義の京料理とは認められていないようである。座敷で座って食べるのが京料理のしきたりである。料亭の京懐石と全く同じ料理が供されたとしても，居酒屋と同じようなカウンター椅子席で食べるならば，（少なくとも料亭料理人から見れば）京料理とは認め難いのであろう。しかも，しばしば伝統から逸脱した料理が出される。料理を落

意外さもあり非常にうまかった。猪肉は牛肉よりも日本料理に近いのでその場では感心した。しかし，後から考えると，宴会料理の中に牛鍋が入っているようなものである。いろいろ工夫しているのは理解できるが，3万円も払ってメインが牡丹鍋とは安易すぎるであろう。

語になぞらえると，料亭では古典落語のみが演じられているのに対し，割烹では新作落語
が掛けられるのである。新作が必要なのは当然であるが，季節ごとであっても創作するの
は大変だと思う。

　仕出し屋は精進料理や茶懐石も含め全ての料理に対応するという。自らの味を売りにす
る料亭・割烹と異なり，客の好みに応じるというのが特徴である。弁当の場合もあるし料
理人が出張することもある。専門店のほか老舗料亭も仕出しをするというので，興味深い。

③京料理の味と技

　一般的日本料理に対する（狭義の）京料理の特徴は，出汁は原則昆布と鰹節のみ（ただ
し，鰹節は単独では使われない），醤油や味噌をあまり使わない（使ったとしても薄口醤油
や白味噌[注7]）ということであろう。和食は砂糖を使うので基本的に甘いのであるが，醤油
を控えることで甘さが際立つ[注8]。東日本や九州の人間には刺激が弱く不満を感じる[注9]。
エッジが効いていないのである。しかしよく味わうと，実は味噌・醤油が不要なほど出汁
が濃く，味は鮮烈であることが分かる[注10]。

　京料理に掛けられる手間暇や技術が尋常でないことは，具材の切り方だけを見ても容易
に見て取れる。しかし，そうした努力はあまり報われていないと思う。居酒屋料理との価
格差は数倍〜10倍程度で，私としては何とか理解の範囲内ではあるが，両者の味に価格ほ
どの対数的差異があるとは思えない。制約の多い京料理には味の多様性に限界がある。

④京料理は華道

　私は，東京などで食べた日本料理あるいは和食は少なくとも価格と見合っていると感じ
ていた。ところが，本場の京都に来てからは不満と疑問が募るばかりであった。ミシュラ
ンの星の数が多い，あるいはもっと料金が高い店に行けば真の京料理に出会えるのではな
いかと，有名店を食べ歩いたが定番ばかりで驚きはなく，結局浪費に終わった。

　京料理には多くの制約がある。明らかな味覚の差異を感じようというのは，そもそも無

注7）　分類としては米味噌ではあるが，製法が一般と異なることに加え通常の2倍以上の米麹が使われる。関
　　　東の人間には甘くて受け入れられないかも知れない。しかし，料理してみると出汁が不要なほど味噌自体に
　　　味があることに気づかされる。実際，京都の雑煮は出汁を使わず，白味噌のみでつくられる。なお，西京味
　　　噌は京都白味噌の一銘柄に過ぎないが，味噌漬け焼きを「西京焼き」と異称するように，関西圏外から見た
　　　時の京都味噌の代名詞となっている。
注8）　最もわかりやすい例は，「出汁巻き」である。最近では全国の居酒屋メニューになっているが，関東の
　　　「厚焼き玉子」とは別物である。本場京都の出汁巻は焦げ目厳禁で，出汁はにじみ出るほど大量で柔らかい。
　　　すなわち，弁当のおかずには到底なり得ない。なお，私は京都で厚焼きを見たことがない。
注9）　京都には全国各地から料理人が修行にやってくる。味の好みは生まれ育った場所で決まる。したがって，
　　　近畿出身者を除けば多くが京都の味覚に疑問を持ち，納得しないまま故郷に帰っていくという。京都に残り有
　　　名料亭の料理長になった者でも，その大半は伝統だと割り切って自らの本音とは異なる味を守り続けているらしい。
注10）うどんのツユを比較すると明瞭である。東京のツユは醤油が出汁に勝っている，色も濃い。大阪は湯に
　　　近く，出汁の味はかすかである。京都のツユは，醤油はほとんど感じられず，カツオブシが強烈で，色も黄
　　　金色である。なお，「たぬき」と「きつね」の関東・関西比較論については，京都の「たぬきうどん」は油
　　　揚げ＋あんかけであることは揺るがないが，「そば」を含めると，関西の場合店によって千差万別というの
　　　が正しい答えだと思う。

理な相談だったのである。野菜中心という京料理のレゾンデートルも最大の足枷になっていると思う。世界中の希少かつ高価な食材を自在に扱う仏・伊・西料理はもちろん，日本各地の和食と比べても，京料理から受ける感動や満足度は低い。

　料理人たちも京料理の限界・宿命を知悉している。その結果京料理の真髄を、量や味の満足よりも美・品・季節感を優先させる，ということにしたらしい。開き直られても困るのであるが，ひどく納得できる。料理よりも建物・室内装飾・食器など舞台装置の方に重点（すなわち価格）が置かれているのである。考え方が共通しているので京料理は茶道と比喩して語られるが，私はむしろ生け花だと思う。まさしく美しく切り整えられた花を食べるのである。雅の極致ではあるがさほど美味くないのは当然である。

⑤京料理店の献立

　表6．1は京都の料亭・割烹が出す献立の構成の一例である。順番は異なるが，内容・名称は茶懐石とほぼ同じである[注11)]。

表6．1　京料理店の献立

名　称	内　容	備　考
先付	前菜に相当	1～3品。茶懐石にはない。会席料理由来で居酒屋の「お通し」の原型
椀物（汁）	吸い物または白みそ汁	魚介／野菜の煮物を椀に盛り汁を張ったもの，あるいは単純な汁物
向付	刺身・膾	一点～三点盛。鯛が多い
八寸	酒のあて	八寸（24cm）四方や円形の木盆に盛った山海の珍味。会席料理にはない
蒸し物		蓋物ともいう。代表はかぶら蒸し
炊き合わせ	煮物	
焼物	焼き魚	幽庵焼きが多い
御飯	ごはん・香の物（漬物）	炊きこみごはんの場合もある。会席料理では止め椀（みそ汁）がつく
水物	果物	本来は甘さが強くなくあっさりしたもの。アイスクリームは疑問

⑥京料理の未来

　京都の料理人たちは未来に危機感を抱いている。過度なパフォーマンスや話芸で状況を切り開いていこうという人気割烹店店主もいる一方，報道等によると大御所と新進料理人が協力して進める京料理の革新も急速である。フランス料理の食材や技法も取り入れられている[注12)]。当然，今後は伝統の制約から逸脱していくことになろう。私の個人的見解では，器に盛られた材料が何なのか視覚・味覚・嗅覚いずれにおいても明確に識別できることが，京料理／日本料理の必要十分条件と考える[注13)]。

注11)　茶懐石と京懐石の決定的な相違点は，前者では最初に御飯が出されることである。しかも，炊き立てでなければならない。

注12)　近年，仏料理が日本料理の技法を取り入れて改革されてきたのはよく知られている。しかし，その逆は如何であろうか。最近，少量ではあるが牛肉や乳製品を使う店が増えている。味が強烈なので一品料理ならともかく，コース料理ならば他の料理とのバランスが崩れてしまう。西洋文化は足し算，日本文化（侘び寂び）は引き算だとすると，残念ながら前者がより普遍的であるのは否めないと思う。

注13)　要するにむやみに混ぜないことだと思う。「創作料理」という看板の店が各地にある。京都に来てその意味が分かった。店主の経歴は分からないが，彼らは，京料理の食材を用いながら伝統と異なる方法で調理

　京料理はよく言えば孤高，悪く言えば田舎料理である。もてはやされているのはここ20年ほどで江戸中期から2000年初めまで，日本料理の中心は京都ではなく大阪であったことを鑑みると理解できる（現在でも大手の料理専門学校は大阪にある）。しかしながら，限られた食材を加工するという技術は超絶で，全国の日本料理店は京料理を手本としていることは否めない。したがって，京都は依然として日本料理の中心かつ代表なのである。

(3) 京料理の食材

①京野菜

　京料理の核心は京野菜である。表6．2は，京都府が1987年に定めた「京の伝統野菜」（38品目）と，府の外郭団体が1989年～2015年に認証した「ブランド京野菜」（25品目）である。表からわかるように重複している。表中に太字で示した九条ねぎ注14)・賀茂なす注15)・京たけのこ注16)・聖護院かぶ注17)・えびいも注18)は，一般によく知られている。

表6．2　主な京野菜

	ブランド京野菜	両者共通	京の伝統野菜
周年	やまのいも	みず菜・壬生菜・**九条ねぎ**，やまのいも・京丹波大黒ホンシメジ	畑菜・もぎなす・田中とうがらし・桂うり・柊野ささげ・京うど・京みょうが・京せり・じゅんさい・聖護院きゅうり・すぐき菜・鷹ヶ峯とうがらし・辛味だいこん・青味だいこん・時無しだいこん・桃山だいこん・茎だいこん・佐波賀だいこん・松ヶ崎浮菜かぶ・佐波賀かぶ・舞鶴かぶ・大内かぶ・鴬菜
春夏		伏見とうがらし・万願寺とうがらし・**賀茂なす**・京山城なす・鹿ケ谷かぼちゃ・**京たけのこ**	
秋冬	京たんご梨・紫ずきん・金時にんじん・丹波くり・京都大納言小豆・新丹波黒大豆・京こかぶ	聖護院だいこん・くわい・花菜・堀川ごぼう・**聖護院かぶ**・えびいも	

する。例えば，松茸を刻んでたれに入れるなど，仏料理と同じような技を用いたりする。かなり研究されていて，うまい。その瞬間は感動したが，2度目は行かなかった。おそらく，和食だとすると慣れ親しんでいたものとは違和感があるし，洋食とすれば物足りないのである。結局，想定の範囲内にある京料理に回帰してしまう。気に入った独自の定番があると，それを目当てに通ってしまう。単純な料理ほど病みつきになる。老舗料亭が何百年も続いている理由は，そうしたことなのであろう。

注14)　九条通の西の端あたりで栽培されていたらしい。普通の青ねぎと外見は同じであるが，内側のぬめりが多く，食べると風味は明らかに異なり鮮烈である。湯豆腐は九条ねぎがあってこそ成立する料理であると思う。脇役となることが多いが，料理の主役として扱う料理店もある。

注15)　上賀茂地方特産の丸なすで，巨大さでも知られている。身は固く，なす田楽で食べると，普通のなすは食べられなくなる。

注16)　西山地区で栽培されるたけのこである。並び称される北九州市小倉の「合馬のたけのこ」と同じ孟宗竹で，一般的なマダケに対して高級食材とされる。えぐみがなく甘みがある。特に天ぷらは，噛むと一瞬歯ごたえを感じるが，すぐに溶けてなくなるほど柔らかい。

注17)　巨大なかぶで，千枚漬やかぶら蒸しの材料として知られる。現在は亀山市が主な産地である。

注18)　原産は九州とされる。里芋の一種で，湾曲した身に横縞模様があり，海老に似ていることからそう名づけられた。里芋より柔らかくねっとりとした肉質で甘みがあり，まさにゆでた海老を思わせる。「いもぼう」の材料として有名だが，私は煮物や揚げ物などで主役として食べた方が美味いと思う。11月中旬～12月中旬が出荷時期。

②鱧

　東日本で鱧（はも）に出会うのは稀であるが，6～7月の京都では多くの日本料理店において主役となる。鱧の生命力は強く，昔から生きながら京都に運ばれてきた。その身は純白で味は淡泊なので，料理人にとっては白いキャンバスなのであろう，様々な料理がある。代表は，刺身・おとし（＝湯引／鱧ちり）注19）・焼き霜造り・吸い物・しゃぶしゃぶ（鍋なので京料理店では出されない）・天ぷら・焼き鱧・（照り焼きやおとしの）鱧寿司・鱧の皮と胡瓜の酢の物などである。その味を理解するには訓練を要する。若い人が知らずにこの時期に京都を訪れたならば，がっかりするかもしれない。

　小骨が多いので，どの料理に対しても「骨切り」という前処理が必要となる。骨切りは，鱧を開いてから骨切り専用の包丁で皮一枚を残し，数mm間隔で身と骨を切る。修行を要するし面倒なところが，関東において鱧が流行らない理由かもしれない。主な産地は淡路島や和歌山であるが，近年では韓国産も使われているらしい。韓国産の方が味は良く価格も格も高いという人もいる（全てに言えるが産地については知らぬが仏がよいと思う）。

　鱧は夏で終了という印象があるが，実は一年中獲れる。しかも，季節が進むほど脂がのって旨いという。鱧と松茸の吸い物が成立するわけである。12月になっても，居酒屋では鱧メニューはなくならない（天ぷらが多い）。

③鯛・甘鯛・鯖・鰆

　今日のように物流システムが発展していても，（居酒屋はさておき）京都の日本料理店で出される海魚は，生きて運ばれる鱧を除けば年間にわたって標記の数種に過ぎない注20）。

　刺身（関西ではお造りという）は少量で盛り付けは優れているが，味は刺身を売りにしている居酒屋と同等以下である。すなわち刺身に手を加えることには限界がある。これは京都に限らず全国の日本料理店に共通している。しかも，京都の場合活魚ではなく身を寝かせるので旨味は増すが，歯ごたえは弱い。評価の分かれるところである。他の調理法としては，焼魚（塩焼き・味噌漬焼き注21）・幽庵（ゆうあん）焼き，照り焼き）や酒蒸し（生臭さが残るので，私は好きではない）が一般的で，醤油や味噌の煮付は居酒屋以外ではほとんど見ない（そもそも，食べた後にガラが残る煮付は美しくない）。

　鯛は関西では一般的で，刺身・吸い物・あら炊き（京都では珍しく醤油味だが，京料理とはみなされない）にする。明石鯛が最上とされ，古くから通年提供されている。産卵期の春が旬で桜鯛と呼ばれる。鯛はうろこが大きく比較的鮮度が保てることから，刺身でも

注19）鱧おとしは，活鱧を熱湯に通し，氷水で身を引き締めたもの。皮が内側に丸まり，花のようになる。見た目にも涼しい夏の料理である。焼き霜は，炭火でわずかに焼き色がつくまで炙る（ただし，冷やさない，ガスバーナーを使う店では決して食べてはならない）。両者とも梅肉酢・醤油・辛子酢味噌で食べる。

注20）京都で扱う魚が少ないのは，地理的に魚の入手が困難で若狭湾からのルート（鯖街道）に限られていたから，というのが一般的な解説である。しかし，少なくとも鉄道が普及してからは魚の流通障壁はないはずである。やはり京都ではマグロより鯛なのである。人々の味覚や食習慣は容易には変わらないことが分かる。

注21）京都では白味噌を使う。関西以外では「西京焼き」と呼ばれるものであるが，京都では単に「味噌漬け」という。西京焼きと書かれているのは見たことがない。

食べることができたということらしい。

　甘鯛（ぐじ）も通年あるが，扱いが難しいためか居酒屋ではあまり見ない。若狭から送られてくるひと塩ものが定番で，塩焼き（松笠焼き）にするか酒蒸しにする。

　鯖は秋から冬の名物で，かつては塩漬けされて若狭の小浜から鯖街道[注22]を上ってきた。現在でも日本海のマサバが使われているはずであるが，太平洋側とは種類が違うのではないか思うほど脂がのっている。鯖寿司は京都人にとってハレの日の料理で，それぞれの家や店によって味が異なり，食べ較べが楽しい。一方，生寿司（＝しめ鯖）は脂が強すぎて東日本の人は苦手なのではないか（使用する酢や調理法も異なるらしい）。なお，京都では夏にも鯖寿司があるので驚かされる。当然ながら冷凍である。

　鰆は夏を除いて出回る。関西では春が旬とされる。京都では舞鶴が伝統的産地である。私は，定番の味噌漬け焼き（西京焼き）に加え焼き霜が最も美味いと思う。

④鮎・モロコ

　京都には海がないので，川魚がよく食べられていた。特に鮎は夏の魚として鱧とともに双璧をなす。桂川上流など周辺の川の鮎が使われることもあるが，京都の場合琵琶湖の小鮎が一般的である。琵琶湖では餌が少ないためせいぜい体長10cm程度にしかならない。大きいものは養殖か，あるいは周辺の川に放流して大きく育ててから獲った鮎である。それでも小ぶりである。鮎塩焼き・てんぷら・佃煮にする。ただし，有名料亭でも出されるが，子持ち鮎の腹を割いて焼くのは，残酷なので京料理にはふさわしくないと思う。

　冬のホンモロコは体長10cm程度，琵琶湖固有種である。近年絶滅危惧種となったため高級魚とされている。塩焼き（滋賀県では客の前で生きたまま焼くのが伝統）や揚げ物にされる。鮎と同様に子持ちがうまい。

⑤ズワイガニ

　11月から3月初旬はズワイガニの漁期である。山陰地方産の雄のズワイは松葉ガニ，福井県産は越前ガニと呼ばれる。京都では松葉しか出回らない。なかでも京丹後市間人港で水揚げされた間人ガニが最高級とされる。価格も突出して高いが，カニに国境もなければ県境もない。日本海で獲れたズワイならば，大きさの差別しかないはずである。重いほど高価になり1kgを超えると急激に上昇する。小型のカニの方が身の繊維が細かいので旨いという意見もある。900g前後が最適解のようである。

　居酒屋やスーパーでは基本的に冷凍であるが，一部の料理店には生のままで運ばれる。まずカニしゃぶを楽しみ，2～3本の足とカニミソを（必ず炭火の）焼ガニにする。焼ミソをつけて食べると，この世のものとは思われないうまさである。甲羅酒も忘れてはならない。残りはカニすき・カニちり[注23]とし，最後はカニ雑炊で締める。しかしながら，こう

注22）福井県の小浜から京都出町橋へ至る若狭街道（概ね国道27号・367号）が代表である。その他にもいくつかの経路があったらしい。主に魚介類を運搬したが，鯖が多かったので鯖街道と呼ばれている。

注23）煮たり茹でたりしたズワイガニの身は，上品ではあるが味は薄い。私は，茹でたての毛ガニの方が身・ミソともに味は濃く，量も多いと思う（通常，毛ガニの価格はズワイの半分以下である）。ただし，毛ガニ

した最高の食べ方は京料理の教条に反するので，料亭・割烹ではあまり期待してはいけない（炭火焼きを出す料亭はあるが，殻の焦げ臭さが他の料理を阻害していた）。

　一方，ベニズワイガニという水深の深い場所に生息するカニがある。加熱すると鮮やかな赤色となるのが特徴で，富山湾と山陰沖で獲れる。兵庫県香住漁港で水揚げされたものはカスミガニとしてブランド化されている。冷凍には向かないので生で食べる。比較的低価格で，松葉ガニより甘くて美味いという評価もある。

　なお，雌のズワイはセコガニ（地方によりコッペカニ，セイコガニなど）と呼ばれ，200g程度と小さい。しかし，内子（卵巣）と外子（受精卵）を持っているので，こちらのファンも多い。茹でて食べる。12月末（福井県は1月末）で禁漁となる。

(4) おばんざい

　京都では来客時に家庭料理をふるまうのは失礼なことで，仕出し料理[注24]をとるのが現在でも慣習である。これに対して，家人が日常に食べるおかずを，あえて呼べばおばんざい[注25]ということのようである。要するに惣菜なので，安く手早く作らなければならない。まさに郷土料理なのに京料理とは見なされない。手間暇をかけることを旨とするのが京料理ならば，おばんざいのコンセプトは真逆なのである。

　おばんざいの基本は，京野菜・豆・海藻・豆腐・油揚げなど2種類の材料の炊き合せ[注26]（「炊いたん」という）である。代表的な組み合わせは，ナスとニシン・レンコンとこんにゃく・九条ネギと鶏肉・湯葉と生麩の炊いたんなどであろう。魚介は高価なので本来は少ないらしい。なお，いもぼうは，北海道稚内の棒鱈（高級食材）と京野菜のえびいもの煮物だが，おばんざいではなく京料理とされる。

(5) 京都の名物料理

　「名物に美味いものなし」という格言があるが，京都では当てはまらないかも知れない。京都名物は料理店の献立の中で取り入れられている場合もあるが，京都ではそれに特化した専門店もある。

の足は短いことに加え，身がほぐれてバラバラになるのでカニしゃぶには適さない。量感ならばタラバガニが優るであろう。しかし，両者は一般的に「浜ゆで」の冷凍冷蔵物しか流通していないので，結局生ズワイに敵うものではない。なお，活毛カニは7月に函館に行けば食べることができる。

注24）他所の人々にとって仕出し料理は葬式や法会の時のみであるが，京都人にはそれほど特別ではない。花街のお茶屋の料理は全て仕出しである。参加者が200〜300人となる大寺院の法要に出される精進料理も仕出しで行われる。

注25）「お番菜」と書くらしい。番は，「番茶」のように粗末・劣るという意味に由来する，また，商家等で従業員に出されるおかずに日によって順番があったからだ，という説もある。Wikipediaによると，おばんざいという言葉は江戸時代にはあったが，その後使われなくなったらしい。1964年に朝日新聞京都支局が京都の家庭料理を紹介するコラム欄のタイトルに用いてから，復活したという。

注26）関東の煮物との違いは，はじめから食材を混ぜて煮るのではなく，個別に異なる出汁で煮て最後に合わせることである。なお，「いもぼう」は混ぜて煮る。

①ぶぶ漬け・京漬物・ちりめん山椒

　ぶぶ漬け伝説とは関係ないと思われるが，京都では近年茶漬けが人気で，専門店も現れている。何種類もの漬物やちりめん山椒[注27]が添えられる。私は京漬物が苦手で，とりわけしば漬は強烈に酸っぱく，食べることができなかった。しかし，茶漬けによって開眼し，最近では食べ比べている。

　京漬物は基本的に浅漬けである。代表はしば漬・すぐき漬・千枚漬で，京都三大漬物[注28]と呼ばれている。千枚漬は冬期のみであるが，他は年中出回っている。

②湯豆腐

　漫画『美味しんぼ』第1回のテーマは京都の水と豆腐であった。京都に来てから真剣に豆腐を食べ比べてみると，はっきりと味に差があることに気が付いた[注29]。

　湯豆腐は豆腐茶屋の料理として江戸初期から存在していた。南禅寺付近に多かったというので，歴史の継続性を感じる。南禅寺門前の順正・奥丹や天龍寺塔頭の西山艸堂が知られている。いずれも江戸時代創業である。営業は17時頃まで，季節によっては行列ができる（昼で売り切れてしまうことが多い）。予算は一人3000円〜4000円である。

③いもぼう

　いもぼうは代表的京料理のひとつであるが，発祥の料理店である平野家の実質的な専売である。明治・大正期では数十人の宴会も行う大料亭だったらしい。円山公園内の知恩院南門（三門の脇）すぐそばに平野家本店があり，その角を西に曲がり100m行くと平野家本家がある。両店のルーツは同じであるが，現在別経営で互いに牽制しあっている[注30]。

注27）山椒の木は意外に大きく1〜3mにもなる。実は佃煮やちりめん山椒のほか香辛料としても使用される。その若葉は木の芽と呼ばれ，先端2〜3cmの部分は香り付けおよび意匠としてそのまま料理に添えられたり，すりつぶされて木の芽味噌となって筍・豆腐・生麩などの調味料となる。木材はすりこぎ棒となる。

注28）しば漬は夏野菜の赤しば・なすを塩につけたもので，平清盛の娘で安徳天皇生母の建礼門院が大原の寂光院に隠棲していた時，周辺の人々が献上したのが始まりだという。すぐきはかぶらの一種で，漬物のみに使われる冬の京野菜である。約400年前上賀茂神社の社家（神官の家系）で栽培されたのが発祥である。1804年創業の上賀茂のなり田が有名。千枚漬は，冬野菜のかぶ（本来は聖護院かぶ）を薄く切って昆布とともに酢漬けにしたもの。錦市場近く（麩屋町通）にある大藤が1865年に考案した。

注29）有名料理店の豆腐は，製造店から直接購入できる。『古都』ではヒロインが父のために森嘉を買って持っていった。現在では京都・大阪のデパートでも扱っている。私がデパートで同時に買ってきた数店の豆腐を食べ比べてみると，微妙であるが味の違いは明確にあった（同時に食べないと分からない）。京豆腐は硬いと言われるが（多分，関東の絹ごしよりは硬いという意味だと思う），嵯峨森嘉のように非常に柔らかいものもある。私は湯豆腐としては順正の豆腐（木綿）が最も美味い（あるいは関東人が食べなれている）と思った。また，コンクリートのジャンカのような空隙のある豆腐があるが，粗悪品ではなく出汁が染みこむために，わざとそうしているのだという。

注30）加藤他［2022］によると，いもぼうの平野家は1770年代の創業で，両店は昭和初期からそれぞれ現在の地にあるが，本店は初めから本店で，本家の方は開店時では支店とされていたという。両店の雰囲気は当然ながら似ている。しかし，肝心の料理そのものについては明らかに異なる。本店では，男のこぶしほどの巨大な芋1個に申し訳程度のタラが添えられている。海老芋は保存し通年使用しているという。本家では，小芋ほどの大きさの芋2個と主役に値する大きさのたらの身で構成されている。収穫期の11月末〜12月以外では小芋を使っていると表明している。味付けも，両店ともに「一子相伝」と謳っているが，お互いに大分

　両店とも庶民的で，いもぼうのみが目的ならば予算は一人3000円以下で済むし，午後も休みなしで営業していて予約も不要である[注31]。

④鯖寿司

　鯖寿司[注32]は京都人にとってハレの日の料理である。半身の一本物で竹の葉で包まれていて切り分けられてある。店で食べてもよいが，京都人には"おもたせ"（テイクアウト）の方が一般的のようである。ハーフサイズもある。

　有名店に八坂新地のいづう（デパート大丸にも出店している）と出町柳商店街の満寿形屋がある。前者では鯖寿司一人前6個であるが，量が多すぎるので京寿司の盛り合わせの方が無難である。後者ではうどんと鯖寿司2個のセットが人気で，量もちょうどよい。鯖街道の出口にあるので由緒正しい（？）ためなのか，12時の開店前から毎日行列ができ，14時前には売り切れ閉店となる。両店ともおもたせの場合並ばなくともよい。

⑤鰻

　京都では，錦糸卵を鰻に載せる「きんし丼」が名物である。きんしは鰻が見えないほど大量であったり，出汁巻のかたまりそのものであったりする。見た目にも味においても鰻を引き立てているのか疑問である。また，錦市場などにある魚屋の店頭販売の焼き方は関西風だが，鰻料理店では関東風が多い[注33]。私には，関西風は脂っこく（歯ごたえがあると言えばそうであるが）皮も厚く面倒なように感じられる。

⑥すき焼き

　京都は明治維新から始まった肉食の先進地で，すき焼き[注34]・しゃぶしゃぶの発祥地であ

異なるといってよい。

注31）いもぼうは松本清張のお気に入りで，『球形の荒野』と『顔』に出てくる。どちらも海老芋の収穫期とは異なる夏の設定である。前者では主人公の久美子が夜に一人でふらりと平野家を訪れる。お嬢様育ちの彼女の行動としては不自然で，しかも小説のプロットとは全く関係ないので，清張が無理やり押し込んでいることは明白である。「いくつにも仕切られている小部屋に通った」とあるから，本店の方だと思われる。後者では，犯人の主人公が目撃者と偶然に相席するという物語の核心場面に採用されている。店の描写や相席の可能性から考えると本家と思われるが，決め手はない。なお，本店には『顔』の映画やNHKドラマのロケ写真が掲示されている。

注32）巻き簾で巻いて作るので姿は丸く，表面は厚い昆布で覆われ竹の皮で包まれている。一方，押し寿司のバッテラは箱型で鯖の身は薄く，白板昆布（削って薄くした昆布）で覆われている。両者とも昆布をはがして食べるのが原則である（鯖寿司の昆布はうまくないし，食べると歯を痛めるので注意）。

注33）腹か背中かの鰻の捌き方はさておき，関東風と関西風の決定的な違いは，前者では蒸して油を落としてから焼くのに対し，後者ではそのまま焼くことである。加藤他［2022］によると，明治・大正期に東京の鰻屋が進出して以来，関東風が京都の主流になったという。中華料理でさえ京都化してしまう地である。鰻は関東風が普遍的だということか。

注34）京都のすき焼きは，店によって作り方が異なる。共通している工程はおそらく，牛脂で鍋に油をひき（牛脂は取り出さず最後まで鍋の中にある），砂糖をばらまき牛肉を広げ，少量の割下を加えて焼き，溶き卵で食べる。その後，豆腐・野菜・シラタキを焼く。出汁や割り下はほとんど加えず，肉を煮ることは決してない。三嶋亭ではこれを繰り返す。すべて仲居さんが調理する。モリタ屋では，2度目の肉からは野菜・豆腐とともに煮る，すなわち東京風のすき焼き（牛鍋）となる。両店に共通し東京と異なる点は，ねぎが九条ねぎであることと，白菜は用いられず玉ねぎが用いられることである。ごぼうが入ることもある。砂糖をやた

る。そのためなのか，三大和牛産地（近江・神戸・松坂）は近畿にある。ただし，京都で供される牛肉が常にこれら三大和牛であるとは限らない。

　京都のすき焼き店では，他のメニューとしてしゃぶしゃぶ（水炊きと称する店もある）・オイル焼きがある。オイル焼きとは要するに鉄板焼きである。

　マスコミでよく取り上げられるのは，モリタ屋木屋町店（木屋町三条）と三嶋亭本店（寺町三条）である。前者の玄関は木屋町通から細く長い路地を通った先にあり，非常に京都らしい（夏には鴨川納涼床もある）。

⑦すっぽん

　関西ですっぽん料理は珍しくないが，創業三百数十年というまるなべ専門店大市（だいいち）は記しておかなければならない。旧遊郭五番町の隣，六番町にある最古級の町家（堀井家住宅）で，客席はすべて坪庭に面した座敷である。『古都』では三重子と幼馴染の兄弟が鍋をかこんだ[注35]。漫画『美味しんぼ』は，京都の老舗はあまり取り上げなかったが，大市については絶賛している。私もすっぽん雑炊はフグ・カニをはるかに凌ぐと思う。

⑧にしんそば

　にしんそばは1882年（明15）に（現在）東山区南座の１階にある松屋が考案したとされるが，今や全国各地のそば屋のメニューにある。私が食べた限りにおいては，特に味の差異はない。ニシンは輸入品が主となっているはずであるが，ロシア産でないことを祈る。

6. 2　京都の飲食店

(1) 京都の飲食店の特徴

　京都にある飲食店について他都市と比較したとき，誰もが感じるのは，日本料理店が多いことである[注36]。また，他所では昭和期に消滅した大衆食堂・洋食店・純喫茶[注37]が数多く残っていることもあげられよう。関西なのにうどんよりもそば屋の看板が目立ち，意外にもラーメン店[注38]が多い。フランス料理店も相対的に多いのではないか。

らと使うので当然甘いが，牛肉自体が甘さを魅力としているので食べ方としては東京よりうまいと思う。

注35) 小説の彼らは裕福な家の子ではあるが全員学生である。一人前24,500円（2022年現在）であるが，当時は居酒屋ほどの値段だったのだろうか。夜は"お一人様"の予約はできないが，昼ならば可である。

注36) 2021年版ミシュランガイドで，星付きの日本料理店として分類されているのは東京64店舗・大阪46店舗に対し，京都84店舗である。

注37) 京都人はコーヒー好きが多いという。かつて喫茶店の客層は地域や職業（学生・文化人・芸術家・花街の人・問屋旦那衆・職人など）に分かれていて，内装やコーヒーのこだわりなどにその雰囲気が残っている。京都本やマスコミによく取り上げられる老舗は，喫茶ソワレ・フランソワ喫茶室・築地（以上河原町駅付近）・イノダコーヒ本店（堺町三条）などである。いずれかを１〜２度試せば十分だと思う。

注38) 京都のラーメンのツユは鶏ガラ・醤油味が伝統であるが，現在では豚骨や味噌も一般的である。いわゆる京風（または和風）ラーメンは少なく，色の濃いツユが人気となっている。背脂を入れたものもあり，全般的にこってり系である。残念ながら麺はどの店もストレートで，チャンポン麺に近い。新型コロナ禍の下でさえ行列ができる店もあるが，群雄割拠の全国からみて没個性的と言わざるを得ない。ただし，京都発祥

　一方，関西なので当然ながら江戸前寿司店は少ない。他の大都市と比較すると，刺身・おでんを主とする大衆居酒屋・焼鳥屋[注39]も少ないと思う。飲み屋街は木屋町通・先斗町と四条大宮の（百万人都市としては）狭い地域に限られていて，軒を連ねるというほどではない。また，街中華は多いが本格的中華料理店[注40]はあまり見ない。カレー専門店・イタリアン（特にパスタ・ピザを主とした）も少ないと思う。

(2) 一見さんお断り

　有名な「一見さんお断り」は現在，花街のお茶屋のみになっているらしい。一方，たとえ居酒屋であっても，人気店に予約なしで受け入れてもらうのはなかなか難しい[注41]（コース料理の店の場合，当日準備できないという物理的な理由はある）。予約なしで入れてくれた店でもなぜ当店を知ったのか，誰かの紹介か，と尋ねられる。マーケットリサーチではなく，真剣に客の品定めをしていて，一見さんお断りの気配を感じる。また，「おこしやす」は常連客に，「おいでやす」は初めての客に対して意識して発せられる挨拶だとされ，確かに使い分けているようである。少なくとも最初は予約した方が無難である。

　一見さんお断りについて様々な解説・言い訳があり，京都サポーターの見解をまとめると次の通りで，悪意はなく，むしろ好意であるという。

①花街のお茶屋が起源で，そのシステムが一見さんには対応できないモデルだったからだという。また，席貸も一見さんお断りだった。すなわち，風俗営業の名残とも言える。

②客の信用確認ができない。悪酒癖や乱暴な客かもしれない（酒癖には私も心当たりがある）。幕末の新選組や尊攘志士たちへのトラウマもあろう。彼らは当時の京都における反社会勢力に当たるのであろうか。そうだとすると理解できなくもない[注42]。

③料亭が外国人客を断るのは，店の歴史・食材・調理法・器などの解説を理解してもらえ

全国チェーンの天下一品のツユは極めて濃厚で特異である。鶏ガラと野菜の出汁で，製法は分からないが，濾していないことは確実である。餡かけのようにトロミがあり甘いので，好き嫌いはさておき私は京都名物だと思った。

注39）関東はじめ多くの地域では焼鳥の味付けとして塩・たれの別を問われるが，京都では材料によって決まっているらしく，問われることはまずない。しかし，味付けは塩でも甘い。また，ヤキトン・モツ焼き・ドテ焼きはあまり見ない。

注40）京都の中華料理ではニンニクなど強い香辛料は使われない。また和風出汁を使うので甘く，一般の中華の味とだいぶ異なる。したがって，京都の麻婆豆腐はすべて甘い。

注41）予算数千円程度の居酒屋に一人で入る場合，予約などしないのが一般的である。そのような店を訪れ空席があるのにも関わらず断られた直後に予約電話してみると，今すぐならOKと言われることが度々あった。他所では考えられない。予約がルールであることを押し付けているのか，私の人相が悪かったのか理由は不明だが，探求する意欲もおこらない。東京・札幌・福岡には，私がどうしてもその店で食べたいものがある，あるいは激安などが理由で，その店がいかに無礼であっても我慢して通っている。しかし，京都ではどの店の料理も（品質は高いが）似たようなもので，しかも価格は高い。したがって，付き合う価値はないと思うが，「郷に入れば……」で最近では私も直前には電話するようにしている。

注42）京都には当てはまらないかもしれないが，現実として北九州市では2010年代末まで暴力団との厳しい戦いがあった。古い体質の街では油断すると反社会勢力が忍び込んでくる。

ないからだという。京料理は味よりも舞台装置が命なのだから，十分理解できる。また，食物禁忌のリスクを理由に挙げる人もいる。店側も勉強しなければならないが，食物アレルギーはさておき，本来は客側の問題であろう。断るための口実に過ぎない。

ともかく，今日では実質的に一見さんお断りは見受けられない。それよりも，京都の飲食店は全般的に高飛車というか「食わしてやる」と言うような態度が末端の従業員にも浸透しているように感じる。サービス業であることを忘れているのであろうか。コロナ禍ではなりを潜めていたが，自粛解放後に確実に復活している。結局，排他主義に帰結するのである[注43]。

(3) 料亭・割烹・小料理屋・居酒屋

京都に限らず日本料理/和食を出す店は，料亭・割烹・小料理屋・居酒屋に分類され，それが価格の階級ともなっている。京都の場合高級店は東山区とりわけ祇園に集中している。

私は宴会等の会席料理で慣らされているためか，日本料理は酒を飲むためのものと考えていた。パリの三星料理店においても，ワインを飲むために料理があると考えられているふしがある。しかし，京都の日本料理店では酒は主役でない[注44]ことはもちろん，東京の料亭のように芸者遊び・政治・ビジネスの場でもない。芸術品ともいえる料理に専心する場である。したがって，2020～'22年の新型コロナウィルス禍による酒類提供自粛の中でも，人気店の予約は相変わらず難しかった。

① 料亭

料亭のイメージは庭園のある伝統的和風建築で，客室は個室の座敷や茶室である（近年では椅子席が多いようである）。宴会が目的でなければ，庭が良く見える昼の席の方が良いかも知れない（夜でも趣きはある）。内装・調度品・什器も重要文化財級で，仲居が正統な京料理を一品ずつ運んでくる。多数の従業員を抱え，料理人育成の役割も担っている。一子相伝の看板料理を持ち，少なくとも戦前の創業であることが必要条件であろう[注45]。料金

注43) よそ者拒否のオーラを放つ店は地方都市に多いが，百万人都市の中では京都と北九州（特に小倉）のみである。大都市なのに支店文化がないことが共通している。小倉の場合は部落問題と暴力団も深く関わっている。顔見知りのみで廻していけるので新たな発展を望んでいないらしい。京都が話題となるのは，世界的観光都市なのにも関わらず，という意外性であろう。

注44) 先付・八寸など酒の肴が何品も出てくる料理構成は，飲酒の前提なしではありえないと思うのだが，京都の料理店が置いている酒の種類は少ない。しかも，当然ながら京都の酒に限るという店が多い。料理に合わせた酒を全国から取り寄せて揃えるという努力があってもよいのではないか。

注45) 中村楼（創業は室町後期）・平八茶屋（1576年）・瓢亭（江戸初期）・萬亀楼（1722年，当代で30代となる生間流式有職料理を引き継いでいる）・美濃吉（18世紀前半）・近又（1801年）・左阿彌（1849年）・美山荘（1895年）・菊乃井（1912年）・木乃婦（1935年）・嵐山吉兆（1948年）などが代表であろう。店主（オーナー）が世襲であることが京都老舗の必要十分条件であると考える。私は下鴨茶寮（1856年創業という）というところで食事をしたことがあるが，その時すでに作家の小山薫堂氏（熊本出身）によって買収されていたとい

表を見ると料理のみで一人10万円超の店もある[注46]。

②割烹（カウンター割烹，板前割烹）

　寿司屋のようにカウンター越に調理場があり，客の目の前で店主が調理する[注47]。見ていると期待が高まる。テーブル席・個室もあるが，本格的な座敷はなく，仲居・接客専従者がいることも少ない。大正期以降に関西で流行し，現在では全国の日本料理店の主流になっている。カウンター席中心なので"お一人様"でも入りやすい。京都本によると，常連客になると頼みに応じ即席で料理を作ってくれることもあるらしい。料理の品質は老舗料亭に優るとも劣らない（と思われる）。店は調理人一人で対応できる規模で，京都の場合多くは町家の一軒家である。興味深いのは，京都では客と料理人の会話もサービスのうちと考えているようで，東京とは様子が異なる[注48]。1〜3種類のコース（多分品数と献立の両方が異なる）を用意している店が多い。

　料金は，日本酒を2〜3合飲んだとして一人2〜4万円である。料亭の場合，価格の大半が歴史的継続性やアメニティなど舞台装置への対価だとすれば，法外な料金もある程度我慢できる。しかしながら，料理以外の売り物がない割烹の場合，はたしてこの価格は妥当であろうか。さらに，コース料理の場合一品ずつは少量となるので，酒飲みには欲求不満が募る。

　近年マスコミ・テレビ番組等で取り上げられる割烹は多く，どれも甲乙つけがたく美味い。しかし，（裏を返すという言葉があるので）私は同じ店に2度は行ってみるが，3度目と思った店は少ない[注49]。

③小料理屋

　小料理屋の定義や語源は不詳である[注50]。割烹と居酒屋の中間なのであろう。素人料理あ

うことを，最近になって知った。同店に行ったきっかけは数年前のNHK番組であるが，その時出演していた料理長も交代していた。京都では料理の値段に歴史も含まれているとするならば，店が売却されたのにもかかわらず，同じ店名を使い続けるのは（詐欺とは言わないまでも）背信である。東京ならばいざ知らず，売却あるいは世襲が途絶えた場合は閉店するか，店名を変えるのが，京都の規範なのではないか。

注46）銀座の有名寿司屋では，酒を含めて一人当たり4万円で腹いっぱいになる。パリの有名レストランでも，安ワインを選べばインフレ前では二人で1000ユーロ以下に抑えることができた。仏レストランのワイン庫と同じくらい全国の地酒が揃っているなら別だが，想定の範囲内にある料理と費用のバランスを考えると私は疑問を感じる。

注47）営業時間中は奥の厨房で弟子が料理を作っていて，店主は料理の説明が仕事となっている店が多い。しかし，少なくとも刺身では包丁さばきを披露してくれる。鱧の骨切りは最高の見せ場である。なお，料亭ほど制度的ではないが，割烹の主人も料理人の育成を担っている。ただし，彼らは2〜3年で独立開業することが多いようである。

注48）東京の料理人は無口である。衛生上の理由に加えて，常連客とばかり話し他の客をおろそかにすることを戒めているからだという。私の経験では西日本の料理人はよくしゃべる。ほとんどが京都で修行していた。

注49）後で考えると季節が良くなかったのかも知れない。日本では夏の食材は少ない。京料理の真髄を知るには，松茸が出回る9月中旬以降の秋冬であろう。

注50）大体にして，日本料理のひと皿ひと皿すべてが外形的に"小料理"である。江戸時代では，（腰掛けではなく）小上がりで飲食させる店が，小料理屋とされたようである。なお，風営法（1948年）に基づく地方条

るいは自らの腕前を謙遜して名乗っているイメージもある。地方都市では小料理の看板をよく見るが，京都ではほとんど見ない。

　私は，（コース料理もあるが）一品で料理を選ぶことができ，"お見送り"[注51]がなければ小料理屋だと考えている。京都では店構えは割烹と比べてさほど劣らない。居酒屋と異なる点は，品書きはあるが価格は書かれていないことである。奥の厨房で働いているのは弟子ではなく，アルバイトやパートのはずである。一人で切り盛りしているため忙しいので，店主の口数は少ない。

　本当の酒飲みは，コース料理の押し付けに抵抗感を持つのではないだろうか。言い換えると，次の肴は何にしようかと迷う楽しみが奪われているともいえる。その日の好みに応じて料理を選べば予算も抑えられる（と思う）。おおよそ一人1万円前後である。

　小料理屋は私の好みに最も合致するので頻繁に通いたいのだが，料亭・割烹と同様ひとつの季節の中で献立はあまり変わらず，料理の種類は多くない。居酒屋なら品数が多いので同じ店でも毎日飲めるが，同じものを繰り返し食べるのはつらい。これは重大な問題である。幸い京都の小料理屋は多いので，新規開拓もかねて探し歩くのは楽しみである。

④居酒屋

　日本料理店は料理が主であるのに対し，居酒屋では酒の提供が主である。うまい酒がなければ意味がないが，しかし最大の売りは活気であろう（ただし，京都の居酒屋は基本的に静かである）。また，日本料理の中核は野菜だが，居酒屋では魚（とりわけ刺身）である。手の込んだ料理は少ないが品ぞろえは多い。客席密度は高く，したがって料理人・接客係も多い。原則，料金表がある。予算は一人数千円というところであろう。

　居酒屋でも地元民が経営する店の料理には京料理を感じることがある。立ち飲み屋でさえしばしばその味にうなってしまう。カツオのたたきや馬刺しにもニンニクを使わない店が多い。ホッピーを置いている店は見たことがない。しかし，東京・大阪の居酒屋と比較すると，概して店員の愛想はよくない。京都のおもてなしは値段と比例しているのである。

　表6.3にマスコミや京都本で紹介されている（中心街にある）主な居酒屋を示す[注52]。特にたつみは異形である。昭和初期の開業で，京都繁華街のど真ん中（裏寺町）にある。四条河原町交差点の北西角から裏寺町通に入り，両側の建物の壁が途切れると異様な建物が現れる。戦後のいわゆる「……会館」という飲み屋専用テナント木造建築の走りで，かつ

　例では，一定面積以下の料理店を小料理店とする府県があった。

注51) 京都の料亭・割烹では客が見えなくなるまで主人や女将が玄関でお見送りする（「おもてなし」の原則である）。主人が見送りに出てきたとしてもすぐに引っ込んでしまうならば，その店のランクは小料理屋以下であると私は判断している。なお，東京はじめ他都市の料理店はビルテナントが多いので（お見送りはせいぜいエレベータまで）気づかなかったが，京都の店は通りに面しているので，徒歩で去るならばいつまでもお見送りされることになる。適当なところで振り返り，"もういい"と合図をした方がよいだろう。

注52) 居酒屋ではないが街中華のマルシン飯店（東山区南西海子町）を記しておきたい。午前11時〜翌朝6時まで開いているので学生に人気があり，OBも上洛の際に来店する。常に行列ができているが，15〜17時は少ない。人気は餃子と，（早く安く大きい）天津飯である。

表6．3　京都の居酒屋（煙は喫煙可，その他は禁煙・分煙）

おばんざい・海鮮・焼鳥・おでん	先斗町ますだ（中京区先斗町）	17時開店・日曜休。アサヒ瓶・日本酒は賀茂鶴のみ。カウンターに十数種の大皿が並ぶ，おばんざい屋のプロトタイプ。味は比較的濃いので，酒の肴に適している。てんぷらや鱧松茸など季節の一品料理もある。店内明るく入りやすく，若い女性客も多い。
	恒屋伝助（中京区観音町）	17：30開店・日・月曜の祝日休。サッポロ生，地酒数種類。刺身・魚介中心に品書き超多数。京都では見ないカワハギ・クエも時々ある。ポテサラ・コロッケ・カキフライなど居酒屋定番も充実している。家族連れなど客層は多様で常に満席，「お一人様」ならば8時以降がねらい目であろう。
	酒亭ばんから（中京区鍋屋町）	17：：30開店・火曜休。サッポロ生。伏見の燗酒中心だが，地方地酒も多少ある。先斗町の路地にあり見つけ難い。情緒ある木造の正統的居酒屋。刺身・京都定番・関西特有の居酒屋料理がある。味は割烹並みと思う。いつも満席だが予約はとりやすい。一人旅の若い女性客が多い。
	めなみ（中京区中島町）	15時開店・水曜休。サッポロ・キリン瓶。高瀬川・木屋町通にあり，店内明るく入りやすい。料理は居酒屋と割烹の中間で京都料理入門に適している。17時過ぎるといつも満席なので，電話した方がよい。地元の年輩常連客が多い。俳優の近藤正臣の実家。
	よこちょう（左京区難波町）	17：00開店・日曜休。京都では珍しい海鮮居酒屋。キリン生，地酒数種類。常にあるとは限らないが大間マグロなど刺身が美味い。京都の定番料理のほか丸鍋もある。客年齢は高い。比較的大きな店なので一人なら開店直後に入れる可能性高いが，電話した方がよい。
	鳥せい本店（伏見区上油掛町）	11時開店・月曜休。酒蔵伏見神聖直営の焼鳥屋。アサヒ生，日本酒は当然すべて神聖。店頭限定の蔵出し原酒は伏見には珍しくずっしりしている。焼鳥の味付けは関東でも違和感ない。築100年の酒蔵を改装した京都らしからぬ大ホール。休日には行列できるが，待ち時間は短い。食事もできる。
	赤垣屋（左京区孫橋町）	17時開店・日・月曜の祝日休。キリン瓶・日本酒は名誉冠樽酒。町家風で赤いネオンが輝く。開店前の行列で満席となる。おでんが看板だが京都の定番も多い。シメサバは独特。価格表は無いが量があるので相対的に安い。若い客も多い。修行僧のごとく皆黙々と食べる。
伝説的居酒屋	京極スタンド（中京区中之町）煙	12時開店・火曜休。キリン生，日本酒は月桂冠のみ。1927年創業。ヴォールト天井。常連風年寄と若い女性客で常に満席。呑屋・レトロバー・食堂が混然としている。長テーブル1台・丸テーブル3台，椅子はあるが立飲み風。ハムカツ・コロッケなどがあり，定食もある。
	たつみ（中京区中之町）煙	12時開店・木曜休。キリン生，瓶ビール3社。地酒数種。1928年銭湯からコンバージョンされた木造3階建雑居建築の1階。京都のど真ん中なのに場末感は超然である。カウンター立飲と椅子席半々。客層は若い女性から老人まで。料理は少量だが，天ぷら美味くイチジクには感動した。
立ち飲み	酒場井倉木材（上京区藪之内町）	17時開店・日祝休。ハートランド生と地酒3種ほど。昼は本業の材木屋を営業していて，夕方から半屋外の作業場が客席となる。カウンターもある。すぐに若い地元客で埋まる。炭火調理が特徴で，鱧の焼き霜など料理は本格的で，安い。まずは90円ポテサラを注文すべし。

て一帯は学生の盛り場であった。

⑷ 老舗対よそさん

　外国人観光客が増加するに従い京都で開業する商売人は多くなった。東京はじめ全国各地から集まってくる。日本料理店の店主にも県外出身者，つまり"よそさん"が多い。京料理の制約を脱した新しい料理の開発意欲満々で，人気も高い[注53]。

注53）しばらくして気が付いたが，よそさんの人気店の多くは京料理とは名乗っていないと思う。一方，業界の決め事に従おうという意識も弱いような気がする。新型コロナ禍において対策要請に従わず，いつも通りに酒を出すなどして，新規顧客を大量獲得した店もある。急速に知名度が上がった結果，ガラの悪い客が出入りすることになる。こうした店のひとつでコロナ自粛中のある時，暴力団風体の男達が私の隣に座った。

　しかし，京都出身の料理人達は彼らを仲間だと認めたくないようで，聞いてもいないのに，あの店の主は滋賀の人だ，などと「分別」してしまう（滋賀だからかも知れない）。既存勢力側は，京都の味は京都で生まれた者にしかわからない，よそさんの料理は異端・模造であると言いたいらしい。伝統に縛られる老舗から急速に名を馳せる新店を見ると，うらやましくもあるので"いけず"のひとつも言いたくなるのであろう。

　ところが，京都ではかつてのよそさんが成功して今日の老舗になっていったことも歴史的事実である。今日，芸舞妓のほとんどは他県出身者である。料理人にしても，京都に憧れて修行したいという思い入れは京都人より強いかもしれない。他県出身だからといって彼らの料理を否定するのは，言いがかりであろう。少なくとも，私には両者間の味の差はよく分からない。むしろ，よそさんの方が好みに合っているようにさえ感じる。また，「腕時計が器を傷つける可能性があったので，よい物は使わなかった」などという，わけのわからない嫌味を心配する必要もなさそうである（値引きしてくれるなら別であるが）。

6.3　京都の酒

(1) 日本料理に合う酒

　日本料理にふさわしい食中酒は，基本的に日本酒（＝清酒）であろう。そのためか，京都の飲食店では焼酎の種類は比較的少ない。しかし，私は日本料理に焼酎も悪くはないと思う（特に，鯖・鰹など脂がのった魚と）。ただし，芋焼酎・泡盛はやめた方がよいだろう。

　近年，和食でワインを飲む人が増えている。赤ワインは味が強いので，マリアージュするかはさておき，大抵の料理とは何とかなる。すき焼き・しゃぶしゃぶなど肉料理には最適かも知れない。

　一方，白ワインは，魚・野菜を核心とする日本料理とマッチングするように思えるが，産地銘柄によって甘い・辛いなど風味が大きく異なるので，料理によって相性が生じる。コース料理の場合，品数・食材が多いので，いちいち対応することは事実上不可能である。特に不幸にも，かずのこ・イクラなどと合わせ飲むと，いかなるワインでも絶句するに違いない。白ワインには特定の料理との運命的組合せ[注54]はあるが，一般解はない。清酒や

反社を客とする料理屋は日本各地にいくらでもあるし，最近では明白な出で立ちをした反社は少ないかも知れないが，ドレスコードは必要だと思う。静かにしていてくれればともかく，彼らは店とは不釣り合いな若い男達（女性だったならば私は文句を言わない）を伴っていて，密になったカウンターで大騒ぎするので，私は恐怖を感じた。いつもの席数から判断すると多分直前に割り込んできたと思われる。一見さんお断りの理が身に染みた。京都人がよそ者をユダヤのごとく嫌う真の理由は，味や伝統への挑戦ではなく，世間一般および京都のルールに従おうとしない姿勢にあるのであろう。

注54)　例えば，生ガキは白ワインなしでは考えられない。フォアグラと甘い白ワイン・貴腐ワインはマリアージュの典型例である。日本食でも果物を使った甘い料理と，白ワインは合うと思う。なお，赤ワインには1本百万円を超えるようなビンテージがあるが，白ワインで熟成に耐えるものは少ない。つまり本場フランスにおいても白ワインの扱いは冷たいのである。私は日本酒が取って替わるべきと信じている。

焼酎が飲めないのなら，ワインをあきらめて水かビールにした方が無難だと思う。

(2) 日本酒の現代史

　日本酒（酒税法用語では清酒）は本来，米・米麹・水のみを原料として醗酵させて，こしたものである。要するに現在でいう純米酒である。アルコール濃度は15〜16％である。

　ところが太平洋戦争中の物資不足により，三倍醸造清酒（略して三醸酒，米・米麹で作ったもろみに醸造アルコール[注55]や糖類やアミノ酸などを混ぜたもの）が開発された。兵庫の灘や京都伏見の大メーカーによって大量生産され，戦後も半世紀にわたって日本酒の主流となっていた。三醸酒は甘くべたべたしていて，私は学生時代何度も吐いたことがある。次の日の頭痛もひどかった。焼酎やウイスキーの普及もあるが，こうした記憶が日本酒離れを引き起こした原因である。

　このような日本酒の危機のなかで，昭和末期から地方の酒蔵（造り酒屋）が注目されるようになった[注56]。いわゆる**地酒**である。純米酒が基本であるが，味を調整するために醸造アルコールを加えられることもある。個々の酒蔵が独自の等級や名称をつけたので，混乱した。当時の酒税行政への反発も背景にあったといわれている。

　2006年酒税法が改正され，清酒のうち原料・製法が一定の基準を満たすものを（**純米酒・吟醸酒**などの）「特定名称酒」と表示できるとされ，それ以外は「普通酒」と称されることとなった[注57]。普通酒は日本酒全体の70％を占める。三醸酒は廃止された（要するに禁止）。現在，日本酒の生産は依然として兵庫県（1位）・京都府（2位）[注58]が圧倒的に多く，

注55）でんぷんなどを醗酵させたエタノールである。これに糖類やアミノ酸などを加えて造ったものを合成酒という。明治時代の米騒動をきっかけとして製造された。現在でも料理酒として流通している。

注56）「越乃寒梅」や「八海山」などの新潟地酒がブームの発端であった。1995年から漫画『美味しんぼ』は大酒造メーカー批判を展開し，全国の優れた地酒を紹介した。

注57）本醸造・特別本醸造・純米・特別純米・吟醸・純米吟醸・大吟醸・純米大吟醸の8分類ある。税金の多寡はあるが，酒のうまさを表しているものではない。純米の表示があれば米・米麹・水のみで製造されていること，表示がなければ10％以下ではあるが醸造アルコールが添加されていることがわかる。吟醸は高度な製法によってフルーティで華やかな香り（吟醸香）を醸し出す。明治中期にその技術開発が始まったらしい。大吟醸・吟醸・本醸造の違いは精米歩合である。それぞれ50％・60％・70％以下（米をといだ結果残った米の重量％を示すので，表示数字が小さいほど上ランクとなるが味とは関係ない）である。特別は精米歩合が60％以下または（吟醸造り以外の）特別な製法によるものであることを意味する。普通酒とは，10％超の醸造アルコールやその他の添加物を含む，あるいは（税率を低くするためなどの理由で）特別名称酒としない清酒を指す。ただし，酒税法の定義にはない（したがって，普通酒というラベル表記はされない）。普通酒を「特撰」・「上撰」などとランク分けをしているメーカーもある。なお，「生酒」・「山廃」・「ひやおろし」などは製造法を意味する。いずれも酒税法の分類とは全く関係ない。

注58）月桂冠大倉記念館によると，元禄時代（1700年前後）には洛中の酒蔵は551軒あったが，幕末には250軒までに減少したという。京都酒造組合（伏見は入っていない）ホームページによると，明治20年頃の上・中・下京区の酒造は165軒であったが，現在市内で営業している酒蔵は，松井酒造（1726年創業，大正期に中京区から左京区へ移転）・佐々木酒造（1893年創業，上京区）・羽田酒造（1893年創業，右京区）の3軒のみとなっている。酒蔵（酒屋）はかつては京都町衆の中核であったはずなのに，驚くべきことである。洛中酒蔵の消滅の理由は，生き残った酒造業者でも分からないという。一応過当競争と火災とされているが，灘の酒

両県合わせて全国の約50%を占める。全国各地のスーパーでは灘・伏見の大メーカーの紙パック詰め普通酒が陳列棚を占めている。一方，酒専門店・デパート・居酒屋では地酒の特定名称酒の品揃えを競っている。

(3) 関西酒の飲み方

　京都の料理店・居酒屋では，一般的に燗酒には伏見の大メーカー（月桂冠・松竹梅・黄桜・玉乃光）の普通酒を使い，冷酒には主に小酒蔵の特定名称酒（すなわち京都の地酒）を出している。他県の地酒を置いている店でも，2〜3種に過ぎない。そもそも京都の料理店では酒は主役ではないので，品評してはいけないのである[59]。

　それでも私が言いたいのは，京都の酒はすべて甘くて"なよなよ"しているということである。すなわちインパクトがない。全国には，甘くてもすっきり・ずっしりした酒は数多くある。私は糖尿病も鑑みず命を懸けて探してみたが，しかしながら，そうした酒は京都にはおそらくないと思う。京都府には40以上（伏見には18〜20）の酒蔵があるのに，この均質性は驚愕である。

　聞くと京都人さえ「伏見の女酒[60]」と認め，自嘲している。女酒の原因は京都の水（地下水）が軟水[61]であるため，とされている。しかし，市販のミネラルウオーターの表示ラベルを比較すればわかるように，日本の水は温泉水以外ほとんどが軟水の範疇に属する。

　一方，硬水を使った「灘の男酒」も私には女酒に感じる。奈良県や滋賀県にも地酒が多いが，すべて甘い（砂糖を混ぜているのではないかと疑いたくなるものさえある）。そのためか，関西圏以外の飲み屋で，関西の地酒を見出すのは北海道の地酒と同じくらい難しい[62]。

が継続していることを考えると，説得力はない。伏見の酒蔵も明治初期に2軒にまで落ち込んだが，その後，月桂冠による酒の保存技術の開発もあって復活した。京都市内から伏見に移転した酒蔵も数件あった。私は，過当競争については，京都の酒蔵どうしのつぶし合いに加え，明治になって流通が活発になった結果，注59に述べるように灘の酒に市場を奪われたのが本当のところではないかと思う。さらに個人的には，洛中酒蔵が消滅した真の理由は，伏見などに移転した酒蔵があったことから，地下水の枯渇だったのではないかと推察している。第二琵琶湖疏水の目的が水道水源確保であったことも，これを裏付けていると思う。

注59) 加藤［2020］によると，昭和初期における京都の酒場の酒はほとんどが灘であったという。現在，京都の酒が多くなったのは，2013年制定の京都市「乾杯条例」（京都市清酒の普及の促進に関する条例）が功を奏しているという。

注60) 京都人は何にでも「京」の冠辞をつけたがるのに，酒と茶にはつかない。伏見の酒については注58で述べるように，洛中の酒蔵が明治期にほぼ全滅したことと，伏見が京都市に編入される前にすでに全国ブランドになっていたかららしい。宇治茶については，宇治は今でも京都市ではないので当然である。

注61) 伏見の仕込み水の硬度（$CaCO_3$換算）は80mg/L程度なので，それほどの軟水とは言えない。灘はおおよそ150mg/Lなので硬水といえる。基本的に硬水の方が醸造に適しているとされるが，全国には京都を上回る軟水を使っている銘酒も多い。

注62) これは吉田類や太田和彦の居酒屋巡り番組からも明白である。関西の名誉のために記しておくと，全国的にみて燗酒にするのは灘・伏見の普通酒が断然多く，冷酒でも滋賀「松の司」・奈良「秋鹿」・和歌山「黒牛」は人気である。また私は，米生産量日本一になってからの北海道の清酒は捨て置けないと思っている。老舗の千歳鶴はじめ，いくつかの新酒蔵の酒は，最近評判のヴィンテージ酒に勝るとも劣らない。これらは

　このように関西の酒がすべからく女酒となった理由は，京都に代表される関西料理が甘いからだと思う。酒も料理に合わせて発展してきたに違いない[注63]。翻ると，日本酒を冷やして飲むのが盛んになったのは平成以降で，伝統的な飲み方は燗である。そこで伏見の酒（もちろん純米酒）を燗してみると，料理とよく合うことに気が付いた[注64]。甘さは気にならなくなり，"なよなよ"感は消失する。アルコールが気化し風味は増す。もちろん，三醸酒のツンと来る嫌な臭いではない。

　強い地酒は料理なしで飲める。すなわち主役も張れる。しかしながら，料理を引き立たせはしない。地方地酒も（少々もったいないが）ぬる燗にすれば，個性が引っ込み料理を立てることとなろう。京都では燗に限る。

　本州では全く見あたらないので残念である（北海道白糠町のシソ焼酎鍛高譚は，石垣島でも置かれているので，営業努力が不足しているのであろう）。

注63）デザートワインの例があるように，理屈からいうと和菓子と甘い冷酒は合うかもしれない（糖尿病の私は試したくない）。

注64）居酒屋巡り番組では，太田は最初から燗酒しか飲んでいなかったが，冷酒派と思われた吉田も最近燗酒を飲むシーンが多くなっている。

第7章　京都の文化と習俗

　日本の文化・習俗は地域的な配色の違いがあったとしても根幹は京都で培われたといっても過言ではない。すなわち日本人の日常生活を鑑みると，京都の風習の多くは想定の範囲内にある。それでも京都には非日常，極端にいえば狂気さえ感じることがある。

　非日常の極みは花街である。華やかではあるが，そこで働く女性達の不幸の歴史はあまり知られていない。一方，京都を語る文芸作品は多いように思われるが，実はそれほどでもなく，現代文学では舞台装置としてとりあげられているに過ぎない。また，京都市内にはモザイクのように被差別部落の痕跡があり，これも地方人から見ると驚きである。部落差別は近代から続くわが国の代表的な負の歴史であり看過できない。しかしながら，それを正面から解説しているガイドブックや京都本は皆無だと思う。本章では私なりに京都の深淵を探る。

7.1　京都の花街

(1) 花街の基礎知識

　性風俗に関する用語は同義語・類義語が多い。また，時代・法令・地域（要するに東京か，大阪か，京都か）の違いによって意味するところが異なる。現在では死語となっているものも多い。映画や歌舞伎等で見聞きするが，正しい理解は難しく誤解もあろう。以下に京都花街に関する用語を解説する。

①花街

　広辞苑によると，花街と遊郭（郭）^{注1)} は同義語で，「多数の遊女^{注2)} 屋が集まっている一定の地域」とある。要するに（札幌すすきの・東京歌舞伎町・福岡中洲などに代表される）歓楽街を意味した。しかしながら，今日の京都五花街は「お茶屋」と「置屋」が集積する

注1）花街・遊郭（郭）・色町（色里）・傾城町は漢語の同義語で，江戸時代においては幕府公認の歓楽街を指した。明治になると，歌舞音曲を中心とするエリアを花街，歓楽のみのエリアを遊郭と区別するようになり，東京ではそれらの分離が進んだ。しかし，京都ではあいまいなままであったので，これが様々な誤解や幻想をまねく原因となっている。

注2）平安時代には白拍子など歌舞を主とする女性芸能人を指した。『平家物語』の祇王・仏の挿話からわかるように，有力者の愛人となることもビジネスの一端だったのであろう。近世において遊女は遊郭の売春婦を意味するようになるが，歌舞はもちろん古典・漢籍などの教養においても優れていることが求められ，最高位の遊女には太夫の称号が与えられた。吉川英治の『宮本武蔵』に出てくる二代目吉野太夫が有名である。太夫は京都では続いたが，江戸においては18世紀に消滅する。一方，花魁は江戸吉原の高位の娼妓に与えられた称号である。近世における遊女の供給源は，時代劇に出てくるように貧農や都市の下層民衆の子女の身売り奉公（要するに人身売買）で，そのビジネスモデルは戦前まで続いた。なお，女郎とは遊女全般を指す場合もあるが，娼妓を意味する方が一般的と思われる。

地域を指し，もちろん歓楽街ではなく，府・市が指定する伝統建築や景
観の保存地区で，京都観光の要所である。なお，「はなまち」とは東京
の呼び名である。

②お茶屋

写真7．1
許可証

今日の京都の**お茶屋**^{注3)}は，要するに会員制レンタルスペース業で，芸
妓・舞妓を呼んで「お座敷遊び」をさせる家（形態は民家）である。その
典型的な常連は京都の大店主人，現代では企業役員ということになろう。お
茶屋の玄関には**写真7．1**に示す営業許可証が貼られている。1階は家のプ
ライベート空間で，2階に2〜3室の座敷がある。大きな宴会場や厨房は
ない。料理はすべて仕出しで賄われる。

お茶屋は女将（おかみ）によって経営される。彼女はお座敷遊びの総合プロデューサーである。客の
酒食の好みを熟知していて，ひいきの芸妓・送迎車・お土産や，場合によっては二次会・
宿泊まですべてを手配する。出入り業者は多岐にわたるので，費用はお茶屋が立て替え，
客にはまとめて2〜3か月後に請求するらしい。かつては節季払い（盆と暮れ）だったそ
うである。このようなビジネスモデルなので，一見さんが入り込む余地は必然的にないこ
とが分かる。

新人が常連（つまり会員）となるためには，まず既存の常連客に同伴してもらい女将に
認めてもらう必要がある。これは徹底していて，たとえお茶屋Aの常連客であっても，お
茶屋BではBの常連客と一緒でなければ利用できない。また，同一花街で常連に
なれるのは一軒のお茶屋のみ，という暗黙のルールがある。したがって，京都花街では客
の奪い合いは生じない。まことに京都らしい。

お座敷遊びの総額は客・お茶屋双方の都合がありベールに包まれている。伝聞を総合す
ると，芸妓・舞妓・地方（じかた）（三味線引き）の1ユニット3人の花代（はなだい）は比較的明朗で約15万円
らしい。料理は一人1万円強，したがって，4人合計で20数万円というところか（それで
も高級料亭より安い）。しかも，客の人数が多ければ割安になる。

③置屋

置屋（おきや）（屋形ともいう）はかつて遊女を住まわせている家であったが，現在では舞妓が住
みこみで花街のしきたりや京ことば（むしろ花街語と言う方が適切らしい）を学ぶ疑似家
庭で，芸妓・舞妓をお茶屋などへ派遣する芸能プロダクションとなっている。ここも女将

注3） お茶屋は京都のみの呼称である。貸席（業）ともいう。揚屋（あげや）は，自前の厨房・大宴会場・中庭・茶室な
どを備えた大規模茶屋で，お茶屋より格上とされたらしい。貸座敷（業）とは1873年京都府が制定したお茶
屋や遊女屋などに対する総称で，官製用語である。席貸（貸席の間違いではない）は芸妓・娼妓・雇仲居な
どを呼んで遊ぶ家で，料理は出さなかったらしい。明治以降木屋町など花街の周辺に集中した。単なる連れ
込み旅館とは異なり，一見さんお断りの粋な場所とされ，谷崎潤一郎や川端康成も宿泊した。下河原町の石
塀小路はかつての席貸街である。待合はお茶屋とほぼ同義語の東京の用語で，江戸時代の出会茶屋を源流と
する。現在ではお茶屋以外すべて死語となっている。

によって経営されている。なお，現在ではお茶屋が置屋も兼ねている場合が多い。

④検番（組合事務所）

　検番は置屋と派遣先をつなぐ仲介機関で，現在全国的にほとんどが「組合事務所」と名を変えているはずである。京都では花街ごとに組合事務所があり，健康保険組合の看板を掲げている。芸舞妓の稽古も主催する（黒板に稽古のスケジュールが掲示されている）。

⑤芸妓・舞妓

　芸妓（芸者・芸子）は，かつての遊女から分化し舞踊・音曲で宴会に花を添え，客をもてなす女性である。かつては古典・漢籍などの教養においても秀でていることが求められていた。なお，「げいこ」は京都のみの読み方で，法令上では「げいぎ」で舞妓も含む。

　舞妓（舞子）は今日の京都の場合，芸妓の見習いである（江戸では半玉といった）。現在の舞妓は中学を卒業して置屋に住み込み修行する。まず「仕込み」と呼ばれる1年間の基礎教育（礼儀作法・しきたりを学ぶ）を経て舞妓となり，20歳前後で芸妓に"出世"する。このような育成制度は京都特有であるが，いつ確立したのかは不明である。芸妓は鬘を着用するが，舞妓は地毛が規則なので大変なようである。その他様々なしきたりがあり，上下関係や稽古は厳しいらしい。苦しい修行の末芸妓となっても，結婚するならば廃業しなければならない。現代では考えられない制度である。したがって，戦後における女性の社会進出や風俗産業の多様化とともに芸舞妓は減少した。しかし，近年の観光ブームのためか舞妓の希望者は増加しているという。

　なお，娼妓とは芸妓の対語で，遊女から分化し売春を本職とした女性である[注4]。取り締まり当局の用語であったが，戦後には死語となった。

⑥歌舞練場

　歌舞練場は各花街専用の劇場で，芸舞妓の歌舞・楽器の練習場でもある。1958年の売春防止法施行以降，その存在は花街であるための必要十分条件のようになった。なお，五花街のうち祇園東は現在独自の歌舞練場を持たず，祇園会館（普段はよしもと祇園花月が公演）を借りている。

(2) 花街の歴史

①室町〜安土・桃山時代

　売春は最古の職業のひとつとされる。わが国において遊女屋（管理売春）がいつ生まれたのは定かではない。加藤［2009］によると，南北朝時代から人の集まる寺社の門前に茶屋（すなわち喫茶店）が建ち始め，東寺南大門の茶商人が書いた1411年の文章には「遊君」と呼ばれた接客婦の記述があったという。そうした遊女屋が集積して遊郭となった。

　安土・桃山時代には現在の京都御苑の南側の街区（二条柳）と宮川町に遊女屋があった

注4） フリーの私娼もいた。また，それとは別に雇仲居という派遣型仲居が多数いた。接客や売春あるいは単身赴任者のための契約（有期の）妾にもなるという便利な存在だった。組織化されていたが登録脱会は自由であったらしい。現在の派遣型風俗業の源流であろう。

120

と言われている。前者は1589年に豊臣政権から許可され，歴史上最初の官許の遊郭となったが，1641年に現島原に移転した。

②江戸時代

公認の遊郭はしばらく島原のみであったが，17世紀後半になると，祇園など人が集まる場所に茶屋[注5]が営業されるようになり，「茶屋町」が形成された。そこには女性の接客係（茶点て女などと呼ばれ建前上売春はしない）がいたが，徐々に遊女が許されるようになり，取り消し・許可・再編を繰り返しながら明治に至った。この間，現在のようなお茶屋・置屋・仕出し屋の分業体制（いわゆる三業）が形成されていった。

一方，下河原（八坂神社の南）には秀吉の北政所が集めたという白拍子をルーツとする舞の専門芸者群がいて，遊女のいない花街（下河原と三本木[注6]）を形成し，次第に祇園に進出していったという（加藤［2009］）。

こうした流れの結果なのか，江戸時代後期には遊女は歌舞を本職とする芸妓と売春を本職とする娼妓に分化していたが，京都では両者は戦後まで同じ花街の中で混在していた。

③明治・大正時代

明治維新早々，新政府は芸娼妓の改革に取り組み，1872年（明5）に芸娼妓解放令[注7]を発した，彼女らは奴隷状態から名目上解放されたが，根本的解決にはならず，近代公娼制度の整備が進められていくことになる。

京都府も花街・遊郭の改編に努めた。1870年（明3）において京都府にあった営業免許地は22ヵ所であったが，1882年には15ヵ所となった。

図7．1は当時の京都市内にあった主な花街，表7．1はそれぞれの1895年（明28）・1913年（大2）・1929年（昭4）における貸座敷数（お茶屋等を指す官製用語）・芸妓数（舞妓含む）・娼妓数である（当時墨染と中書島は市外であった）。時代とともに花街は確実に拡大していった。特に娼妓の増加が著しい[注8]。娼妓も芸舞妓と同じお茶屋に上がったという。

注5）前項で述べた現在の五花街のお茶屋とは異なり，茶・酒・料理を供する単なる飲食店であった。料理のグレードによって水茶屋・煮売茶屋・料理茶屋などの分類があったらしい。境界ははっきりしない。湯豆腐専門の豆腐茶屋は南禅寺界隈に多かったという。円山にあった安養寺は六つの塔頭を料亭や貸座敷にしていた。赤穂浪士の円山会議はこれらの塔頭のひとつで行われたと見られている。現在，左阿彌のみが存続している。また二軒茶屋という言葉がある。一般的に茶屋街には多数の茶屋があったが，2軒しかない場所を二軒茶屋と呼んだらしい。祇園社（八坂神社）南楼門前に向かい合っていた中村屋（現中村楼）と藤屋の二軒茶屋が代表である。どちらも祇園豆腐を名物とした。前者の人気が高く，後者は明治初めに廃業した。また北野天満宮には三軒茶屋があり，『東海道中膝栗毛』では弥次喜多が引っ掛かった。

注6）前者は東区下河原町，後者は上京区鴨川右岸丸太町通北側の東西の三本木通に囲まれた街区（維新後に新三本木となった）。ともに明治初期に消滅した。桂小五郎（木戸孝允）の妻となった幾松は三本木芸者だった。

注7）同年に起きたマリア・ルス号事件（横浜港に停泊していたペルー船の清国人労働者230人を，日本政府が奴隷だとして人道上の観点から解放した事件，国際仲裁裁判所で争われ，1875年日本が勝訴した）が契機になったとされるが，7月の事件発生と10月の発布が近すぎるので，直截影響したとは考え難いとされている。

注8）府県別人口当たりの京都の芸妓・娼妓の数はいずれも全国1位であり（2位は大阪），井上章一氏が言うように京都は“エロい町”であったことがよく分かる。第一次・第二次産業が少ない京都府は，風俗産業によって支えられていたのである。なお，芸妓中心の祇園甲部と，娼妓中心の七條新地や五番町の客の遊興

また，花街ごとに特徴があったことがわかる。

④昭和時代

　昭和期に入っても京都では芸妓・娼妓の混在は続いた。そして，戦前まで彼女らは依然として人身売買と過酷な労働環境下に置かれていた[注9]。

　京都府は彼女らを恥部として排斥しようとしたが，一方で重税をかけた。瀧本［2020］によると，戦時中における京都府全税収の約8～13%は花街からで，非常に大きな割合を占めていたという。彼女らはまさに「性奴隷」であって，戦中の京都は性産業が支えていたのである。

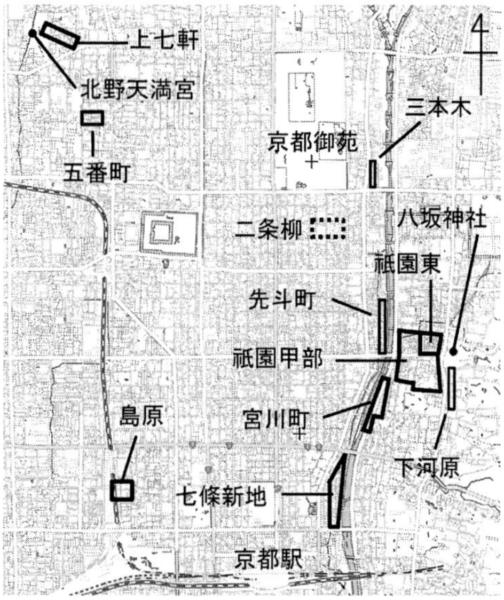

図7.1　現在の五花街と消滅した花街

　現在このような暗い花街の歴史は一般の人々には知られていない。封印されているといってよい。日本人は都合の悪いことは忘れてしまう，あるいはなかったことにする。しかし，京都を見れば日本がわかるのである。

表7.1　明治から昭和初期の京都花街の状況

	花街名	1895年（加藤［2009］）			1913年（加藤［2009］）			1929年*		
		座敷数	芸妓数	娼妓数	座敷数	芸妓数	娼妓数	座敷数	芸妓数	娼妓数
京都市内	上七軒	28	67	8	36	64	2	33	65	0
	祇園甲部	258	398	96	451	617	103	408	702	39
	宮川町	153	98	178	327	269	297	359	429	341
	先斗町	132	139	56	178	221	30	169	245	15
	祇園乙部	145	35	236	197	91	244	215	212	236
	島原	28	12	82	105	43	288	93	50	483
	七條新地	129	23	421	232	24	1101	208	6	1340
	五番町	39	0	148	128	49	469	112	57	681
伏見	中書島	不明	不明	不明	不明	45	不明	67	不明	234
	墨染	Wikipediaによると，1878年芸妓3名，娼妓11名								

＊座敷数は上村［1929］，芸娼妓数は瀧本［2020］による。なお「座敷数」とは「貸座敷業」の数，すなわち「お茶屋」の店舗数を意味する。

　1946年（昭21）GHQ（連合国軍最高司令部）は公娼廃止指令を発した。これによって廃業した花街もあったが，娼妓を分離して赤線（地帯）[注10]として半公認で売春を続けた花街

　費には，10倍以上の差があったという。

注9）今日の外国人技能実習生制度においても，公認団体による組織的人身売買の疑いがあるのを誰もが知っているが，事実上放置されている。朝鮮人慰安婦問題もこのようなスキームの結果であろう。

注10）警察の地図で赤線で区画されていたことに由来する。多くは旧遊郭がそのまま赤線となったが，娼妓を分離して赤線とした花街もあった。祇園甲部の場合，現在の南座の北側に赤線があった。また，青線（地帯）

もあった。しかし，その赤線も1958年（昭33）の売春防止法で消滅し，現在の五花街が
残ったのである。

(3) 現在の花街

　売春防止法を生き残った五花街すなわち上七軒・祇園甲部・宮川町・先斗町・祇園東に
おいても，戦後一貫してお茶屋と芸舞妓数は減少している。

　表7．2は五花街の現況をまとめたものである。2007年と2022年を比較すると，舞妓数
は2割減にとどまっているが，芸妓とお茶屋数は激減していることが分かる（新型コロナ
禍も影響しているかもしれない）。すなわち，舞妓希望者は一定数いるが（アイドル志望と
同じような動機なのであろう），彼女らは芸妓には"出世"したくないらしい。

表7．2　京都五花街の現況

花街名	公認された年	2007年（西尾［2007］）			2022年*		
		お茶屋数	芸妓数	舞妓数	お茶屋数	芸妓数	舞妓数
上七軒	寛永年間（1624〜'43年）	10	18	7	10	13	4
祇園甲部	寛文年間（1661〜'72年）	74	86	28	53	46	25
宮川町	1751年	37	40	27	29	25	20
先斗町	1813年	32	41	10	20	26	9
祇園東	祇園甲部と同じ	12	11	5	7	6	4

＊2022年花街のをどりパンフレットによる。お茶屋数には置屋も含まれる。

　一方では，面倒なお茶屋遊びを敬遠した客がクラブ・バーに移り，その結果お茶屋が廃
業し芸妓の需要が減ったということもあるのかもしれない。パトロンの減少や後継者問題
など，お茶屋の経営悪化もあろう。花街は斜陽産業化している。お茶屋遊びは秘密結社も
どきであり，私とは無縁のどうでもよいことではあるが，着物やかんざしなどの伝統工芸
の衰退に繋がるとなれば，由々しきことである。ライフサイクルにわたって芸妓を"持続
可能"な仕事にする改革が必要である。

①上七軒

　北野天満宮東参道沿い一帯。15世紀半ばの北野天満宮再建の際，余った材木を使い7軒
の茶屋が建てられたのが名の由来だとされる。芸妓中心の小規模な花街であった。西陣の
旦那衆がお得意さんで，『古都』の千重子の父親が通っていた。

②祇園甲部

　前身の祇園[注11)]は祇園社（八坂神社）の門前の茶屋町で，祇園町南側および新橋通・東

とは，非公認の（営業許可をとっていない店舗が集積する）歓楽街であった。

注11)　祇園という地はもとは祇園社領であって，八坂神社西楼門から鴨川に至る広大な一帯であった。茶屋街
　　　は四条通の両側のみだったが，その後四条通の北側一帯および鴨川左岸が開発され拡張された（八坂新地）。
　　　明治になると上知令によって建仁寺敷地の北側が祇園花街に組み込まれた（すなわち当時の祇園新地で現祇
　　　園町南側）。その後の市電敷設（1912年開業）によって四条通の北側が拡幅されたのに伴い，立ち退きが強

大路通・四条通・縄手通に囲まれた地域であった。1881年（明14），このうち祇園乙部（現祇園東）が分離し，残りの部分が甲部となった。すなわち祇園甲部は，四条通と花見小路通を座標軸として，南の祇園町南側と，北西の地域とに二分されている。

　祇園町南側中心を貫く広小路通は，花街のみならず京都の街並みの代表である。歌舞伎忠臣蔵のモデルとなった一力茶屋は，四条広小路交差点東南角にある。京都らしく辻子・路地が入り組み，置屋が並び深淵な京都となっている。置屋の玄関には所属する芸舞妓の名札が掲げられていて，極めて風情がある。

　北西の地域はスナック・バーなどのテナントビルが多い。テレビによく出てくる老舗お茶屋冨美代の向かい側はキャバクラである。しかしながら，白川沿いおよび北側の元吉町あたりは京都を代表する花街の町並みを維持している。特に辰巳大明神は映画やテレビ番組で頻繁に取り上げられている。その背後の祇園新橋は「重要伝統的建築物群保存地区」（京都府）に指定されている。昼は観光客がひしめき合うが，祇園町南側と異なり料理屋が少ないので夜には暗く閑散とし，風情がある。

③宮川町

　中京区の宮川筋2～6丁目。出雲阿国の時代から多くの歌舞伎役者が住んでいて，当時すでに遊女屋もあったという。その後，若衆歌舞伎（現在の歌舞伎の源流）の小屋が並び，男娼の町となったこともあった。

④先斗町

　中京区先斗町。芸妓中心の花街であった。先斗町通には車が進入できないので，舞子と出会う確率が高い。かつてのお茶屋のほとんどは，料理屋や居酒屋となっているが，祇園東のような醜い雑居ビルはない。前面道路が狭小のため建替えができなかったことが幸いして，景観が保たれているのだと思う（おそらく，建築基準法上用途変更もできないのではないか）。

⑤祇園東

　新橋通・東大路通・四条通・花見小路通に囲まれた地域。1886年祇園甲部から祇園乙部として分離し，戦後に祇園東に改名した。分離した理由は，**表7．1**からわかるように，甲部が芸妓中心なのに対し，乙部は娼妓中心だったからであろうと想像する。お茶屋の建物は，大正時代から次々と小規模なカフェー（現在のクラブ・バー）や飲み屋の集合体にコンバージョンされていった。現在も地方都市の場末に残る“……会館”の発祥の地である。会館は本来木造低層建築であるが，祇園東の道路は比較的広いため，戦後になると中層テナント雑居ビルに建替えられ，水商売がひしめき合う盛り場となった。花街の面影は全くなく，お茶屋を見つけることも難しい。

　いられた。また風紀上の観点から通りに面したお茶屋の営業が禁止されたため，四条通に面した街区は現在のような商店街に変貌していった。南側の一力亭のみが当時の位置で残っている。

(4) 消滅した花街

①島原

　下京区西新屋敷町に当たる。1589年に豊臣政権から認可され，歴史上最初の官許遊郭となった。はじめは現在の夷川通・寺町通・二条通・柳馬場通に囲まれた街区（二条柳，図7．1点線）にあったとされる（有名な二代目吉野太夫もここにいたことになる）。当時この地域以外では遊女をおくことが禁止されていたので大変栄えたが，御所（あるいは二条城）に近く適当でないということで，東本願寺の北側（六条三筋街）を経て，1641年現在の地に移転させられた。あまりに急だったので，当時起った島原の乱になぞらえて島原と呼ばれるようになったという。

　その後，立地に劣るため祇園などに押されて斜陽化していった[注12]。1851年の火災を契機に急激に衰退し，明治以降は娼妓中心となった。1977年お茶屋組合が解散し現在は住宅街となっている。花屋町通の大門・置屋の輪違屋・旧揚屋の角屋が残っている。

　輪違屋は置屋兼お茶屋として現役である（非公開）。現在でも太夫が数人いて，イベントなどで道中披露を行っている。角屋は「角屋もてなしの文化美術館」として公開されている[注13]。大規模木造2階建てで，林屋［1962］が桂離宮と比較するほど建築的に非常に優れていると思う。特に2階では，桂の離宮の粋とは異なる粋が凝らされている。座敷ごとに異なる趣向があり，それに沿って襖絵・釘隠などの意匠が統一されている。これに比べると国宝建築の内装は単調極まりない。毎夜多数のろうそくが掛けられたため内壁が黒く煤けているのは残念であるが，かつての繁栄ぶりの凄味が感じられる。建物は使われてこそ価値がある。

②七條新地（五條楽園）

　下京区の五条通・鴨川・七条通・高瀬川に囲まれた地域。18世紀初頭に妙法院が御土居を破壊して造成した土地にできた茶屋町で，1790年認可された。娼妓中心の遊郭であった。戦後は赤線を経て，売春防止法施行以降は花街五條楽園[注14]として生き残りを図ったが衰退していく。2010年，5人のお茶屋経営者が売春防止法違反

写真7．2　五條楽園お茶屋三友

注12）　行政上の都合なのか後発の遊郭に階層を設定し，総元締めを島原とした。要するに冥加金が斜陽の島原に上がってくる仕組みである。この制度は幕末まで続いた。

注13）　1階の大広間では新選組が宴会を度々開いた。隊員同士の喧嘩によってつけられた刀傷も残っている。芹沢鴨は角屋で飲んだ後暗殺されたらしい。花街では節季払いが常識であったが，新選組は踏み倒すことが多かったので現金払いになったという。

注14）　七条新地には遊郭時代から花街の条件である歌舞練場があった。それを名目に「お茶屋」として営業できたようだ。旧五条會館歌舞練場は五条会館と改名して存続している。他の京都の赤線には歌舞練場がなかったか，あるいは有名無実化していたため，すぐに消滅した。

で逮捕されたのを機に，全てのお茶屋は休業することとなった。閉鎖されているが，「本家三友」というお茶屋の建物が残っている（**写真7.2**）

③五番町

上京区五番町と四番町に当たる。北新地または西陣新地ともいう。北野天満宮の参拝客相手の茶屋街が始まりで，1790年に認可された。明治以降，西陣の職工が通う廉価な遊郭となり，金閣寺放火犯も実際に3度通ったという。水上勉の『五番町夕霧楼』の舞台である。1958年売春防止法施行を契機として廃業し，現在一帯は住宅地になっているが，旧遊郭と思われる建物も多少残っている。なお，花街組合の跡地には映画館千本日活が建てられ，現在は成人映画専門館となっている。

⑤墨染

伏見区橦木町（しゅもく）にあった。京都では最も小規模な花街であった。遊女屋は1600年頃からあったという。歌舞伎忠臣蔵の大星由良助が放蕩した一力屋は祇園町南側の万屋（万の字を分解する一と力となる）であるが，現実の大石内蔵助は（安い）橦木町の萬屋（よろずや）に通っていたとされる（実際は笹屋が多かったらしい）。山科にあった内蔵助の隠遁地から橦木町まで直線で約5kmと意外と近い。しかし，稲荷山を越えるか大回りしなければならないので大変だっただろう（祇園の方が近いと思う）。1958年売春防止法によって廃業した。現在は全くの住宅街となり，花街を偲ばせるものは「橦木町郭入口」と（比較的新しい）「よろづや（萬屋）」の石碑のみである。

⑥中書島

伏見区の東柳町・西柳町にあった。伏見港があったため高瀬川開削後，遊郭ができた。1688年当時の代官によって認可されたという。交通の要所であったことや陸軍16師団駐屯地が近かったことで，戦前まで非常に栄えた。売春防止法以降は花街として残ったが，1970年（昭45）完全に廃業し，現在は住宅街となっている。路地に入るとそれらしい残照は見つけられる。花街があった場所とは少し異なるが，京阪本線中書島駅前にはおびただしい数のバー・スナックの看板が並ぶのは，そのゆかりであろうか。

7.2　京都の文学

⑴ 古代

歌集を除けば京都の古代文学の代表は，ともに11世紀初頭に著された**清少納言**の『**枕草子**』と**紫式部**の『**源氏物語**』である。作者同士も彼女らの主人同士もライバル関係にあったことは極めて面白い注15)。同時代に**和泉式部**もいた。

注15) 彼女らの時代（1000年前後）の一条天皇の最初の皇后は藤原道隆の娘定子で，清少納言はその女房（部下）であった。定子は1001年に没し，前年の1000年道隆の弟の藤原道長は999年に女御（側室）として送り込んでいた当時13歳の自分の娘彰子を強引に皇后にした（以降，二人の皇后が可となる）。しかし，一条天皇は定子に未練があったようである。他のライバルの女御も多い中，道長は一条天皇を彰子のもとに呼び寄

126

『源氏物語』は要するに光源氏の不倫話なのであるが，明るい不倫ではなく父親（天皇）の後妻に子供を産ませるという，超弩級のハレンチが物語の根底にある。今日でも皇室に対してこのような設定をすれば，社会から抹殺されるに違いない。明治維新から終戦の間に焚書に会わなかったのが不思議である。それにもかかわらず，（藤原道長がモデルだとすれば，物語上ではほぼ当事者に当たるはずの）一条天皇もこれに興じていたというのだから，私は理解に苦しむ。

平安末期には，昔話の源流で（「今は昔」で始まる）説話文学が生まれた。『宇治拾遺物語』（完成されたのは13世紀始めだが，11世紀の『宇治大納言物語』が基になっている）と『今昔物語集』である。両者には共通している話が多い。『鼻』・『羅生門』・『芋粥』など芥川龍之介が短編で取り上げている。平安時代の庶民の風俗がよくわかる。

(2) 中世

古代文学を読むにはそれなりの訓練が必要であるが，中世まで下ると素養がない者でも本の注記を頼りに原文を読み通すことができる。しかも現在では，インターネットで古語の意味や現代語訳をすぐに検索できる。

中世文学の代表は『方丈記』・『徒然草』・『平家物語』・『太平記』であろう。鴨長明の『方丈記』は，12世紀末すなわち平家物語の時代の天変地異や世相が述べられている随筆で，歴史に興味がある者にとっては一次資料として面白い。14世紀の吉田兼好の『徒然草』はひがみ老人のたわごとで，苦労して読む価値はないと思う。『太平記』は室町幕府が編纂したフィクションで，テーマを持った文学作品とは言えない。第一に冗長である。

これらに対して，13世紀に編纂されたという『平家物語』注16)は軍記物語あるいは仏教説話ともされるが，私は純文学だと思う。ただし，読むために一定の仏教知識は必要である。登場人物のセリフは（まるで見てきたかのような）臨場感にあふれ，彼らの生き方・考え方がよく伝わってくる。書かれている内容は，多少の脚色（年代の編集など）はあるがほぼ史実だとされている。

『平家物語』の主役は平家注17)でも平清盛でもなく，事実上のラストエンペラーとなった

せるために1006年紫式部を彰子の女房として送り込み，『源氏物語』を書かせた。すなわち，『源氏物語』は一条天皇の興味を引くため，ひいては道長の出世のための道具であったのである。なお述べた通り，宮廷にいた時期がずれているので，清少納言と紫式部が直接対峙していたことはなかったらしい。

注16) 物語は，まず1177年鹿ケ谷の謀議とその結末から始まる，島流しとなった俊寛や藤原成親の運命の分かれ目が興味深い。続いて福原遷都に象徴される平家の絶頂と混乱が描かれる。1181年清盛の死を境として後半はまさに軍記物となり，以仁王令旨・源氏挙兵・平家都落・義仲入京・一の谷・屋島・壇ノ浦へと進む。最後は，1186年建礼門院（清盛の娘で安徳天皇の母）が，大原の寂光院で訪ねてきた後白河法皇に，30歳に満たない彼女が体験した栄枯盛衰を六道輪廻に例えて述懐し，諸行無常を締めくくっている。

注17) 平家とは，武家の桓武平氏統高望王流の清盛の一族のみを指す。清盛の義弟平時忠は公家の高棟王系統であるが，行動を共にしていたので平家一門の中に入っていた。したがって，源平合戦は《オール源氏・反平家武士》対《平家・伊勢平氏・（平家とつながりが強かった）西国武士》，あるいは《東国武士》対《西国武士》ともいえる。なお，源・平は平安時代に皇族の臣籍降下の際に天皇から授与された氏族名である（他

後白河法皇である。彼が軸となって物語は進むが，実にいい加減な男である（清盛の方が
よほど筋を通している）。また，延暦寺・三井寺・興福寺などの仏教勢力同士の抗争や，彼
らの政権に対する影響力が具体的に書かれていて，教科書にない生々しさがある。

　その他にも，平重盛・宗盛・知盛，源頼政・義仲・義経，文覚など当時の有名人のキャ
ラクターが生きいきと伝わってくる。義経が滅亡したところまでは描かれていないが，彼
も盛者必衰の理に絡めとられたのであり，そうなった理由が彼自身の人柄にあったことも
よくわかる。組織の中にあっては今日でも通用する戒めである。

　一方，肝心の清盛については，専横ぶりはよくわかるのだが，その人格が具体的に伝わっ
てこない。源頼朝[注18]についても，私には無機的な行政機関代表としか見えず人間らしさが
全く感じられない。天下を取るような偉人は凡人を超越した存在なのであろう。

(3) 近世・近代

　近世から近代まで，江戸と大阪に文化の中心が移ったためか，京都には（純）文学と呼
べるものは現れない。よくとりあげられるのが梶井基次郎の短編『檸檬』（1924年）である。
文庫本で9ページしかないが，なぜか評価は高い。（当時の京大生の散歩コースだった）寺
町通を下って当時三条通麩屋町にあった丸善（現京都丸善は河原町通にある）で悪ふざけ
をするという内容である。作者は結核と精神を患っていたので独特の感性を持っていたの
であろう。鮮烈な文章には感心するが，意図するところについては何度読み返しても俗物
の私には理解できなかった。

(4) 現代

　現代になっても京都を舞台とした文学作品は少ない。（移住したほどの京都好きだった）
谷崎潤一郎の『細雪』（1946〜'48年）では，京都が登場するのは主人公たちが花見旅行を
した3日間のみで，小説のテーマとは直截の関係はない。

　松本清張作品では4つの作品[注19]に京都が出てくるが，単なる名所観光地として扱ってい

に，古くは蘇我や橘など多数ある）。武家ではなく公家の源・平の系統も多数あった。

注18) 武家の源氏には，信濃源氏や近江源氏などというように各地に源を名乗る一族が多くいた。その中で，
源満仲から続く清和源氏の「嫡流」があり，当時は誰もが頼朝を源氏の棟梁と認めていたらしい。したがっ
て，（義仲は親の代の遺恨のため従わなかったが）宇多源氏や甲斐源氏も含め頼朝のもとでオール源氏が形
成できた（ただし，源季貞という武将はただ一人最後まで平家方だった）。一方，桓武平氏の武家系統（高
望王流）には嫡流というものがなく，子孫は関東の北条・梶原・三浦のように各地で地侍化していった。伊
勢を地盤としていた伊勢平氏のみが平を名乗っていて，平家はその出身だとされる。『平家物語』の中では
平氏という言葉は3か所しか現れない。義仲が比叡山にあてた「木曽山門牒状」に2か所（平家は1か所），
平家一門が同じく比叡山にあてた「平家山門の連署」に1か所あり，自らを平氏と呼んでいる。源平合戦当
時は平家のみが平氏であるというのが一般的な認識だったのかも知れない。

注19) 短編『顔』（1956年）のクライマックスは，主人公の犯人が殺すつもりで福岡に住む目撃者を京都駅に
おびき出したが，待ち合わせ時間前に円山公園の平野家で偶然相席して，同行していた刑事とともに「いも
ぼう」を食べるというシーンである。『球形の荒野』（1960〜'61年連載）では南禅寺・西芳寺・都ホテル（現

るに過ぎず，京都人の登場はほとんどない。

　正面から京都をテーマとしているのは，1950年（昭25）に起きた金閣寺放火事件を題材とした『金閣寺』・『五番町夕霧楼』・『金閣炎上』の3作品と『古都』のみであろう。

① 『金閣寺』（三島由紀夫著，1956年）

　金閣寺放火事件犯人の学僧（21歳）が述べたとされる「虐げられた絶望感から"美"に対するねたみをおさえきれなかった」などの新聞記事が議論をまきおこした。（焼失前はよくわからないが）現在の金閣をみると，燃やしてしまいたくなる気持ちは分からないでもない。三島由紀夫も強く刺激されたらしい。

　貧しい寺で生まれ，金閣寺の住み込みとなった吃音の学僧が，住職との確執や世間への反発に懊悩し，幼少時から尊崇していた金閣に放火する。第一人称で書かれているため，後の三島の自決事件を考えると主人公に彼自身を重ね合わせているように読めてしまう。しかし，小説の主人公は自殺するつもりはなく，裏山（左大文字山）にのぼり，自殺のため準備したナイフや睡眠薬を放り出し「生きようと私は思った」と結んでいる。主人公の大学同級生で障害を持つ柏木が語る，禅問答「南泉斬猫」の解釈は，『カラマーゾフの兄弟』の「大審問官」を思い起こす。

　戦中をはさんだ数年間の京都の様子がよくわかる（しかし，三島は京都には住んだことはない）。また，焼失前の金閣の姿が詳細に記されていることはもちろん　主人公が訪れた南禅寺・嵐山・新京極通・建勲神社・妙心寺の描写も素晴らしい。

　『金閣寺』を映画化した1958年大映作品「炎上」（市川崑監督・市川雷蔵主演）も傑作である[20]。特に柏木役の仲代達也は，主人公を破滅に導くメフィストフェレスを思わせる。映画の主人公は事実と同じく自殺を試みたが果たせなく逮捕される。しかし，原作とも事実とも全く異なり，列車護送中に犯人は飛び降り自殺し，映画は唐突に終わる[21]。

　ウェスティン都ホテル）が，主人公の久美子と戦時中に死んだはずの父親が接触する舞台として詳しく描かれ，物語中盤の山場となっている。短編『火と汐』（1967年）では物語の冒頭，主人公の不倫旅行で五山の送り火を見物中相手の女が失踪する。送り火の描写が秀逸である。『Dの複合』（1965～'68年連載）では，京都の出番は駅前の運送会社と木屋町のキャバレーのみだが，京都が謎解きの要の地になっている。

注20）わが国の映画もまた京都が発祥である。日本最初の撮影所は1910年開設の牧野省三と尾上松之介が活躍した「二条城撮影所」であった（二条城北西角に石碑がある）。その後，映画産業の中心は関東に移るが，関東大震災後再び京都に戻り，隆盛を極めた。中小大手の撮影所が太秦地域に集中した（経営難の寺の境内を借り受けたらしい）。「炎上」や「古都」も京都で撮影された（東映の「五番町夕霧楼」の撮影は東京大泉撮影所である）。俳優・監督など映画関係者が花街・飲食業界を潤した。しかし，映画産業が斜陽化すると次々と閉鎖され，現在では東映と松竹の撮影所が残っているのみである。前者は東映太秦映画村として公開されている。これらは時代劇を得意として生き残ってきたが，時代劇が少なくなるとテレビドラマ，特にサスペンスものに移行していく。京都の町並みを背景とすれば視聴率を稼げることは間違いない。その結果，衛星放送の再放送を含めると，京都は毎日少なくとも1人は殺されるという大変物騒な町となった。私が好きなのは，「京都殺人案内」（藤田まこと主演）と「京都迷宮案内」（橋爪功主演）である。前者では鴨川湖畔を歩くシーンが毎回登場する。後者では主人公の下宿近くの八坂の塔が印象的である。

注21）原作のラストシーンでは締まらないので，犯人の母親が保津狭で列車から飛び降り自殺した事実から設定したのだと思われるが，（DVD版では）それまでの演出とは異なりかなり雑であると思う。

②『五番町夕霧楼』（水上勉著，1963年）

　水上勉も金閣寺放火事件に興味を持った。

　丹後の貧しい木こりの娘片桐夕子は遊郭五番町の夕霧楼に売られてくるが，金閣寺放火犯の学僧と幼馴染であった，という設定である。周囲はその学僧から引き離そうとする。夕子は結核で入院し，療養中に放火事件がおこり，学僧は留置場で自殺する。それを知った夕子は病院を抜け出し，3日後故郷の寺の墓地で死骸となって発見される。京都の描写は少ないが，（事実に即しているかどうか分からないが）当時の遊郭の様子がよくわかる。なお，実際の放火犯は事件前3回五番町にのぼり，そのうち2回同じ娼妓を指名した事実はあるらしい。しかし，基本的にすべて全くのフィクションである。

　水上は三島の『金閣寺』に対する"アンサー"として書いたという。諸解説をまとめると，三島が考えた犯人の動機は「（自らの）醜さと（金閣の）美を同化できると考えて焼いた」というような形而上だが，水上は「京都の美や富と地方出身者の貧困との落差」という形而下なのだ，と言いたいらしい。なるほど，事実においても小説・映画においても結核と貧困が通奏低音であることは間違いない。

　『五番町夕霧楼』は2度映画化されている。1963年東映作品（田坂具隆監督・佐久間良子主演）と1980年松竹作品（山根成之監督・松坂慶子主演）である。前者は原作に忠実で，そのテーマもよく伝わってくる。一方後者は，三島の『金閣寺』のエピソードをも混合し勝手な設定を加えているので，私には何を描きたいのか意味不明である。

③『金閣炎上』（水上勉，1979年）

　水上勉の出身地若狭は福井県であるが，放火犯の出身地舞鶴市成生に近い。寺（同じ臨済宗の等持院）の小僧の経験があり，しかも本人に一度会っている。したがって，思い入れが強かったらしく，20年かけて調査しこの作品を上梓した。小説というよりノンフィクションである。

　三島の『金閣寺』と映画「炎上」があまりにも優れているので，事実も三島が書いた通りだと私は信じ込んでいた。しかし，本作品を読んで，目からうろこが落ちた。

　三島も事件や犯人を綿密に調査していたが，小説には創作部分があるのは当然である。しかしながら『金閣炎上』を読んで，最も重要な役回りの柏木や，米兵の"パンパン"を流産させたというエピソードにつながる記述がなかったことは，意外であった。また，犯行が計画的であったことは三島の『金閣寺』からもわかるが，それにしても放火直前まで当日の客であった僧侶（犯人の同僚の父親）と楽しく碁を打っていた，という事実については理解できない（『金閣寺』では酒を飲んでいたその僧に「自分をどう思うか」と詰め寄っている）。現実の犯人は結核と精神障害のため医療刑務所で療養し，1955年恩赦で仮釈放されたが，『金閣寺』の連載が始まった翌年病死した。

　『金閣炎上』によると犯人は吃音のために確かにいじめにあっていたが，柔道の心得があり乱暴者で，寺では何度も喧嘩していたという。金閣を特に崇めていたこともなかったらしい。英語が得意で，内向的というよりむしろ行動的な人物とも思えるが，住職との確執・

寺の現状[注22]・不倫していた母親への嫌悪・成績不良・学費使い込みなどが重なり，21歳の青年は将来に嫌気がさしたのだろう。

　結局明確な動機は不明のままであったが，近年の「拡大自殺」を知る我々にとっては，それほど不思議ではない。彼は心中相手に金閣を選んだのである。彼を蔑んでいた世間を驚かし自己顕示欲を満たすためには，人を殺すよりはるかに効果的だったことは再建された金閣が証明している。

④『古都』（川端康成著，1962年）

　誕生直後に離ればなれになった双子の姉妹（千重子と苗子）の邂逅を，京都の風習・文化・観光名所とともに描いた傑作である。平安神宮神苑や仁和寺の桜から始まり，祇園祭・時代祭・紅葉と，京都の四季を背景に美しい姉妹が描かれる。その合間に，森嘉の豆腐・瓢正（ひょうまさ）の笹巻寿司・大市（だいいち）のまる鍋など京都の名物も挿入される。その後に始まった旧国鉄のディスカバージャパン・キャンペーンを予見したのであろうか，見事にその意図に沿って描かれている。本来ならいやらしさを感じるところであるが，苗子が雪の寺町通を駆けていくラストシーンは涙が出るほど美しい。

　また，主人公一家が粟田口の青蓮院を訪れた時，門前の楠の大木を千重子の父が盆栽のようだと評したのに対し，彼女が「それが京都やおへんの，山でも，川でも，人でも……」と返したのは，康成の京都評であろう。

　『古都』も映画化されている。1963年松竹作品（中村登監督・岩下志麻主演）と，1980年東宝作品（市川崑監督・山口百恵主演）である。前者は原作に忠実で，映像も我々がイメージする京都の街並みを映している[注23]。町家の瓦屋根が美しいが，今日ではこれに相当する映像を探すのは難しい。一方，後者は何をしたいのか全くわからない。山口百恵の引退記念映画のはずなのに，母親役の岸恵子が主役になってしまっている。三浦友和の役は

注22）金閣寺住職が芸妓を囲い，金銭に貪欲であったこと，また仏教界が腐敗していたことは事実らしい。戦後，金閣寺は中国亡命政府主席をかくまい（東山工作と呼ばれる）多額の報酬を得た。その際鏡湖池の鯉を丸揚げにして食べられてしまったのに，誰も咎めなかったという。また金閣寺放火事件と絡んで，同じく相国寺の境外塔頭である銀閣寺の事件もあった（銀閣寺住職が，女道楽を世間から批判されたため辞職願を書いたが，それは計略だったと最高裁まで争った内紛）。

注23）洛北一帯に広がる北山杉の映像も印象的であった。節ができないように人が上って枝打ちをするなど，特殊な方法で育林される。密集した杉林は幾何学的な模様を描いている。主な用途は床柱である。集積地は苗子が働く北区中川北山町で，周山街道沿いにある。京都中心からはさほど遠くないが，中川トンネルができてからは訪れる者は少ない。写真7．3からわかるように現在でも映画撮影当時とほとんど変わっていない。乾燥のため作業場に並べられている磨き丸太の数が少なくなったことが唯一の相違点であろう。床柱の需要は大幅に減少している。また，丸太を磨くのにかつては町の南東にある菩提の滝の滝壺の砂を用いていたが，現在では高圧水ポンプを使用している。

写真7．3　中川北山町

原作にもない。予算が少なかったのか，資料映像が多用されている始末である。

7.3　京都と差別

(1) 京都人の選民意識

　1．5節で触れたように，京都の人々と関わるほど彼らの選民意識を感じる。地方に対して"上から目線"なのである。思い起こすと京都出身の私の会社同僚も，そのような言動を繰り返していた。18歳で故郷を出た彼にその根拠を問うと，京都は長らく日本の中心だったから，と答えた。すなわち生まれた土地のみが優越感の源なのである。与太話と思っていたが，まさしく京都人（および単に京都で生まれただけの似非京都人）の共通認識であったのである。私は同じような不条理を，かつて白人に感じたことを思い出した[注24]。

　件の知人は選民意識あるいは優越視は差別ではないと言う。なぜならば差別の本質は階層をつくることであるが，京都人は地方に対して，例えば会津と長州さえも平等視しているので差別に当たらない，と。しかし，見下された方は差別・侮蔑を感じる。しかも，彼らが自慢する土地には部落差別の最も長い歴史がある。京都は選民の地ではない。

(2) 京都と部落差別

　京都市には市営住宅が多い。そのうちの何ヵ所かは，明らかに同和対策事業によるもの，すなわちそこが被差別部落[注25]であったということが明確にわかる。そして，それらが観光名所や高級住宅地と隣接していることは，さらなる驚きである。今日でも部落差別は言及

注24）私は1980年代の中東で建設コンサルタントとして働いたことがある。2〜3人の日本人社員のほかに，世界中のプロジェクトを渡り歩く"流れのエンジニア"が約30人いた。英国人が半数で，他は独・仏・北欧・（当時の）東欧出身者であった。彼らと仕事をしていて，最も悩まされたのは人種差別である。これは受けた者でなければ分からない。日本企業なので，内緒話から漏れ聞くことはあっても，日本人があからさまに差別的言動を受けることはなかった。しかしながら，年齢・地位・経験・能力に関係なく，なぜか彼らは常に"上から目線"なのである。観察していると白人の間でもヒエラルキーがあることが分かった。まず英連邦（アングロサクソン）が最も偉く（デフォーの『ロビンソン・クルーソー』第1部を読めば彼らの強烈な選民意識が，腹が立つほどよく分かる），彼らに対しドイツ人は（誰も認めないが）対等以上だと思っているようだった。仏・伊は頭が上がらない，そして旧東欧（スラブ人）は気の毒なほど惨めであった（ただし，これは建設業界特有の慣習かも知れない）。とりわけ，独語圏の人々の差別意識は強い（三国同盟締結は謎である）。私は酒に酔ったスウェーデン人から"JAP"と呼ばれたこともあった。全く予想外のことだったので，何と反応してよいか分からなかったが，同席していた別の男がすぐさま激しく非難してくれた。彼は，私が常々見下していた韓国ゼネコンの社員であった。

注25）江戸時代の穢多村は明治半ばから「特殊部落」と呼ばれていたが，差別的だというので，1950年代半ばに解放運動団体が「被差別部落」に改めたという。同和とは，「同和対策事業特別措置法」（1969〜2002年）に基づいた行政用語であった。ただし，部落解放同盟によると全国に5000〜6000か所あったと言われる部落が，すべて同法の指定地区（約4400か所）になったわけではなく，あえて未指定を選んだ部落もある。なお，2016年の「部落差別の解消の推進に関する法律」によると「同和」という言葉はなくなり，「部落」が改めて公用語になった。

することもタブーであるが，日本社会の現実を正確に理解しようとするならば避けては通れない。

　例えば，ユダヤ人/教徒の移動や活動が西洋史に与えた影響は極めて大きい。しかし，日本人は彼らをほとんど知らない。キリスト教徒の彼らに対する差別の原理や歴史を学び，そしてその反動とも思えるパレスチナ人に対する差別と弾圧を知れば，今日の混沌とした中東情勢やウクライナ戦争のみならず，（我々にとって理不尽と思われる）現代アメリカ社会の不可思議が多少晴れるし，欧米映画をより深く理解できるようになると思う。

　さて，人種・国籍などによる差別は世界中にあるが，出生地による差別は日本のみかも知れない。江戸時代の身分制度[注26]の穢多[えた][注27]・非人[ひにん][注28]が基になっている。

　1871年（明4）に「解放令」が出されたが，皮肉にも戸籍制度が確固としているため地縁・血縁の差別は今日でも根強く残っている。太平洋戦争やその後の占領時代を経ても解消しないのは，一部の議論にあるように，部落差別は天皇制に匹敵するほどの国体の要件だからであろうか。第二次世界大戦において米軍の黒人兵は後方にいたが，日本軍においては建前上平等な部落民は前線に配属され，国内以上に悲惨な差別を受けていたという。これでは戦争に勝てない。

　京都の同和地区の数や人口は，他県と比較して必ずしも多くはない。しかしながら，1922

注26）私たちの世代が高校日本史で習った「士農工商穢多非人」は，現在の教科書では死語になっている。山川出版社『詳説日本史研究』（2017年）では，江戸時代の身分制度について1ページを費やし，さらにその半分を「えた」・非人の説明に費やしているが，何を言いたいのか結局よくわからない。試験には出ないからいい加減にしているのだと思っていたら，2021年度大学入学共通テスト日本史Bに江戸の「野非人」（私も初めて知った特別な用語で，試験問題としてはふさわしくない）と「牛馬の死体処理や皮革製造に従事する人々」に関する出題があり驚いた。過去問を調べると，2012年にも非人と「牛馬の死体……」がセットで出題されていた。「えた」という用語を避けているようであるが，職業で定義した場合，現在同業に就いている人々はどう思うだろうか。過度な配慮は本質を見誤ると思う。

注27）名称の由縁は不詳である。中世の西日本各地の農村内に，牛馬を処理し皮革製品を製造する専門集団（名称は皮多など様々）が存在していた。太閤検地によって彼らの居住地や生業が固定世襲化され，江戸幕府もそれを継承した，というのが最近の研究結果らしい。名称がなぜ穢多に統一されたのかも不明である。分からないことが多い。私が調べた限りではタブーだからというより，本当に資料が残っていないらしい。なお，江戸時代では穢多は非人身分を支配する立場にあって，関東でその頂点に立っていた浅草弾左衛門は旗本並みの格式と大名並みの財力を持っていたという。

注28）非人の意味するところは多種多様で，西日本と関東，さらに時代によっても異なる。古代・中世の京都においてはハンセン病患者・盲人・特殊な職業や能力を持つ者（人の死体処理にかかわる者・墓守・現在でいう芸人の原形・民間陰陽師など）であった。天皇家行事や祇園祭など祭事に欠かせない役割を担う非人達もいた。皮多・夙などその他の被差別民との境界はあいまいのようである。一方，近世江戸における非人は乞食や無宿（要するに家出人）が代表であった。住居は非人小屋に限定され，街の清掃や牢屋役など町奉行所の末端業務を担っていた。歌舞伎役者や現在でいう芸人も非人身分であった。要するに，関東関西ともに，士農工商・貴族・僧・穢多に当てはまらないことを生業としている人間が非人ということになる。穢多と異なり非人は実家に戻る，あるいは正業に就くなどすれば農民・町人に戻ることができた（「足を洗う」というが，現在我々が使っている「足を洗う」とは関係ない）。そのためか，非人村が同和指定地区となった例はほとんどないらしい。

年（大11）の全国水平社（部落解放同盟の前身）の創立大会は京都市岡崎で行われ，2022年3月の創立百周年記念集会もロームシアター京都で開催された。部落解放同盟と対立する部落問題研究所（1948年創立）も京都に本部をおき，井上清・奈良本辰也・林屋辰三郎など京都における日本史研究の権威が名を連ねていた。したがって，京都が部落差別を積極的に広めた，とは言わないが，様々な差別の源泉が京都にあったことは否めない。

(3) 崇仁地区

　崇仁地区とは京都市の同和対策事業指定地区のひとつで，部落差別を解説する文献には必ずといってよいほど取り上げられる。七条通・鴨川・JR線・高倉通で囲まれた地域で，崇仁という名は元学区名[注29]に因んでいる。「東七条」（東山七条とは異なる）と通称され，全国でも有数の大きな部落であった。起源は六条の「河原者[注30]」らしいが，中世から現代まで変遷が激しく，当該分野の研究テーマには事欠かないようで，多数の論文がある。

　崇仁地区は京都駅から約500m東に位置する一等地のはずなのに，空地が広がるという異様な光景が長らく続いていた。2014年塩小路通以南については，京都市立芸術大学の移転計画が決まり，2021年着工し2023年10月開校した。しかし，塩小路通の北側にはネットフェンスに囲まれた空地が，あてのないまま残っている（写真7．4）。

写真7．4　崇仁地区の空地（奥は京都タワー）

　京都の他の同和地区は老朽化しているが少なくとも土地利用はしっかりとなされている。崇仁地区はなぜこのようになったのか，資料を総合すると次のようなことらしい。

　戦時中に京都駅までの鉄道沿線にある建物が強制疎開させられ空地となっていた。戦後，そこに東九条の在日朝鮮人や全国各地から低所得者が集まってきて，被差別部落というよりもスラム化し，膨大な数のバラックが立ち並んだ。一方，裕福な家・旅館・商店も残っていて，昔ながらの穏やかな共同体的生活を送る人達もいた。地域の規模が大きく，かつ多様なことや，関係者（部落解放同盟や各政党の組織）の利害が調整困難であったこと，サラ金業者の地上げや暴力団抗争まで絡んだため，整備事業は遅々として進まなかった。

　京都芸大移転という大義で整備事業は一区切りついた（関西でも有数の大規模かつ好立

注29） 明治初期の小学校開設の際に設置された学区は，戦国時代に結成され江戸時代まで続いた町組に基づいている。近年では小学校は統廃合され学区も改編されているが，京都市では元学区のつながりが強く，大雨警報なども元学区単位で発出されている。当該地域は「崇仁坊」という平安京の行政ブロックであった。

注30） （単に課税されない）河原に住む人々という意味もあるのかも知れないが，一般的には「皮多」などと同様の被差別民と考えられる。中世京都では鴨川六条右岸が代表であった。罪人の処刑なども行っていた。（河原にいるためなのか）井戸掘り・造園などの土木工事に長じた者（山水河原者と呼ばれ，銀閣寺庭園の善阿彌が有名）や，能・歌舞伎役者もいたと言う。18世紀初頭妙法院の開発事業によって移転させられ，七条南に「六条村」を建設した。

地だったにも関わらず，高度利用されていないので，私には全く理解不能である）。そこに至るまでに，住民からこれまで通りに住めるようにしてほしいという要望があったようである。報道や調査報告書等によると，（全国に共通したことらしいが）高齢化した部落関係者の懐古があるようである。居住者や出身者たちは，差別にあったことも含め郷土愛や誇りのようなものを感じているらしい。部落開放の活動家達は自分たちの成果を風化させたくないのであろう。一方，若者たちの流出は著しい。

　高瀬川の旧流路に当たる道路に面して柳原銀行記念資料館という洋風木造建築がある。前身は1899年（明32）に設立された部落住民のための銀行の社屋であった。現在は崇仁地区の歴史・文化資料を保存し部落問題の啓発を趣意としている民間施設となっていて，京都芸大移転後も新キャンパス内にそのまま残っている。記録や資料は残す必要はあると思うが，差別の記憶を一掃できる絶好の機会なのに，それを象徴するものをわざわざ保存しようというのは私には理解できない。全国から学生がやってくる大学キャンパスでどのような存在感[注31]を示すのか，私は興味を持って見ている。

(4) 東九条

　部落差別の解説では，東七条とJR線を挟んで南に隣接する東九条地域が，東七条と対となってよく取り上げられる。ただし，前者と比較すると（研究者以外の人間が接することができる）文献は少ない。

　地理的な東九条は旧東九条村である。八条通・鴨川・十条通・（概ね）油小路通に囲まれた地域で，JR京都駅の南側に当たる。江戸時代までは農地であったが，工業化に伴い発電所など多くの工場が建設され，当時の人口増加を吸収していくことになる。当然，狭小不良住宅（要するにスラム）も増えていった。

　差別の文脈で語られる東九条は，在日コリアン地区（在日韓国・朝鮮人地区）としてである。1910年の韓国併合後，（日本政府からいうと合法的に土地を取り上げられた農民など）多くの朝鮮人が労務者として日本に連れてこられた。関西では主に大津・京都間の東海道線新ルート建設（すなわち現在の琵琶湖線），とりわけ逢坂山・東山トンネル工事に従事させられた。しかし，事業終了後の手当てはなく，帰国することもできないので，彼らは家賃が安い東九条の，特に山王町・岩本町に集住したのである[注32]。

　なお誤解が多いが，秦氏のような古代の渡来人はもちろん近代の朝鮮人労働者も江戸時代の身分制度とは全く無関係で，その集落は基本的に同和対策事業の対象外であった。そのためかこの地域では再開発の計画もなく，廃屋・空地が放置されたまま悲惨な状況が続

注31）大学の竣工直後に訪れてみた。鬱蒼としていた周辺樹木の剪定がなされすっきりし，記念館の外壁も塗りなおされ輝いていた。大学の建物の外壁は全てグレーである。グレー一色の中で記念館の緑色は際立っている。配色の成功例として色彩工学の教科書に載せたいと思った。

注32）同様な地域は全国各地にある。部落に対しては今日少なくとも就職差別はなくなったが，在日韓国・朝鮮人に対する差別は根強い。

いている^{注33)}（**写真7.5**）。京都駅からやはり500m
ほどしか離れていない。ただし近年，全国各地
で深刻な空家問題が増えているので，もはや特
殊な事例ではないのかも知れない。

写真7.5　東九条の廃屋

　東九条では民族交流イベント（東九条マダ
ン）や韓国料理店などを核として街興しが盛ん
である。私は，今日に至ってもなぜ東京大久保
や大阪鶴野のようになっていないのか，という
疑問の答えを求めている。

(5) オールロマンス事件

　部落問題について私が長年不思議に思っていたのは，同和関係者が行政（特に地方行政）
に対して比類なきパワーを持っていることである^{注34)}。

　2021年に広島の黒い雨被害者がようやく被爆手帳交付を得たが，長崎については依然係
争中である。水俣病患者の認定裁判も続いている。認めないことを前提とする行政の壁を
突き崩すことは，これら国際的被害者団体でさえ困難なようである。しかしながら同和関
係者に対しては，好意的とまでは言わないが非常に柔軟である。

　その答えが京都に来て分かった。きっかけは「オールロマンス事件」である。オールロ
マンスとは東京の出版社が発行していたいわゆるカストリ雑誌の名前で，1951年に『特殊
部落^{注35)}』という短編小説が掲載され大騒ぎとなった。東七条が舞台なのだが，内容はとも

注33）岩本町は隣接する崇仁地区と一体とみなされていた。したがって，同和事業の対象とされる可能性もあっ
　　　たが，中村他［2020］によると，不良住宅地区改良対策事業は京都市が中心に推進し，朝鮮人に関わる問題
　　　は京都府が一貫して政策を展開していたため，京都市は積極的に関与しなかったという。

注34）私が建設会社に勤務していた時，関東某県で都市計画法上の違法建築の跡地計画にかかわったことが
　　　あった。40年近く前のことなので定かではないが，農地転用のような面倒な手続きを過去にさかのぼって行
　　　う必要があったと記憶している。役所との交渉で堂々巡りになっていたところ，営業担当が見るからに胡散
　　　臭い男を連れてきた。名刺は貰えなかった。一緒に県庁に行くと，会議室に都市計画や農林など関係部署の
　　　部長と担当課長が一同に会して待っていた。手元には箱型ファイルが積んであり，十分準備してきた形跡が
　　　あった。男は私達と役人の双方の話を聞き，次々と指示を出した。部長達は即決していき，2〜3年はかか
　　　ると思っていた申請・審査は2〜3時間で片付いた。もちろんその後に膨大な書類作成作業はあったが，い
　　　つものように微細なミスを指摘されることはなく，すんなり通った。県役人がこれほど有能だったのかと驚
　　　いた。しかし，それ以上に私はこの胡散臭い男を尊敬した。後で聞くと同和系のコンサルだった。

注35）特殊部落という言葉が被差別部落に置き換えられたのは1950年代半ばからなので，当時違和感はなかっ
　　　たと思われる。小説の内容は，朝鮮人の父を持つ青年医師と在日朝鮮人の娘の純愛が軸である。東七条（小
　　　説では京都市編入前の町名の柳原となっている）が，住民が公然と警察と殺し合いをするような無法地帯と
　　　して描かれている。しかし，多くの人々が指摘しているように，モデルは確実に朝鮮人街の東九条である（映
　　　画「パッチギ！」が連想される）。作者が二つの地域を取り違えていたとは考えられないので確実に意図し
　　　たことであろう。また，外部の人間からの差別は特に書かれていないが，住民に自らを卑下する非常に差別
　　　的なセリフを語らせていて，作者の強い悪意を感じる。なお，主人公の設定もそうであるが，在日朝鮮人に

かく問題は，作者が京都市衛生課の臨時職員で九条保健所に勤務していたことである。彼は職務上東七条に出入りしていたらしい。しかも小説に，部落で赤痢・腸チフスが蔓延したというでたらめを書き，揶揄している。

　この失態に対して，部落解放同盟が京都市を糾弾しあざやかな大成果[注36]を得たことが，手本として全国に広がっていったというのである。私もこの小説を読んでみて，そうなるのも必然と納得した。

(6) 差別の淵源

　京都に博物館は多く勉強になるが，差別については街全体が生きた博物館である。当該分野の研究者たちも京都から多くの題材をとっている。また，井上章一の『京都ぎらい』（2015年）に書かれているように，京都人は居住地にヒエラルキーをつけたがる[注37]。これは部落差別から敷衍されたものであろう。

　一方，部落差別の原理を種すなわち血筋に求める議論がある。そうだとすると，その極みは皇位継承や皇族の結婚問題で，反対側の極に部落民の婚姻障壁がある。通底するのは差別と人権である。そして，それら両極の間に京都の老舗が何代続いているか，などという格付けがあると思う。

　このように京都では多種多様な差別が日常に組み込まれている。2021年東京オリンピック開催直前の森喜朗組織委員会会長（当時）の女性差別・蔑視発言が世界中から批判された。しかしながら，京都では祇園祭の女人禁制は，ほんの一部を除き今のところ公然と続いている。森氏が辞任しなければならないのなら，祇園祭は完全にアウトなのではないか。

　日本における全ての差別の淵源は京都にある。京都人が意識を改めれば日本から差別や人権問題は払拭されるに違いない。

対して好意的に描かれているので，作者にはそうした背景があったのだと感じた（京都では部落民と，戦中戦後にかけて流入してくる在日朝鮮人は反目しあっていた）。Wikipediaによると作者のその後の人生は恵まれていなかったらしい。表現の自由は尊重されなければならないが，リスクを伴うのは言うまでもない。

注36）もう一つの大成果は，1975年の部落地名総監事件である。当時，企業の採用担当者は右手に代々木ゼミナールの大学入学偏差値ガイド，左手に部落地名総監を持っていた。この騒ぎの結果，履歴書の本籍欄は都道府県名のみとなり，就職差別は聞かれなくなった。このぐらいの過激さがなければ数百年続く差別の急速な解消は不可能だっただろう。しかし，解放同盟の活動は行政や企業に対しては成功したかもしれないが，一般市民の差別意識の解放については無為無策であったと思う。集団で大挙して圧力をかけるという手法は，一般市民に対してはむしろ逆効果となったのではないか。近年のネット版部落地名総監事件などインターネット上の部落差別に対する部落解放同盟の対応には，かつての凄味は感じられない。2002年同和対策事業特別措置法の終了，その後相次いで発覚した同和対策事業にまつわる不祥事（最近では2018年に発覚した関西電力役員金品受領問題という奇怪な事件の背景に，贈与側の福井県高浜町の元助役が解放同盟の活動員であったことが報じられている）や暴力団との関係，同盟員の減少・高年齢化が影響していると言われている。

注37）あちこちの飲み屋で出会った京都人にカマをかけて確かめたが，井上氏の話は誇張ではない。ただし，私が話した彼らは市内に住んではいるが田の字地区の住人ではないと思われる。むしろ被差別側の人間で，井上氏同様不満を持っていたのかも知れない。なお，ある時入った京都駅南側（要するに東九条）の料理店の店主は，聞きもしないのに自分が田の字地区に住んでいることを誇らしげに語っていた。

第2部
京都開発の歴史を歩く

第8章　平安京を探す

　現在の京都と平安京は異なると**第2章**の冒頭で述べた。現在の京都市に対する平安京の位置は**図2.1**に示したとおりである。しかし，平安京や平安宮を直截うかがい知り得る建物や遺跡等は東寺以外ほとんどない。本章ではかつての平安京を実際に歩いて確かめる。京都は千年の都と言われているにもかかわらず，それ以前の都と比較すると，その内裏はかなりないがしろにされているように思われる。

8.1　大内裏を探す

(1) 平安京創成館

　まずは京都市生涯総合学習センター（京都アスニー，中京区聚楽廻松下）1階の京都市平安京創成館を訪れる（入場料無料）。模型や地図など，平安京と現在の京都を結び付けてくれる様々な資料が常設展示されていている。

　とりわけ，平安京復元模型（10m×11m，1/1000）が圧巻である。オペラグラスを持っていきたいほどである（事務室でも貸してくれる）。それに耐え得る規模とディテールである。なお，京都アスニーの建物は大内裏造酒司跡にあるという。

(2) 大内裏の概要

　大内裏（平安宮）は現在で言えば，霞が関の官庁街と皇居をひとつの街区にまとめたようなもので，朝堂院・豊楽院などの官庁が並んでいた。それぞれは複数の建物で構成され，築地塀で囲まれていた。図8.1に概略図を示す。現在の中京区の一条通・大宮通・二条通・御前通に囲まれたエリアであった。

　内裏は禁裏あるいは御所ともいう。現在の皇居にあたる。朝堂院は政務や儀式が執り行われる重要な場所であった。天皇が着座する高御座がおかれた大極殿[注1]を中心に，中庭（広場）を

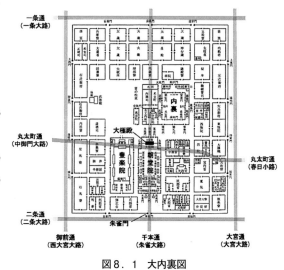

図8.1　大内裏図
（岩波日本史辞典より作製，No Scale）

注1） 1177年の火災焼失後は再建されず，儀式の場は紫宸殿に移った。

はさんで朝堂（現在の各省庁）が並んでいた。豊楽院はいわば朝廷の宴会場で，現在の皇居豊明殿（ほうめいでん）にあたるのであろう。新嘗祭・正月・節会などの宴が行われた。

(3) 大内裏を歩く

図8．2に大内裏の主要施設の位置を示す。大内裏の中心は千本丸太町交差点で，現在も大きな交差点である。千本通は平安京の左右対称軸であった朱雀大路（すざくおおじ）にあたる。交差点の三隅に平安宮（大内裏）の案内板が設置されている。

図8．2　現在の大内裏中心部（Google Earthより作製）

①大極殿跡

案内図によると，千本丸太町交差点のまさしく中央北側に接して平安時代の政治の中心である大極殿があった。北側コーナーの歩道上に「大極殿跡」と書かれたタイルがはめ込まれている。ここから千本通を中心軸にして南に朝堂院が配置され，その西隣に豊楽院があった。

交差点の西側歩道を50mほど北上すると左手に「大極殿遺址道」と刻まれた貫禄のある石碑がある。その先は住宅地の中に空地が開けていて，大極殿跡の石碑が建っている（実際には朝堂院北回廊上にあたる）。京都市で最も立派な石碑であろう。

②豊楽殿跡

千本丸太町交差点の南西角の脇道を西へ約200m行くと，住宅街のなかに豊楽殿（豊楽院正殿）跡の石碑が建っている。跡地の利用計画があるようで，周辺はフェンスで囲まれた空地になっている。

③朱雀門跡

千本丸太町交差点から東側歩道を南へ下り約500m行くと，和菓子店の右隣，民家の道路境界に「此附近平安京大内裏朱雀門址」の石碑がある。朱雀門は大内裏の正門であった。気を付けていなければ見過ごしてしまう。

ここから約４km南に平安京の南正門の羅城門（らじょうもん）があった。時間と体力があればこのまま千本通を南下してもよい。途中，花街の島原もある。しかし，梅小路公園（平清盛の西八条第跡がある）で突き当りとなる。二条城駅でJR線に乗り，京都駅で東海道線に乗り換えて西大路駅に移動した方がよいだろう。

(4) 内裏を歩く

図8．3は内裏の概略図である。紫宸殿（ししんでん）（現在の皇居正殿）と清涼殿（せいりょうでん）（天皇の日常生活の場，現在の吹上御所）がその中心であった。承香殿より北側の，内裏のおおよそ２分の１を占める地域は後宮（七殿五舎からなる皇后や子供たちの住居）であった。

現在，内裏は混とんとした住宅街にある。紫宸殿・清涼殿は地図上では現上京区田中町にあったと思われるが，門外漢には全くわからない。

①内裏内郭回廊跡

　千本丸太町交差点から北上し下立売通を右折，東へ約100m行くと，道路右側に「平安宮内裏内郭回廊跡」の石碑と案内板がある（図8.3・図8.4⑦）。内郭回廊は内裏の敷地境界である。石碑の背後は空地となっており発掘遺跡が保存されている。

②承明門跡

　下立立売通をさらに東へ進むと右側に，少々奥まって鉄骨4階建ての住宅設備会社がある。向かって左端の道路境界に「平安宮内承明門跡」という石碑が建っている（⑦）。承明門は内裏の正門である。ただし，平安京創成館の地図によると承明門は通り沿いではなく，この会社社屋の裏側あたりにあったと推察される。

③紫宸殿跡

　承明門の石碑の通りをはさんだ北側に酒販店があり，その壁に「平安宮内裏紫宸殿跡」という案内板が掲げられている（⑦）。小さくて庇によって影になっているので注意してい

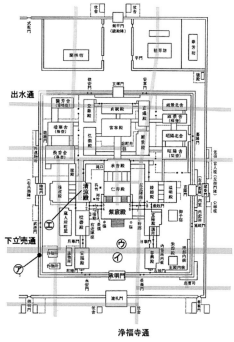

図8.3　内裏図（岩波日本史辞典より作製）

図8.4　内裏の現在（Google Earthより作製）

ないと見逃してしまう。ただし平安京創成館の地図によると，この紫宸殿も通り沿いではなく，実際にはその酒店の家屋の奥にあったようである。酒店の裏側は連坦住宅の路地となっているが，そこに3階建て木造旅館が建設中であった。要するに民泊施設である。お知らせ看板の建築主の欄には，中国人名と中国の住所が堂々と記されてあった（2019年）。平安宮紫宸殿は『源氏物語』や『枕草子』の舞台でもある。路地と中国人民泊，二重の驚きであった。

④清涼殿跡

　民泊がある路地を北に抜けて，千本通に向かって西に20mほど行くと，左手に市街地では珍しいほどの広い駐車場がある（⑦）。ここは清涼殿（すなわち天皇の住居）跡で，向かって右側の民家の壁に案内板が掲げられている。駐車場のすべてが清涼殿ではなく，その一部であると思われる。

(5) 平安宮が消滅した理由

　大極殿・朱雀門などが復原された奈良平城宮はもちろん，飛鳥宮（板蓋宮）・藤原宮・長岡宮でも正殿跡は保存されている[注2]。現在，案内板や石碑が適宜設置され，平安宮の記憶をとどめようする京都市民の努力は強く感じる。しかしながら，少なくとも400年続いた平安宮，特に内裏の今日の有様を目の当たりにして，忸怩たる思いを抱くのは私だけであろうか。

　誰も言わないが私は，平安宮内裏をこのように貶めたのは豊臣秀吉であると考えている。聚楽第の南外堀は，紫宸殿などがあった内裏の中核部に，狙ったように造られている。正に根こそぎ破壊されたので，痕跡も記憶も失われたに違いない。御所はすでに現在の場所に移っていたので，当時は空地か畑になっていたのであろう。土地が有効利用され，その結果京都は発展してきたとも言えるが，歴史好きには許せない行為である。

8.2　平安京の南辺

①西寺跡

　西大路駅改札（北側のみ）を出て，道は複雑だが東へ直線距離で約500m行くと，唐橋西寺公園がある。未整備の空地のようであるが，中央の小高くなったところに西寺址の石碑が寂しく建っている。

　西寺は東寺と対をなす，右京と西国の鎮護寺であった。13世紀前半に焼失・廃寺になったとみられているが，あまりはっきりと分かっていないらしい。2019年に公園内で発掘調査が行われ，講堂や五重塔の基礎がやっと発見されたという具合である。

②羅城門跡

　唐橋西寺公園東側の七本松通を南下し，唐橋小学校をすぎたところで旧九条通との交差点がある。東へ左折し，300mあまり行くと，右手に小さな児童公園があり，その真中にフェンスで囲まれた石碑が建っている（**写真8.1**）。平安京の南正門であった羅城門跡とある。

　羅城門は9世紀初めと10世紀末に大風によって倒壊したが，その後再建されることはなかった。それ以前から右京の衰退に伴い，死者の捨て場になっていたほど荒廃していたらしい。芥川龍之介の小説と黒沢明の映画では，なぜか羅生門（らしょうもん）と名を変えられている。復元模型が京都駅北口に展示されている。

写真8.1　羅城門跡石碑

注2）わずか5年余りで終わった天智天皇の大津宮は，長らくその位置は不明であった。1974年に始まった発掘で大津市錦織にあったことがわかった。現在は住宅地となっているが，一部が保存されている。

すぐ東に隣接する通りは千本通である。すなわち，ここが朱雀通の終点・平安京の南の境界であった。現在の千本通は伏見区の京阪本線淀駅の北まで続いている（北は北区鷹峯まで）。

③東寺

羅城門跡南の九条通に出て，東へ約1km行くと，**東寺**（教王護国寺）^{注3)}がある。左京と東国の鎮護寺であった。九条通の南大門から入るとすぐ右手に京都の代名詞ともいえる五重塔^{注4)}（日本最高，54.8m）が建っている。北側には庭園があり，瓢箪池にその姿が映る。

この東寺と，同じ真言宗の三十三間堂の仏像には，信心のない私でもいつも感動する。何よりもわかりやすい。偶像の魔力である。古代インドの神々が遠い極東の地でこのように人々から崇拝されていることを知ったならば，インド人もさぞかし驚くに違いない。

特に，講堂の立体曼荼羅は圧巻である。大日如来^{注5)}を中心として重層に安置された21体（国宝16体，重文5体）がそびえ立ち，見る者を圧倒する。すべて（一本の木材から彫り出す）一木造だという。空海は密教の教えを"目に見える化"することに腐心したようだが，ここではその目的は見事に達成されているといってよい。平安京は今日ほぼ完璧に上書きされてしまったが，東寺は唯一の生き証人である。

注3）東寺真言宗総本山。宗教法人名は教王護国寺となっているが，その名称の由縁は不詳である。東寺は平安京遷都直後の796年に建立され，官寺（国立）として天皇の法事なども執り行ったという。その後823年嵯峨天皇から空海に下賜され，以降真言密教の根本道場となった。同じく嵯峨天皇から下賜された高野山はそれより早いが，唐から持ち帰った宝物などは東寺に納められたので，空海は東寺を真言密教の中心にしたかったのだろう。毎月21日（空海の命日）には弘法市が開かれる。特に1月・12月の「初弘法」・「終い弘法」では露店がひときわ多くなり，京都の風物詩となっている。

注4）五重塔の中にも仏像が収められている。心柱が大日如来に模され，ここでも立体曼荼羅が表現されているという。同じ真言宗の醍醐寺や仁和寺の塔も同様である。例年1月～3月半ばと11月～12月半ばに特別公開される。訪れるなら紅葉が美しい秋がよいだろう。なお，東寺は4度の火災に見舞われ，現在の五重塔は1644年徳川家光寄進の五代目である。南大門正面の金堂（国宝）は1603年豊臣秀頼によって再建されたものである

注5）東寺の本尊は密教の最高位の大日如来ではなく，実は金堂にある薬師如来である。東寺が空海に託される前に定められていた。

第9章　秀吉の夢をたどる

　豊臣秀吉は戦国の世を極めて効率的に収束させた。さらに，太閤検地などその後の政策は中世を終わらせ，近世の幕を開く画期的なものであった。また，農民（あるいは足軽）の出でありながら，本能寺の変からわずか3年で関白にまで登りつめた空前絶後の出世劇は，まさしく神がかりである。

　戦国時代に疲弊していた京都にとって，秀吉は復興の大恩人であったことは，この第2部全7章のうち3章が彼の開発事業に関するものであることからも分かるであろう。しかしながら，秀吉が京都にもたらした影響を知る人は，あまり多くないように思う。

　本章では京都に残された秀吉の夢の跡をたどる。東山七条界隈は特に色濃い。

9.1　秀吉の京都改造

(1) 秀吉・秀頼父子と京都

　豊臣秀吉が天下人として京都を治めたのはわずか15〜16年であったが，様々なことを行なった。派手な再開発事業ばかりでなく，庶民の生活規範のような細かいところにまで及んだ。例えば，それまで2か所あった祇園祭の御旅所を現在の四条御旅所に統合するなど，彼が決めて京都市民が現在でも遵守している制度や生活のしきたりは多い。平清盛から徳川家康に至る一連の天下人の中で，京都に最大の影響を及ぼしたのは秀吉であるといっても過言ではない。

　子の秀頼も北野天満宮の再興・京都大仏再建など京都に貢献した。しかし一般の人々には，彼らが残した業績はあまり知られていないと思う。徳川幕府の徹底した豊臣潰し[注1]に加え，事実上秀吉一代限り[注2]で終わったことが影響しているのであろう。秀吉の復権は明治維新まで待たなければならなかった。

注1）長浜城など秀吉の築いた城は破壊されるか，あるいは大阪城のように石垣さえも覆いかくされてしまった。朝鮮出兵の拠点だった名護屋城（佐賀県）の石垣のみが，唯一当時のまま残っている。

注2）大坂夏の陣の結果，（実子なのか疑わしいが）秀頼は自死し，その子国松は処刑された。娘の天秀尼は千姫の養女となり存命したが，子供はなかった。秀吉の弟秀長の息子は夭折し，娘は毛利秀元（長府藩初代藩主）の正室となったが，彼女に子供はいなかった。したがって，豊臣家の男系血筋は断絶してしまう。一方，秀吉の姉（日秀尼）には三好秀次・秀勝・秀保の三兄弟がいたが，秀次とその子女は秀吉によって粛清されてしまった。秀保は17歳で早逝し子供はいなかった。秀勝は浅井長政の三女（江）との間に一人娘，豊臣完子をもうけていた。彼女は九条家の正室となり多くの子供を産んだ。また，Wikipediaによると，秀次の子供のうちお菊という生後1か月の幼児と，後に隆清院となる娘が処刑を免れたという。お菊は夫に従って大坂夏の陣に参加し処刑されてしまうが，隆清院は真田信繁（幸村）の側室となり一男一女をもうけた。男子は三好姓を名乗り，家系は明治まで存続していたという（したがって信繁の子孫でもある）。このように，秀吉の血筋は全く途絶えたというわけでもない。

146

(2) 天正の地割

　平安京の条坊制では，四方の通りに囲まれた120m角が最小ブロックであった。当初は公共建築や貴族の邸宅あるいは役人官舎などが想定されていたので，通りに接しているか否かは重要ではなかった。しかし，室町時代になると商業が中心となったため通りに面した建物が多くなり，通りを挟んだ亀甲型の町が形成された（すなわち両側町）[注3]。通りが狭いので現在でも対面の店や家の動向がよく分かる。その結果ブロックの中央部分が空地[注4]となっていた。

　そこで秀吉は，全国統一を果たした1590年，このブロックの中央に南北方向の通りを新設するという天正の地割に着手した。空地の利活用を図ったのである。東の御幸町通から西の黒門通まで合計12本[注5]ある。

　こうした新設の通りのひとつ，東中筋通（西洞院通と油小路通の間）の松原通と六条通の間に，天使突抜一丁目〜四丁目という有名な町がある。しかし，特にパラダイスが感じられる景色はない。全くの住宅街で飲食店すらない。"天使"の由来は，東中筋通が五條天神宮（別名，天使社）の境内を突き抜けたからだという。当時流行していたキリスト教に因んで名付けられたものではないようである。なお，単なる「突抜町」は他にもいくつかある。

(3) 寺町通と新京極通

　1591年には京都防衛線構築の目的で，市内の寺院を当時の東京極通の東側に集めさせた。東からの侵略軍の戦意喪失を狙ったとされる[注6]。現在の本能寺もこの時移転してきた。東京極通は寺町通と名を変えた。

　江戸末期には，これらの寺の境内において縁日に見世物小屋や商店が集まり，繁華街になっていたという[注7]。そこで1872年（明4），三条通・四条通間に各境内を南北に貫く新京極通が新設された。新京極通は，明治中期に歌舞伎・浄瑠璃小屋（昭和には映画館と

注3）一般的に市区などの境界は道路である。しかし，京都市では両側町のために道路をまたぐ場合がある。例えば中京区と下京区の境界は概ね四条通であるが，それを囲む町はすべて下京区に属している。したがって，両区の本当の境界線は四条通の北にあり，ギザギザになっている。

注4）単なる空地ではなく，それに接する4つの町のコミュニケーションの場でもあった。これによって町衆としての団結が醸成されていったという。

注5）その他の新設の通りは，富小路通，堺町通，間之町通，車屋町通〜不明門通，両替町通〜諏訪町通，衣棚通，釜座通〜若宮通，小川通〜東中筋通，醒ヶ井通，葭屋町通〜岩上通である。

注6）集められた寺院は日蓮宗が多い。林屋［1962］は，法華一揆対策もあったかもしれないと述べている。

注7）始まりは18世紀末ごろ，四条寺町にあった金蓮寺（時宗，現在は北区鷹峯にある）が敷地を切り売りしていったことである。寺は花遊小路商店街のある中之町あたりにあったと思われる。周辺は京都随一の繁華街の中心にありながら現在でも場末感を発散している。また，四条通から新京極通に入って間もなく左手に石碑が建っていて，狭い門がある。その奥にある染殿院（染殿地蔵）は現在も金蓮寺の塔頭である。

なった）や楊弓場・料理屋が並ぶ大繁華街となり，現在の姿につながっている[注8]。

　寺町通に画廊・古美術店・古書店[注9]が多いのに対し，新京極通には修学旅行生など若者が喜びそうな店が並ぶのは，それらの発祥を物語っている。錦天満宮や蛸薬師堂（永福寺）など，新京極通に入口がある寺院がいくつかある[注10]。境内に入って驚くことは，京都観光の中心地に墓地があることである。通りの喧騒から隔てられ，驚くほどの静寂がある。

9.2　東山七条を歩く

(1) 豊国神社とその周辺

①京都大仏

　図9.1は豊臣家ゆかりの地である東山七条界隈と阿弥陀ヶ峰である。

　秀吉は当時損傷していた東大寺大仏に代わる大仏の建造を思い立った。1595年，木造であったが東大寺に勝る巨大仏像と（高さ19mだったという，奈良大仏は15m），安置場所として方広寺が建立された[注11]。その敷地は現

図9.1　東山七条と阿弥陀ヶ峰（Google Earthより作製）

在の豊国神社・妙法院・智積院・国立京都博物館・三十三間堂を含む広大なものであった。

　しかし，翌1596年の慶長伏見地震で大仏も方広寺も倒壊した。1612年秀頼が銅製で再建したが，このとき有名な「国家安康」の方広寺鐘銘事件が起こった。二代目大仏も1662年またも地震で倒壊した。次は木造で再々建され，長らく京都の観光名所となっていたが（『東海道中膝栗毛』にも登場する），1798年に焼失した。その後上半身のみの木造三代目がつくられたが，1973年（昭48）これも焼失した。

②方広寺

　現在の方広寺（天台宗，東山区茶屋町）は本堂と鐘楼を残すのみで，あっけないほど簡

注8）きしめんの更科は，新京極通で明治から今日まで存続している唯一の店である。

注9）本能寺の近くにある仏教書専門店の書林其中堂（1930年，八木清之助設計）は，特に異彩を放っている。木造だが白い漆喰やガラスを使い，和洋折衷を図ったものと思われる。玄関前に張り出した両脇のショーウインドは，当時流行していたものである。2階の高欄は，法隆寺金堂と全く同じ「卍崩し」である。

注10）ほかには「迷子しるべ石」のある誓願寺（浄土宗西山深草派総本山）が有名である。境内における歌舞伎や浄瑠璃の興行を最初に行ったと伝えられる。また，蛸薬師堂から北約50mにある誠心院（真言宗泉涌寺派）の初代住職は和泉式部であるという。ただし彼女の時代には，誠心院は荒神口あたりにあったらしい。

注11）平安京では現松原通が五条大路であった。しかし，方広寺の参道として都合がよいために，秀吉によって2本南の六条坊門小路が五条通に変えられたという。松原橋の案内板に，義経・弁慶の出会った五条大橋はこの松原橋であった，とある。

素である。梵鐘は戦国時代最後の合戦の契機となった「証拠」のはずであるが，今は全く
寂しい佇まいである。銘文中の「国家安康」の部分が白く塗られているのでよくわかる。

③大仏殿跡

　方広寺の奥にある駐車場の塀と豊国神社境内
との隙間を進むと（通ってよいという案内板が
ある），神社の真裏にあたるところにある「大仏
殿跡緑地」（写真9．1）という公園にたどり着く。
ただし，柱の礎石だという円形の花崗岩がいく
つか埋まっているのみである。周囲は住宅街と
なっている。

写真9．1　方広寺大仏殿跡

④豊国神社

　豊国神社（「ほうこく」とも呼ばれる）は当
初，秀吉の遺体が埋葬された阿弥陀ヶ峰のふもと（現豊国廟 太閤坦）に豊国社として建立
された。大阪の陣の後，高台院（於ね）の願いで破却は免れ妙法院の管理下となったが，
修理は許されずそのまま放置された。現在の神社は明治維新後に方広寺大仏殿跡地に再建
されたものである。

　本殿正面に立つ唐門[注12]（国宝）は，解説板によると伏見城にあったもので，二条城から
南禅寺金地院を経て移築されたという[注13]。

⑤耳塚

　豊国神社の鳥居から大和大路通に降りると，面前に正面通が開ける。大仏の正面の通り
ということらしい。始めの150m程は幅25mの大通りであるが，その先は普通の道幅になり，
東西本願寺などによって中断するが，千本通まで続く。

　すぐ左手に草で覆われた盛土があって頂上に五輪塔（供養塔）が建っている（写真9．
2）。これは秀吉の朝鮮出兵の際，戦功の証として敵の鼻をそぎ取って（鼻切り[注14]）持ち
帰ったものを葬った塚である（したがって本当は鼻塚である）。

注12) 唐破風をつけた門をいう，破風とは屋根の切妻についている装飾板で，唐破風は中央が丸く盛り上がっ
　ているもの。唐とあるが純和式である。特に安土・桃山期に流行した。なお，大徳寺唐門（聚楽第から移設）
　と西本願寺唐門（伏見城あるいは聚楽第の遺構ともされるが不詳）と合わせて，伏見三唐門と呼ばれる。い
　ずれも国宝。

注13) 解説から推察すると，この唐門は秀吉の（二代目）伏見城（小幡山城）にあったが関ケ原の戦い前哨戦
　の焼失を逃れ，家康の（三代目）伏見城においても残存していて，廃城の際二条城に移設されたと考えられ
　る。豊臣家の桐の紋がついているので徳川の本拠地には適当ではないと思うのだが，神職によると，あまり
　にも立派なので家康も手放せなかったのではないか，ということであった。解体され倉庫に収納されていた
　など，どのような形で保存されていたか不明である。調査によると葵の紋が取り付けられた跡があったという。

注14) 当時，国内の戦でも身分の低い兵に対してはその鼻や耳を切り取って手柄としていた。朝鮮出兵で，秀
　吉は一つしかない鼻をとるよう命じたと伝えられる。しかし，ほとんどが兵士ではなく一般庶民のものであっ
　たという。Wikipediaによると，当初は鼻塚であったが林羅山が（野蛮なので）耳塚と呼んだ以降耳塚になっ
　たらしい。2万人分の鼻と耳が埋められているという。

江戸時代，幕府は朝鮮通信使[注15]を当時の観光名所であった方広寺に宿泊させ宴会を催していたが，彼らは耳塚を見せられて涙を流したという（小林他［2016］）。幕府役人の単純な親切心だったのか，それとも優越感の披歴だったのだろうか。丁寧に保存されてはいるが，日韓両国にとって重要な遺跡が，漫然と存在していることに私は違和感を覚える。豊国神社前という立地も適切でないし，肝心の韓国の存在が感じ

写真9．2　正面通の耳塚（右）

られない。韓国と協議して撤去・移転あるいは造りなおすべきと考える。数百年の昔も現在も日本は無神経である。

　耳塚から正面通の向かい側には，甘春堂という菓子の老舗がある。大仏建造時から続いているという。地図を見ると周辺には棟梁町・塗師町などという名の町がある。方広寺を維持修繕してきた職人たちが住んでいたのであろう。

⑥方広寺石塁

　豊国神社（すなわち方広寺大仏殿跡地）は東山の傾斜地にある。したがって，境内と東大路通に沿って擁壁となる石垣が必要だったのであろう。神社の鳥居を出たところから南側，国立京都博物館の西門[注16]まで，**写真9．3**に示すように巨大な石垣が約150m続いている。これは方広寺石塁という史蹟である。

写真9．3　方広寺石塁

(2) 豊国廟に登る

①豊国廟参道

　国立京都博物館西門から大和大路通を南下し，七条通との交差点で東へ左折する。約300m行くと東大路通で智積院[注17]総門にぶつかる。

──────────

注15）1429～1811年までの朝鮮から日本へ派遣された外交使節団の総称。江戸時代以前には5回あった。朝鮮出兵の戦後処理として家康が再開させ12回行われた。京都から江戸まで約500人の朝鮮人が陸路を行列行進し，京都の沿道では見物人が押し寄せたという。幕府としては巨額な出費が伴うため，12回目は対馬で饗応し，これが最後となった。

注16）ここから国立京都博物館のファサードが見える。1895年竣工，設計は宮内省の片山東熊である（他に迎賓館赤坂離宮などを設計）。フレンチルネッサンス様式を映しているとされ，ベルサイユ宮殿を彷彿させる。しかし，破風の彫刻はギリシャ・ローマではなく東洋の神である。

注17）真言宗智山派総本山で，成田山新勝寺と川崎大師は配下の本山。1600年徳川家康の許可によって紀州根来寺の再興として開かれた。その敷地には秀吉の第1子棄丸（鶴松）の菩提寺である祥雲禅寺や豊国社の建物があった。智積院はこれらの建物・庭園・障壁画を引き継いだ。長谷川等伯作の国宝障壁画もそれらのひとつである。珍しいことであるが，ガラス越しではなく国宝画を直接鑑賞できる。また，庭園は利休好みの庭として知られている。入口は総門から南約100mのところにある。障壁画と庭園は有料だが境内は無料。

150

左（北）に曲がり，智積院と妙法院^{注18)}の間にある東へ延びる坂道が豊国廟参道である。右手に見える鳥居は新日吉神社のものである。

しばらく行くと道の両側には京都女子大と付属中学・高校の建物が並び，車道は行き止まりとなる。多数の女子学生が行きかい，豊国廟参道は事実上キャンパスの一部となっている。

②太閤坦

徒歩で直進し，石段を上ると平坦な一帯に出る。豊国廟太閤坦である。大坂の陣までここに豊国社があったが，徳川家康の命により放棄された。現在，太閤坦の半分が大学の駐車場となっている。

歴史的偉人の墓前が女子大キャンパスになっていることに，秀吉はどう思うであろうか。女好きだったので，にんまりしているに違いない。

③豊国廟

秀吉の墓は太閤坦から続く阿弥陀ヶ峰山頂に設けられたが，江戸時代には放置されていた。明治になって秀吉と思われるミイラ化した遺骸が発見された。改めて埋葬され五輪塔（伊藤忠太設計）が建てられた。

太閤坦から一直線に続く5百段近い階段を上ると豊国廟にたどり着く。ふもとには孫（秀頼の子）の国松の墓が建っている。

ガイドブック等には京都を一望できるとある。階段で撮った携帯の縦長画面ではその通りではある。五輪塔の北側に回ると眺望が開け，清水寺を完璧に見渡すことができるが，ここまで登ってくる苦労と比較すると見返りは少ないと思った。

注18) 天台宗三門跡のひとつ（他は三千院と青蓮院）。江戸期を通じて豊国廟を管理していた。国宝の妙法院庫裏は常には公開されていない。正面の外観は無料で観ることができる。

第10章　御土居をめぐる

　私はNHK番組「ブラタモリ」京都完全編（2015.3.27放送）を見るまで，御土居というものを全く知らなかった。歴史上の影響は全くないといってよく，したがって教科書にも記述がないので知る由もない。しかしながら，「土居」がつく町名や通り名が多いことからわかるように，京都史においては重要なものであったと考えられる。少なくとも今日では差別用語ともなりかねない「洛中・洛外」の線引きの根拠になっている。

10.1　御土居の概要

(1) 御土居の構造

　御土居とは1591年に豊臣秀吉によって建設された，京都中心部を囲った土塁と堀，すなわち惣構（城下町をも含んだ城の外郭）のことである。現在はほとんど消滅していて，部分的に史跡として9か所が残っている。

　場所によって異なるが，断面はおおよそ図10.1のようなものであった。図

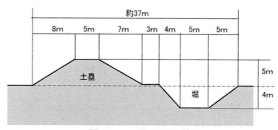

図10.1　御土居の断面
（中村 [2005] より作製．No Scale）

10.2は現在の地図にプロットした御土居の推定位置である（中村 [2005] より作製）。南北約8.5km，東西約3.5km，全周約22.5kmであった[注1]。工期はわずか3か月（2.5か月とも）[注2]だったという。出入口は当初9～10か所[注3]のみだったとされる。土塁には竹が植えられていた。

　最新の建設重機を駆使したとしても，同じものを作るのには現在でも1年を要するのではないか（もちろん，技術的要因よりも作業員の安全衛生などコンプライアンスの制約が大きい）。しかも，土塁は油のようなものを混ぜた粘土と砂礫が交互に突き固められたとされ，非常に強固なものであった。実際，人為的に崩されていない場所は残存している。戦国の軍事土木恐るべし，である。

注1）東京山手線全周は34.5km，パリ・ティエール城壁は33km，古代ローマ・アウレリアヌス城壁は19kmである。

注2）1582年の備中高松城の水攻めで秀吉は3kmの堤防を12日間で築いたというから，比較すると納得できる。

注3）長坂口・丹波口・鳥羽口など「京の七口」という言葉があるが，御土居の出入り口とは直截の関係はない。平安京につながる街道の出入り口の総称であって，はっきりとした定義はなく，7か所に限定されたものでもなかったという。

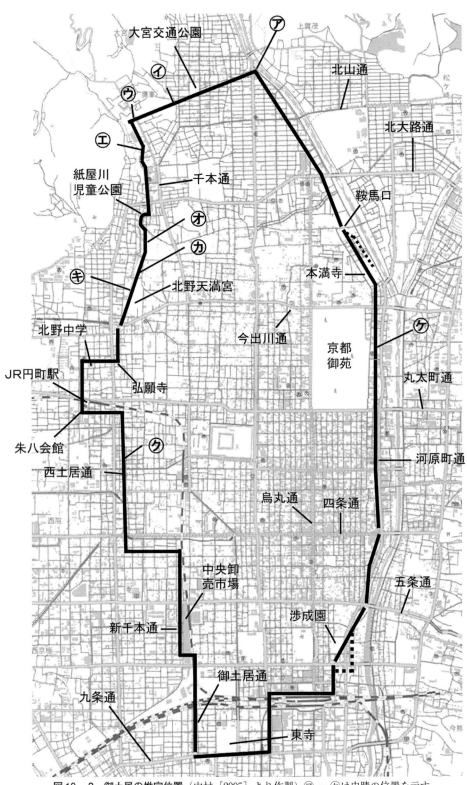

図10.2 御土居の推定位置（中村［2005］より作製）⑦〜㋗は史蹟の位置を示す

(2) 御土居の目的と歴史

　御土居建設の目的は防塁[注4]および河川堤防であるが，どのようにして範囲が決められたのかよくわかっていない。特に「御土居の袖」と呼ばれている，西側の北野中学校周辺の不自然なでっぱり（御土居の袖）の理由は不明である。

　世の中が平穏になると御土居は無用の長物となり，すぐに邪魔物扱いされはじめた。まず，祇園祭（神幸祭・還幸祭）のために四条通に出入り口ができた。その他，農作業に必要な往来などという理由のため約40か所で土塁は切り崩され，防塁としての意味は失われていった。しかし，意外にも江戸幕府は御土居を尊重していたようで，明治維新まで大部分が維持された。

　明治期になって御土居の私有地化が進み文字通りなし崩しにされ，戦後になると宅地開発のため破壊がさらに加速した。市民団体や市役所の保存活動によって，現在かろうじて9か所の史跡が残っている。

10. 2　御土居ツアー

(1) 御土居北辺

　御土居は郭（輪）なのでツアーの起点はどこでもよいが，京都市考古資料館のパンフレットにしたがって，北東角から反時計回りに行くことにする。途中，込み入ったところがあるので，地図は必携である。なお，土塁・堀の位置は中村［2005］に基づいている。

①加茂川中学校から玄琢下まで

図10. 3　御土居の北東角（Google Earthより作製）

　堀川通・賀茂街道・賀茂川が合流するあたり（図10. 3，北区紫竹上堀川町），加茂川中学校の北側にフェンスで囲まれたL字形の草地がある（写真10. 1）。堀川通を挟んだ反対側にはもう少し大きくて荒々しい土塊が見える。これらは9か所ある御土居史跡のひとつである。図10. 2・図10. 3に示す史蹟㋐「加茂川中学校敷地など」で，御土居の北東角にあたる。石碑と案内板がなければ単なる空地にすぎない。

　御土居は住宅街を南西方向に続くが，すぐに痕跡は消える。土地の高低は全くみられない。しかも，道路は東西南北方向なので，斜めに御土居跡をたどるのは，ジグザグ行くし

注4）防塁としては中途半端らしい。前年に小田原征伐が成功し全国統一がなされていたので，当時京都防衛は不要になっていたなどという理由で，軍事目的に疑問を呈する説もある。

写真10.1 史跡⑦「加茂川中学校敷地等」

写真10.2 大宮交通公園の御土居

かない。史跡にはなっていないが大宮交通公園の南端にも遺構（**写真10.2**）があるので，これを目当てにすればよい。

②大宮土居町

　史蹟⑦から直線で100m余りの所にある玄琢下という複雑な交差点に達すると，忽然と巨大な土塊が現れる。史跡④「大宮」である。御土居を最も感じさせる史跡である（ブラタモリのロケ地にもなった）。約250mにわたり土塁と堀がほぼ完全な形で残っている。地図を見ると，ここは大宮土居町という史跡のみの不思議な細長い区画となっていることがわかる。フェンスで囲まれていて，沿う道はないので，北側住宅地の路地突き当りから垣間見るしかない（**写真10.3・写真10.4**）。

写真10.3 史跡④（大宮土居町）

写真10.4 史跡④「大宮」西端

③鷹峯旧土居町

　大宮土居町の西端は鷹峯旧土居町という両側町へ接続する。これも土塁の幅だけの帯状の区画である。直接つながる道はないので，大宮土居町の北側にいたのなら，バス通りまで北へ上って再び下るか，玄琢下交差点まで戻り南側を迂回するしかない。

　鷹峯旧土居町の中央の道路を歩くと周囲より明らかに高いことがわかる。平行する左右の低いところにも道がある。これらは土塁の境界なのであろう。都市城壁の跡が道路になることはあっても，そのままの形で町になる例は少ないと思う。

　通りは千本通（鷹峯街道）で行き止まりになり，目前に土塊（史跡⑤「鷹ヶ峯」，**写真**

10. 5）が現れる。左には御土居餅で知られる光悦堂[注5]がある。ここは長坂口という鷹峯街道との出入口であった。

　図10. 4は御土居の北西角である。御土居は写真手前の崖（天神川[注6]の段丘）に突き当り，鬱蒼とした雑木林となって南方向へ曲がる。鷹峯旧土居町も御土居の形のまま続く。・くの字形（白線で囲まれた区画）の奇妙な町である。

写真10. 5　史跡⑦「鷹ヶ峯」

図10. 4　御土居北西角の鷹峯旧土居町
（Google Earthより作製）

(2) 御土居西辺の北半

①長坂口から御土居史跡公園まで

　御土居の中には入れないので，光悦堂から鷹峯街道を約200m北上し迂回する。松野醤油店の角を西に曲がり，会員制ホテル東急ハーベストクラブの庭園に沿って歩道を下る。一帯は衣笠鏡石町という町で，全体が高級ホテルや料亭・レストランが並ぶ「しょうざんリゾート京都[注7]」である。天神川が町の中心を流れる。

　ホテル施設と土塁の間にモミジの並木歩道があり，それを見上げながら南に下る。史跡⑦の角にあたるコンクリート擁壁が林の間から見える。駐車場を過ぎると千本通から降りてくる道（上野道）との交差点があり，民家が見えてくる。

　直進すると左側に史跡㊁「御土居史跡公園」が現れる。一見ただの崖であるが，**写真10. 6**からわかるように北側が唐突に切れて住宅が建っている。史跡保護と宅地開発との厳しい攻防があったことが窺える。

　土塁の外側には急な崖があり，その底に天神川が流れる。当時は分からないが現在は小川である。**写真10. 7**のように段丘が深いので，御土居の堀として利用された。

注5）　史跡④の中に入るのは事前の許可が必要だが，史跡⑦については光悦堂でフェンスの鍵を借りることができる。

注6）　天神川は江戸時代まで紙屋川と呼ばれていた。現在でも上流を一般的に紙屋川（境界は不詳）と呼び，そう表記している地図もある。河川法では上流下流ともに天神川で統一されている。

注7）　西陣の染色会社が戦後に開設した日本庭園を中心とするレジャー施設。京都市民にはなじみが深いらしい。現在直営しているのは結婚式場と料亭のみで，中核は東急不動産のホテルである。**図10. 4**にはボウリング場やプールが映っているが，これらの場所には現在やはり東急不動産のROKU KYOTO, LXR Hotels & Resorts（ヒルトンの最高級ブランド，2021年開業）が建っている。

写真10．6　史跡㋓「御土居史蹟公園」

写真10．7　土塁と天神川

②御土居史跡公園から紙屋川児童公園まで

　御土居史跡公園から南は，平行する２本の道路に挟まれているのでわかりやすい。佛教大学のキャンパスの一部は御土居跡にある。

　図10．2からわかるように，北大路通を越えると御土居は紙屋川児童公園の北側で西方向に急激に湾曲し，天神川方向に向かうが，路上にいると御土居の位置がわからなくなる。そこで天神川に下りて右岸を南下する。左岸に見える段差が土塁である。公園の北側三分の一は低地になっていて，そこが堀であったということがわかる。

④紙屋川児童公園から北野天満宮まで

　紙屋川児童公園から鞍馬口通に出て東方面に歩き，柏野小学校の手前の道路を南に曲がり，突き当りのＴ字路を左に行くと，右に御前通の細い道がある。この辺りから寺之内通まで，北区紫野西土居町という長細い区画の住宅街となっている。南下するとまもなく右側に現れる異様な土隗に驚かされる（史跡㋔「紫野」，**写真10．8**）。民家の庭先にあるのだがこれも史蹟である。このような小規模で不完全なものを残しておく意義があるのか疑問である。

　蘆山寺通と寺之内通の接合点となっている五差路を目指して，御前通を右折し天神川を横断する。途中，御土居の高低差がはっきりと見て取れる。五差路から寺之内橋を渡り，すぐに右折する。住宅街を350mほど進むと左手に芝生で覆われ整備された美しい丘が見える（史跡㋕「平野」，**写真10．9**）。ここは北区平野鳥居前町で上京区との境界にある。史蹟指定されているが，御土居のイメージとは程遠い。

写真10．8　史跡㋔「紫野」

写真10．9　史跡㋕「平野」

⑤北野天満宮から一条通まで

　史蹟㋕のすぐ南に北野天満宮がある。境内の
西側が異様に盛り上がっているのがわかる。（史
跡㋖「北野」，**写真10．10**）。２月〜３月の梅苑
公開と11月のもみじ苑公開時のみ土塁に登るこ
とができる。

　天神川の流れは深く，段丘の上に土塁を積み
上げた効果がよく理解できる。土塁全体が梅や

写真10．10　史跡㋖「北野」

モミジが植えられた公園となっている。

　天神川の流れは北野天満宮を離れると今出川通から東側にわずかに方向を変え，一条通
の手前で御土居と交差する。以降，天神川は御土居の内側を流れることになる。

(3) 御土居の袖

　一条通から400m南，弘誓時の北辺
で御土居は突然西へ直角に曲がる。
「御土居の袖」の始まりで，東西約250
m・南北約550mにおよぶ（**図10．5**）。

　選佛寺南橋の通りを西進し西大路通
を越えると，北野中学校の敷地北辺に
出る。学校の塀の上に張り巡らされた
フェンスには目隠しが施されていてよ
く見えないが，隙間から垣間見るとグ

図10．5　御土居の袖（Google Earthより作製）

ランドにいかにも邪魔そうな土塊あるのがわかる[注8]。史跡指定はないが御土居の遺構であ
る（中学校に事前に申し込むと見学可能らしい）。

　次いで御土居は北野中学の敷地北西角で南に曲がる。佐井通がおおよそ堀の縁に沿って
いるので，これを南下する。町内集会場の朱八会館までが袖口にあたる部分である。

　御土居は朱八会館の角を東に左折する。道路は土塁外側にあたる。西大路通を再度越え
て西土居通に達すると袖は終了する。天神川は袖の付け根で御土居と交差したのち，西に
大きく流れを変え離れていく。

(4) 御土居西辺の南半分

①西土居通から仏光寺通まで

　堀の西縁に沿う西土居通を約550m南下すると，御池通の手前に市五郎稲荷神社（史跡
㋗「西ノ京」，**写真10．11**）がある。ここは史蹟であるとともに，御土居自体が神体となっ

注8）堀の部分にプールが造られていて，土塁の斜面部分が観覧席として利用されている。

158

ている。鳥居が並ぶ参道の長さが堀の幅である。
境内敷地は商業地として魅力的なはずであるが，
管理している方によると手をつけられなかった
のは神社だからだろうという。

　さらに南下すると西土居通は四条通にぶつか
るが，なぜか反対側正面は高山寺通となる。西
土居通は東側にずれて続いていて，今度は土塁
の内側となる。仏光寺通手前の土居ノ内通に達
すると，これを土塁内側の縁，土居ノ内南通を
外側の縁として東に曲がる。地図を見るとこの辺りには，壬生土居ノ内町など「土居ノ内」
の名がつく三つの町が並んでいる。

写真10．11　史跡⑦「西ノ京」

②仏光寺通からJR操車場まで
　御土居は仏光寺通と綾小路通の間を約800m東進すると，JR山陰本線高架手前の新千本
通で南転する。新千本通は土塁内側の縁にあたる。南下し五条通を越えると，新千本通は
中央卸売市場敷地の西境界となる。御土居跡には場外施設が並ぶ。
　御土居は中央卸売市場の南端，エミオン京都の北側で東に曲がり，JR山陰本線を越える
とすぐに南方向にもどる。梅小路京都西駅の前を通過し，京都鉄道博物館の東をかすめ，JR
操車場に達する。

③JR操車場南から九条通まで
　操車場を越えることはできないので，JR西大路駅または京都駅で線路を横断して反対側
の八条通へと回る。京都市下水道サービス協会を目指せばよい。その入り口から東へ30m
程行ったところに，八条通から南へ分岐する2本の通りがある（千本通から数えて東2本
目と3本目の通り，名前は不明）。これらに挟まれた幅20mの土地が土塁であったと考えら
れる。住宅街を南下し約600mで九条通に達する。ここが御土居の南西角である。すぐ西側
には羅城門跡がある。

(5) 御土居南辺

　現九条通は御土居とほぼ重なっている。すなわち東寺南大門の前には土塁が立ちふさ
がっていたことになる。
　九条油小路交差点で御土居は北へ転じ，JR線を越えるとすぐ東に曲がる。ハローワーク・
京都駅ビル・センチュリーホテルは，御土居跡に建っていることになる[9]。

注9）現京都駅0番ホームは土塁を利用しているという説は間違いで，御土居の堀の跡にあるというのが正し
　　いという（中村［2005］）。

(6) 御土居東辺

①京都駅から葵橋まで

　御土居はセンチュリーホテルから再び北に曲がり，高倉通を土塁外側の縁として北上する。ここから史蹟⑦まで堀はなく，土塁のみであった。建設当時はすぐそばまで鴨川が迫っていたのであろう。

　土塁は七条高倉交差点から北東に曲がり，**渉成園**[注10]の北東角を経て河原町通に入る。約200mでいったん河原町通を東へそれるが，五条橋西詰を経て松原通と交差したのちは下鴨の葵橋まで一貫して河原町通の20〜30m西にあった。しかしながら，建物で覆われていて痕跡をたどる手掛かりは得られない。

　四条河原町交差点は祇園祭の神幸祭・還幸祭のため，真っ先に開けられた出入り口である。高島屋やOPAは土塁跡に建っていることになる。

　京都府立医大図書館の北側にある**廬山寺**[注11]に史跡⑦がある（図10.6）。河原町通からも雑木林の高まりが見える。入り口がある寺町通に回り，境内の右側奥に進むと墓地があり，河原町通との境界に長さ約50mにわたって土塁があることが分かる。開放されているので中に入ることもできる。閉門されてしまうと出られなくなるので，注意すること。

図10.6　史跡⑦「廬山寺」（Google Earth）

②葵橋から鞍馬口通まで

　河原町通は葵橋に達すると下鴨本通と名を変え賀茂川を渡り東に延びるが，御土居は賀茂街道の西側を北上する。

　河原町通と賀茂街道の交差点手前に，北方向へ分岐する狭い通りがある。土塁の外側の縁にあたる。これを約100m行くと左手に擁壁があり，その上は本満寺の墓地（山中鹿之助の墓がある）になっている。土塁跡が墓地になっているのである。北東隅に小さいがひときわ高い祠が見える。元々の土塁の上に建っているという。

注10）渉成園（東本願寺飛地境内の庭園）は，御土居完成約60年後の建設である。迂回のため，幕府によって御土居は東側に付け替えられた可能性があるとされている（図10.2の破線）。なお，渉成園の園池の中島は土塁遺構らしい。

注11）正式名は廬山天台講寺。戦前までは天台宗系単立寺院であった。現在は天台圓浄宗大本山を名乗っている。10世紀に北山に創建されたが，秀吉によって，16世紀末ほかの寺と同様に現在の寺町通に移転させられた。1965年，寺地が紫式部邸宅跡であるという説が唱えられ，それによって門前に紫式部邸宅址石碑，境内に歌碑が建てられた。紫式部ファンの聖地のひとつとなっている。なお，京都では多くの家の玄関に「角大師」という墨絵の鬼の札が張られている。これは廬山寺が授与した札である。寺を創建した良源（近江出身）が強い法力で疫神を倒した際，角をはやした鬼の姿となって鏡に映っていたという伝説に因んでいる。なお、良源は天台座主だったので、比叡山横山でも角大師札を配っている。

　この祠の少し北から**図10.2**の点線で示すように土塁は二重になっていた。賀茂川の氾濫に備えるための強化対策であったとされている。二重の土塁に挟まれた地域では幅2mに満たない路地が入り組み，両側の連坦住宅の中の会話や生活音が否応なしに耳に飛び込む。料理の匂いも漂ってくる（生活道路に入り込み恐縮である）。近年では地方の田舎町でも見られなくなったディープな生活空間である。田の字地区でもこうした路地はあるが，ここは格別である。

③鞍馬口通から加茂川中学校まで

　鞍馬口通を越えると土塁に沿った北西方向の斜めの道路が現れる。京都市交響楽団練習場の西側が土塁の外側にあたり，紫明通まで続く。紫明通の反対側にも斜めの通りがあり，内側の縁となる。しかし，今宮通の北で途切れる。

　その後，御土居は碁盤目状の住宅街を北西へ斜めに進む。追跡する手掛かりは全くない。

　今宮通から直線距離で約1.2kmのところに始点の史跡⑦「加茂川中学校敷地ほか」があり，御土居ツアーは終了する。

第11章　秀吉の伏見開発

　豊臣秀吉は全国統一を果たし，1591年関白の地位を秀次に譲ると，伏見開発に邁進した。城と城下町の建設のみならず伏見を物流拠点化することも目的であった。天下人となり（当時一応）隠居したのに，頑張る必要性を私は理解できない。デベロッパーとしての血が騒いだのだろうか。1592年には文禄の役が始まったので，兵站基地となる大阪の開発に専心した方が合理的であったであろう。

　伏見はその後しばらく政治の中心であったが，約30年後徳川の居城が京都二条城に移り，日本史の表舞台から消え去る。しかし，伏見港が高瀬川の起点・終点となったため，経済的には大きく発展した。特に酒造産業は兵庫の灘と双璧をなしている。すなわち，秀吉の目論見は成功したのである。

　1962年淀川の舟運が終了し，今日，城も濠も港もすべて消滅してしまった。本章では秀吉による伏見開発の痕跡を探す。

11.1　伏見城と城下町建設

(1) 伏見城

①指月伏見城

　伏見城は，桃山時代の短期間に３度築城され，３度失われた[注1]。

　初代は，豊臣秀次への関白譲位にともない秀吉が隠居所として1594年に築造した指月伏見城である。それに伴い城下町が建設され，今日の伏見区の基となった。

　城下町では防御のため道路は屈曲させるのが通常であるが，伏見の場合直線的で碁盤目状になっている。京都に倣ったとも言われている。また，「羽柴長吉中町」や「毛利長門西町」など，大名の名がついた町名が多数みられる。屋敷の跡だと考えられている。

　指月城の位置は不詳であったが，2015年JR桃山駅南のマンション建設現場で初めて遺構が発見された（**図11.1**）。平城であったことが分かる。

図11.1　伏見城周辺（Google Earthより作製）

注1）現在，伏見桃山城運動公園の西端にある天守閣（RC造）はレプリカで，1964年〜2003年に営業していた遊園地の施設のひとつである。住民の要望によって解体を免れたという。地域の景観になじんでいて存在感があるが，耐震基準不適合のため閉鎖されている。

162

②小幡山伏見城

　指月城は1596年慶長の大地震で崩壊したので，秀吉はただちに1597年現在の明治天皇陵に二代目木幡山伏見城を建設した。指月城建設時は隠居所なので平城で十分だったが，秀次を粛清して現役復帰したので山城にしたのかも知れない。指月城の廃材が再利用されたので工事は迅速に進んだ。伏見桃山城運動公園は北堀に当たる。翌年，秀吉はここで生涯を終える。しかし，その二代目も1600年関ヶ原の合戦の前哨戦で焼失した。

③桃山城

　徳川家康は関ヶ原の戦い勝利後の1602年，小幡山伏見城と同敷地（すなわち明治天皇陵）に，藤堂高虎を奉行として三代目伏見城を建設した。家康・秀忠・家光はここで将軍宣下を受けたが，1619年に廃城となった[注2)]。城跡に桃の木が植えられたことから，後に桃山城（あるいは伏見桃山城）と呼ばれることになり，桃山時代の名前の由来となった。

(2) 濠川を下る

①濠川

　濠川（「ほりかわ」とも呼ぶ）は，もともとは伏見城の外堀として開削され，城建設時には運河の役割も果たしていた。堀は伏見港からクランク状に北上し現伏見北堀公園まで続いていたと考えられるが，痕跡はない。琵琶湖疏水鴨川運河は伏見堀詰で濠川に接続されたとあるので，当時それ以北の堀

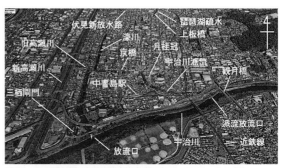

図11. 2　濠川と宇治川派流全景（Google Earthより）

はすでに埋められていたのであろう。具体的には，鴨川運河の水門が設置されている上板橋付近が濠川の始点と考えられる[注3)]（図11. 2及び巻末図2参照）。

②龍馬受難の地

　濠川は住宅地を何度もクランクしながら南下する。川幅は約8mである。川に沿う道はないので1本西隣の道をたどりながら，架かる橋の上から川の様子を確かめる。満々と水を湛えながら屈曲する流れと，水際に立ち並ぶ家々を眺めると，住んでみたいと思う気持ちが湧き上がる。特にマンションからの眺めは素晴らしいに違いない（写真11. 1）。

注2）豊国神社唐門や西本願寺唐門など伏見城からの移築とされるものが各地にあり，桃山文化を今日に伝えている。これらは豪華さから考えて家康の桃山城とは考え難い。小幡山城は完全に焼き尽くされたとされているので，そうすると指月城からの移転であろうか。

注3）鴨川運河と濠川の橋の欄干親柱の銘を調べると，上板橋から下流5本目の下板橋までは疏水，6本目の（旧竹田街道にかかる）土橋以降からやっと濠川となっている。これは，琵琶湖第二疏水建設により流量が増えたため，土橋まで鴨川運河が拡幅されたので，橋も架け替えられたからだと考える。現在の国土地理院地図は伏見下ダムから下流はすべて濠川とされているが，一方戦前までの古地図ではすべて琵琶湖疏水と記載されていて，濠川の表示は一切ない。

　　上板橋から下流5本目の下板橋西詰にある酒
造工場は，薩摩藩伏見屋敷の跡地である。門の
脇に石碑が建っている。さらに2本下流の聚楽
橋をすぎたところから濠川はクランクをやめ，
約700m先の伏見港へ直進，南下する。川幅も
約15mと2倍になる。

　　聚楽橋から2本下流の大手橋の西詰に「坂本
龍馬避難の材木小屋跡」という石碑がある（現
在は民家が建っている）。すなわち，龍馬は，

写真11. 1　濠川

濠川に沿って約600m下流の寺田屋で伏見奉行所の襲撃をうけ，傷を負いながら（実際の経
路は分からないが）薩摩屋敷を目指してここまで逃げてきたのである。薩摩屋敷まで残り
約800mのところであった。

③伏見であい橋

　　大手橋あたりから川岸に木々や花が多くなる。濠川の突き当りは宇治川派流である（た
だし現在流れているのは琵琶湖疏水である）。

　　合流点に「伏見であい橋」という木製の橋が架かっている。図11. 3からわかるように，
隣に旧高瀬川（現在でも水路はある）も流れ込んでいたので，名前は三本の川が合流して
いることに因んでいるのだろう。であい橋も三つ又の橋で，濠川左岸と派流の両岸の遊歩
道を結んでいる。濠川は派流を二方向に分かれて進む。

④三栖

　　西側の派流（図11. 3の左側の流路）
の右岸にわたる。高架車道の向こう側
に白い4本の塔が見える。三栖閘門[注4]
である。

　　数百m下ると派流は川幅を広げ宇治
川にそそぎこむが，図11. 2からわか
るように途中右岸から閘門につながる
水路が分岐されている。進むと周辺は

図11. 3　であい橋周辺（Google Earthより作製）

空地（伏見みなと広場）となっていて，閘門の構造がよく分かる。下流側の水門は常時閉

注4）閘門とは，水位が大きく異なる水路中に二つの水門を設け，前進方向の水位となるよう船を上下させる
　　施設。二つの水門の間が船着き場となる。1917年伏見地区の洪水を契機に，淀川水系（主な河川は宇治川・
　　木津川・桂川とそれらが合流する淀川）に大規模な治水計画が立てられた（新高瀬川建設もその一環である）。
　　三栖閘門は，宇治川右岸の新堤築造によってできる宇治川派流との水位差を調整するためのもので，1929年
　　完成した。これによって大阪・京都間の舟運が継続できた。当時は合掌扉が主流であったところ，三栖では
　　操作性や維持管理の容易さに優る引上扉が採用された。高さ16.7mで，写真11. 2からわかるように土木施
　　設としては装飾性が高い。現在は閘門の機能は不要となったが，治水施設として利用されているという。土
　　木学会推奨土木遺産である。

鎖されている。三栖閘門資料館があり遊覧船
（伏見十石舟）の折り返し点でもある（**写真11.
2**）。

宇治川堤防の遊歩道を上流側に少し歩くと，
派流の放流口がある。濠川の終点であり，琵琶
湖疏水の終点でもある。宇治川との水位差は大
きく，閘門が必要であったことがよくわかる[注5]。

写真11.2　三栖閘門船着き場

11.2　伏見港

(1) 中書島

伏見港は現在の宇治川派流に囲まれた中書島[注6]（ちゅうしょじま）にあたる。開発着手のころは入江で，そ
の中に大きな島が二つあったらしい。年代が下るとともに埋め立てが進み，現在の形となっ
た。1962年（昭37）淀川の舟運が廃止された後は琵琶湖疏水の排水路としての役割しかな
くなったが，観光資源として活躍している。

中書島すなわち伏見港は交通の要衝であったことから，江戸時代に遊郭が栄えたが，1970
年（昭45）に廃業となった。その名残なのか，京阪本線中書島駅前[注7]にはおびただしい数
のバー・スナックの看板が並んでいる。

(2) 宇治川派流を上る

①伏見口の戦い跡

三栖閘門を見物していたのなら伏見であい橋に戻る。ここから東の派流沿岸は伏見観光
の中心であり，桜の名所でもある。200mほど遊歩道の桜並木を歩くと竹田街道を渡す京橋
という大きな橋がある。この周辺は伏見港の中核であり，鳥羽・伏見の戦いの激戦地でも
あった。遊歩道から京橋北詰に上ると「伏見口の戦い激戦地跡」の石碑がある。

②寺田屋

その石碑から西へ湾曲した道を進むと，左手に寺田屋があらわれる。現在も現役の木造
旅館である。寺田屋は龍馬遭難の宿で，妻お龍との出会いの場であったことが知られるが，

注5）伏見港とともに濠川の河口付近は，激しく変容している。古地図を見較べると面白い。

注6）伏見城があったころ賤ケ岳七本槍の一人，脇坂安治がこの島に屋敷を構えたという。その時彼の官職は
　　中務少輔であった。それに相当する唐の役職名が「中書」であったので，地名の由来となった。伏見で多く
　　みられる，大名家の名前が住所になっている事例のひとつであろう。なお，安治は関ヶ原の合戦で西軍を裏
　　切ったことの方が知られている。子孫は播磨国龍野藩主として幕末まで存続した。赤穂事件では隣藩赤穂城
　　受け取りの正使を務めた。

注7）駅前通りに面して新地湯という1931年創業で現役の銭湯がある（設計者不祥）。窓に色ガラスがはめ込
　　まれているなど，銭湯にしては凝っている。モルタル塗りの外壁に彫刻風の装飾がついている。すべて左官
　　仕事である。おそらく完成当時のままであると思われる。かなり腕がよかったのだろう。

歴史的には薩摩藩内紛の寺田屋騒動の方が重要である。なお，京都歴史資料館によると，幕末の寺田屋は鳥羽伏見の戦いで焼失していて，当時の主と現在の経営者とは無関係であるという。普通の住宅ほどの表札が玄関にかかっていて，「寺田屋」とあるが，その左下に少し小さな文字でなぜか「坂本龍馬」と添えられている。

　寺田屋から北は伏見の中心で，観光客も多い。京阪本線伏見桃山駅まで数百m続くアーケード街（大手筋商店街）があり大変賑やかである。酒蔵も多く昼から日本酒の飲み比べができる。

③月桂冠大倉記念館

　再び派流川岸の遊歩道に下り東へ向かう。両岸に道はあるが，左岸の方が見通しはよさそうだ。しばらく行くと派流は南に湾曲する。その先に外壁が焼杉板の羽目板張りで装飾された建物が見える（写真11. 3）。月桂冠本社と大倉記念館である。その入口へは少し先の弁天橋[注8]から回らなければならない。

写真11. 3　宇治川派流

④宇治川派流放流口

　月桂冠をすぎると派流は南西へ緩やかに曲がっていく。500mほど行くと外環状線高架の手前の橋で遊歩道は行き止まりになる。車道に上り平戸町地蔵尊の向こうにある京阪線の小さな踏切を渡ると宇治川堤防に出る。水門があり放流されているのが見える。かつては宇治川の水が流れ込んでいたはずであるが，現在は逆に琵琶湖疏水の水が流出している（いずれにしても水源は琵琶湖である）。ただし，三栖側と比較すると少ない[注9]。

11. 3　巨椋池と太閤堤

(1) 巨椋池と宇治川治水の歴史

　昭和初期まで伏見の南側に**巨椋池**（おぐらいけ）という巨大な湖沼があった。東と北側に宇治川が流れていて，池との間には大小多数の島があったが，両者は実質的につながっていた。要するに一帯は川とも沼とも境界がない巨大な水溜まりだったのだろう。宇治川は巨椋池西端の淀で桂川・木津川と合流し，淀川となって大阪湾へそそいでいた。したがって，大阪から大型船も入ってくることができたのであるが，わずかな雨でもすぐに氾濫した。

　秀吉は伏見を水運・陸運の拠点とすべく，治水もかねてこの宇治川と巨椋池に堤防を建設した。太閤堤と呼ばれる（1594年完成とされている）。図11. 4に示すように，宇治川左

注8）遊覧船（15人乗り「十石舟」）の発着場がある。三栖閘門まで行き，戻ってくる。3月〜12月運航。なお，寺田屋前の右岸から出ているのは，団体専用（30人乗り「三十石舟」）である。

注9）派流の東側は上流になるため，濠川のほとんどは下流側の三栖に流れる。遊覧船の運行期間では，水門が閉じられて満々と水を湛えるが，それ以外の期間においては，月桂冠より西側は水たまり状態となる。

岸に槙島堤（宇治堤）を築いて巨椋池
と分離し，宇治川を北へと迂回させた。
伏見城の外堀へ水を引き込む目的も
あった。同時に，小倉堤や豊後橋（現
観月橋）の道路建設も行った。秀吉の
死後も治水工事は続いたが，宇治川と
は結局淀でつながっていたので，氾濫
は止まらなかった。巨椋池は大阪平野
防護のための遊水地として考えられた
面もあり，江戸時代を通じて宇治川・
桂川・木津川とつなげられたままだっ
た。

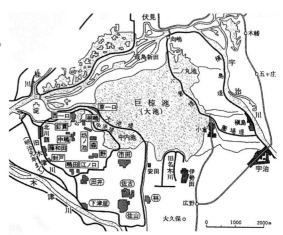

図11. 4　巨椋池の堤（宇治市歴史資料館［1991］）

　300年後の1905年（明38），瀬田川
（琵琶湖を水源とする宇治川の上流）
に建設された南郷洗堰（現在は廃止さ
れすぐ下流の瀬田川洗堰に移転）に
よって宇治川の流量調節が可能となり，
巨椋池の遊水池としての役割は不要に
なった。3河川は巨椋池から完全に切
り離され，1930年（昭5）に石清水八
幡宮の西で合流するという現在の姿と
なった（三川合流，**図11. 5**）。

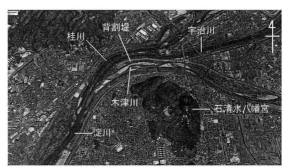

図11. 5　三川合流（Google Earthより作製）

　川から切り離された巨椋池は蚊の大量発生源となりマラリアが流行したため，1933～'41
年（昭8～16）の干拓工事によって完全に消滅してしまった。干拓前の水域面積は約800ha,
平均水深は90cmだったという。

(2) 太閤堤を探す

　伏見は古代から奈良・大阪につながる交通の要衝
であったが，当時の大和街道は巨椋池の東を大きく
迂回していたので不便であった。太閤堤のひとつ小
倉堤はこの巨椋池を縦断する堤防で，その天端を新
たな大和街道とした。これにより人の流れも伏見城
下を通過するようになった（豊後橋の建設の際，秀
吉は宇治橋を撤去してまで，交通路の集約を図った
という）。

　図11. 6は1912年（明45）刊行の古地図である図

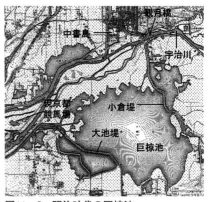

図11. 6　明治時代の巨椋池

11．4と比較すると，巨椋池の北側は埋め立てられているが，太閤堤や同時期に建設された大池堤（これも秀吉の構想と考えられている）などがまだ残っているのがわかる。

　図11．7に示すように観月橋南詰から西へ大きく湾曲する通りがある。伏見区向島中之町・下之町・中島町を貫く通りで，NHK「ブラタモリ」第37回

図11．7　太閤堤跡（手前が北，Google Earth）

によると，これが太閤堤の跡であるという。通りをしばらく進むと南へ分岐するT字路がある。急な下り坂である。さらに10m先の右側に駐車場があり，北側にも段差があることが分かる。いつの間にか両脇が3〜4m下がっていたのだ。下の通りから見ると，隣り合っているのに一階分ほど屋根が高い家並みが連なっている。

　太閤堤跡は近鉄向島駅の南にある西目川集落まで追えるが，その先は埋もれてしまって分からない。なお，大池堤は古川（干拓工事の排水路のひとつ）の土手となって残っている。

第12章　高瀬川を下る

　高瀬川は歴史教科書に載っていないが，森鴎外の小説『高瀬舟』の舞台であり，飲み屋街の木屋町通に沿って流れているので，多くの人が知っていると思う。しかし，繁華街を過ぎても流れていて，最後には鴨川に放流されていること，建設時にはその対岸からさらに伏見まで続いていたこと，あるいは舟運の役割を琵琶湖疏水に譲った後の変遷について，知る者は少ない。本章では高瀬川の全容を明らかにする。**巻末図１・図２**に現在の流路を示す。

12. 1　高瀬川の概要

(1) 高瀬川の歴史

　1611年京都豪商 角 倉 了 以・素庵[注1] 父子は，豊臣秀頼の方広寺大仏再建に際し，伏見港から五条通まで[注2] の水運事業を請け負った。その経験[注3] をもとに彼らは徳川家康に願い出て，1614年二条通までの恒久的な運河，すなわち今日でいう高瀬川の開削事業を，自費で行った[注4]。現在でいえばPFI（Private Finance Initiative）である。

　高瀬川は明治初期まで京都・伏見間（ひいては大阪と）の物流の大動脈であったが，1884年琵琶湖疏水が完成すると輸送量が減少し，1920年高瀬川の舟運は廃止された[注5]。

(2) 高瀬川の構造

　開削当時の川幅は基本的に４間（7.2m），市中では3.5間～４間，鴨川横断後では７～８間のところもあったという。

　高瀬川ができるまでは，伏見港で大型船から陸揚げされた貨物は陸運によって運ばれていた。完成後は港内で高瀬舟[注6] に積み替えられ，数隻が連なって高瀬川を曳上っていった。

注１） 素庵は儒学者・書家としても名高かったが，晩年，ハンセン病に罹患し嵯峨野に隠遁した。化野念仏寺に墓がある。

注２） この時のルートは，伏見港→おおよそ現東高瀬川を北上→十条通北の鴨川左岸→鴨川を横断→九条通南の鴨川右岸→鴨川右岸河川敷を北上→五条通であった。

注３） 鴨川右岸九条→五条の逆勾配は閘門のような仕掛けを造って舟を上らせたという。しかし，了以は頻繁に起こる鴨川の氾濫でこうした施設が破壊されることを予想し，独立した運河の開削を思い立ったらしい。

注４） おそらく五条以南の高瀬川は，方広寺再建事業の際にほぼ完成していたと考えられる。したがって，全く新規に開発したのは二条・五条間のみであろう。用地買収や事業補償も私費で負担したらしい。明治になって舟運の利権を取り上げられ困窮していた角倉家は，この区間の高瀬川の返還を政府に訴え出たところ，高瀬川自体は認められなかったが，その周囲の土地の一部が返還された（小林他［2016］）。

注５） 伏見・大阪間の舟運は1962年まで継続した。

注６） 底が平らな小舟で，水深が数十cmの川でも運航可能であった。当時，高瀬舟は各地で使われていた。し

三栖閘門資料館によれば，19世紀中ごろの最盛期には185隻が往来していたという。

上流へは陸上から人力で牽引した（曳舟という）。荷物の積み下ろしや，船の方向転換をするための9か所の「舟入」（船溜）と多数の「船回し」が設けられていた。現在は高瀬川の始点にある「一之舟入」（日本銀行京都支店南側）のみが史跡として保存されている。

(3) 現在の高瀬川

現在，高瀬川は3分割されている。すなわち二条大橋下流の取水口から十条通の鴨川放流までが高瀬川，その対岸の鴨川東岸から伏見新放水路（琵琶湖疏水のバイパス）合流までは東高瀬川，その下流の宇治川合流までは新高瀬川[注7]である。総延長約10kmである。

12. 2　高瀬川を下る

(1) 二条通から三条通まで

①高瀬川の源流

当初，高瀬川は鴨川から直接取水していたが，図12. 1に示すように，現在は鴨川右岸河川敷を流れる「みそそぎ川[注8]」から分流されている。二条大橋のすぐ下流の取水口[注9]（図12. 2）から，「がんこ高瀬川二条苑」（旧角倉家別邸）の庭園を経て，木屋町通を暗渠で横断し，高瀬川となる。川幅は7m弱で，しばらく木屋町通に沿って流れる。

図12. 1　高瀬川の始点付近（Google Earthより作製）

水量は多くない。欧州都市を流れる運河が常に満々と水を湛えているのと対照的である。しかも，鴨川の水位が低下するとみそそぎ川は涸れ川となり，高瀬川は水溜りとなってし

───────────────────────────

たがって，京都以外にも高瀬川は全国に多数ある。京都の場合，「京都高瀬川」と呼ぶのが正しいらしい。

注7）後の付け替え工事や修築によって，川の構造や規模はもちろん流路も了以の時代から変遷している。なお，国土交通省の河川名としては，新高瀬川は用いられず，東高瀬川になっている。

注8）現在のみそそぎ川は戦中・戦後にかけて建設された水路である。1935年の大水害後の治水対策で，鴨川の川底を掘り下げたことにより水位が下がり，高瀬川の取水ができなくなったため設けられた。現在賀茂大橋下流約400mの右岸から取水して暗渠で河川敷を流下し，丸太町橋と二条大橋の中間あたりで開渠となり，納涼床のための鴨川の代役をはたし，五条大橋の手前で放流されている。なお京都府年表によると，1917年鴨川の治水工事のため納涼床が営業できなくなった店舗の陳情により，みそそぎ川が開削されたとあるが，この時はそれほど本格的ではなく，中州によって幾筋にも分かれていた流れのなかの最も右岸寄りのものを利用したらしい。

注9）図12. 2からわかるように高瀬川分流後のみそそぎ川の落差は大きい。高瀬川の取水口高さは変わっていないはずなので，1935年までの鴨川水面は現在よりも3mほど高かったことが推察できる。

まう注10)。現在では治水を優先しているからだと
思われるが，残念である注11)。

②一之舟入

高瀬川の始点に史跡一之舟入がある。日本銀
行と京都銀行協会というお堅い建物と，町家風
の飲食店に囲まれ，夜はライトアップされる。
手前には高瀬舟の模型が係留されている。

図12.2　高瀬川取水口

御池通をくぐり西鉄ホテルを過ぎると両岸に
小規模な飲食店やバーが立ち並ぶようになる。いつの時代のものなのかわからないが，石
積の護岸が風情を醸し出している。ラブホテル注12)も建っていて適度に猥雑である。

特に右岸では建物の外壁が護岸から立ち上がっているなど，適度な猥雑さがあり微妙な
魅力が感じられる。維新時にはこの辺りに角倉本邸のほか，長州・加賀・対島藩邸が立ち
並んでいた。龍馬や維新三傑が行き交っていたに違いない。川岸には桜と柳が植えられて
いる。

(2) 三条通から四条通まで

三条小橋西詰に「TIME'S」（1984年竣工）という，安藤忠雄氏設計のテナントビルが
建っている。建物作品としては魅力的であるが明らかに周囲から浮いている注13)。私の知る
限り4年以上空き家となっている。理由は不明である。

瑞泉寺注14)を過ぎると，一本東の筋は先斗町通となる。猥雑さがさらに増幅される。木

注10) 完全に涸れてしまえばまだよいが，周辺のビルから少量の地下湧水が断続的に排水されるので，非衛生
　　　的である。

注11) 舟運廃止にともない，当然ながら高瀬川を埋め立てて木屋町通を拡幅しようという運動が起こった。
　　　しかし，河原町通の拡幅が決定したため，高瀬川や一之舟入は保存されることとなったという（小林他
　　　[2016]）。

注12) 明治時代，二条〜三条および四条〜松原通間の木屋町通には（現在のラブホテルに相当する）貸席が並
　　　んでいたという。このエリアはその後性風俗店街となり，現在もその名残がある。なお，三条〜四条の表通
　　　りは歓楽街の印象は少ない。これは大正期（高瀬川の舟運が廃止される）まで醤油問屋が並んでいたことに
　　　よる。

注13) 安藤氏といえばコンクリート打ち放しが代名詞であるが，この建物はコンクリートブロック造である
　　　（ただしブロック自体は非常に美しい）。構造上大きなスパンが取れないため部屋が狭小となり，平面・断面
　　　とも迷路のようで使い勝手は悪そうである。築40年になろうとしているにもかかわらず，維持管理がよいた
　　　めか，いまだに清新さが感じられる。なお，地下鉄北山駅付近にやはり安藤氏設計のB-LOCK北山（1988年）
　　　という，同じようなブロック造の商業ビルが建っている。こちらは周囲の景観となじんでいる。

注14) 浄土宗西山禅林寺派の寺院。1595年豊臣秀次の妻子39人（正室・側室34人，幼児5人）が三条河原で処
　　　刑された，彼らの遺骸は秀次の首とともにその場の穴に埋められ，その上に塚が築かれ「秀次悪逆塚」と刻
　　　まれた石櫃がおかれた。しかし，鴨川の氾濫で荒廃していたという。高瀬川開削の際，角倉了以が塚を発見・
　　　整備し，その地に秀次一族を弔う寺を建立したのが発祥である。瑞泉とは秀次の戒名である。彼の墓にはそ
　　　の石櫃も組み込まれている。処刑された側室や子供の名簿が掲げられている。そのなかの一人に山形の最上

屋町通から先斗町通への路地を抜けるのは勇気
が要るが，若い時を思い出して楽しい。

　三条通と四条通の中ほどに，2020年に開業し
た立誠ガーデンヒューリック京都という複合施
設がある。その敷地には幕末に土佐藩邸があり，
1993年まで立誠小学校，その後公共施設として
使われていた。新ビルは旧小学校のファサード
を保存している。入り口に「角倉了以翁顕彰碑」
がある。春には花筏が現れ美しい（**写真12．1**）。

写真12．1　高瀬川の花筏

(3) 四条通から五条通まで

　四条通を過ぎると雰囲気が変わり，高瀬川は
京都本来の落ち着きを取り戻す。川縁にはツツ
ジが植えられ，植樹も密になる。ライトアップ
からぼんぼりに代わる。桜の季節以外でも点灯
される。進むにつれ飲食店は少なくなり，住
宅・マンションが多くなる。町家も多い（**写真
12．2**）。

写真12．2　四条通南を流れる高瀬川

(4) 五条通から七条通まで

①六条河原

　五条通を越えると木屋町通は少し狭くなり，
右岸にも通りができる（西木屋町通と言い，実
は三条通から断続してある）。五条通までは川
岸の樹木は桜と柳であったが10mも越えよう
という高木を含む雑木林となり，植え込みはさら
に密になる（**写真12．3**）。ぼんぼりはなくなり，
街並みも木造連坦家屋となる。

写真12．3　五条通南を流れる高瀬川

　30mほど行くと左手に榎の大木が立っている。源　融 河原院跡^{注15)}という案内板がある。

みなもとのとおる

義光の娘がいた。絶世の美女という評判のため秀次によって強引に側室にさせられ京都に上ったが，到着し
た直後に彼が切腹したため，ひと目も会っていなかったという。このような異常な女狂いが真実だったとす
ると，（秀吉もひどいが）秀次の滅亡は必然だったとも思える。
注15) 源融は嵯峨天皇の息子で，『源氏物語』の光源氏のモデルの一人とされている（ほかには藤原道長）。河
原院は彼の邸宅で敷地は五条通から六条通までおよんだという。平安宮からはずいぶんと遠い。源氏物語で
は六条院として登場する。なお，この榎の現在の位置は平城京図から推定すると，河原院敷地からからだい
ぶ東にずれていて，六条河原に当たっていると思われる。

この辺りから高瀬川は西側へ湾曲していくので，鴨川との間の土地幅は広くなっていく。融の時代の150年後であるが，この辺りは六条河原と呼ばれる処刑場となった。保元の乱の源為義・平忠正，関ケ原の戦いの石田三成・小西行長，大坂の陣の豊臣国松らが処刑され，その首は三条大橋のたもとに運ばれ，さらされたという。

②五條楽園

　さらに150m程いくと，異様な建物が通りをふさぐように現れる。唐破風の玄関を持つ和風建築で，「本家三友」というかつてのお茶屋である。付近一帯は戦前まで七條新地という遊郭で非常に栄えていたという。戦後は赤線を経て五條楽園という名の花街として生き延びていたが，1977年廃業した。

　現在三友は閉鎖されているが，外観から推察すると維持管理は十分なされているようである。往時をしのばせるのに十分な存在感がある。ただし，正面に現代風のビジネスホテルが建っていて，奇異観は否めない。ほかにもお茶屋や洋風カフェ建築が残存する。民泊に転用されているものも多い。

　外国人を含め他所から人の流入があるようだが，基本的にこの地区は高齢化し，生活保護受給世帯の割合も高いという。街の雰囲気からもそれが感じ取れる。一方，現在の景観や風情を残したいという声も多いらしい。しかし，赤線に価値があるとは私はどうしても理解できない。同じく遊郭であった五番町や撞木町は全くの住宅街となっている。保存どころか他の地域同様消滅すべきものではないだろうか。

　三友を過ぎると木屋町通はさらに狭くなる。南西に向かっていた高瀬川は，最近人気である銭湯梅湯の手前で南へ転じる。開削当時，御土居に沿ってそのまま南西に流れていたのだが，17世紀半ば東本願寺渉成園建設のため，御土居が付け替えられたのに伴って迂回したのである。現高瀬川は南に直進し，河原町通の東で七条通を越える。

③任天堂旧本社ビル

　五條楽園の南端であった正面通を東に曲がると任天堂の旧本社ビル（1930年築）がある。任天堂は1889年（明22）ここで創業し，花札を製造していたという（娼妓らの需要があったらしい）。1959年（昭34）本社機能が移転したのち，どのような使われ方がされていたのか分からないが，そのまま残っていた。安藤忠雄氏監修による外観を残したホテルへのコンバージョンが行われ，2022年4月オープンした。ファサードに手をつけていないので"安藤感"は全く感じられない。一泊一室10万円ということである。周辺の開発も計画されているらしい。赤線の残照を消す嚆矢となることを期待したい。

⑸ 七条通から九条通まで

　七条通以南の高瀬川は開削時の姿をとどめていない。建設当時渉成園敷地を通過したあと南に向かい，河原町通の西で七条通を越え，蛇行しながら高倉通から京都駅の東端を通過し，九条通で現在の高瀬川につながっていた。直線的なそれまでの流路と異なり，蛇行していたのは既存の農業用水路が利用されたためと考えられている。渉成園のための迂回

174

工事後も，七条通以南の高瀬川は河原
町通を挟んで何度も変更された注16)。

さて，七条通を越えた高瀬川の周辺
は，京都駅に近い一等地のはずなのに，
図12．3（2020年当時）に示すように
大小の空地ばかりとなっていた。残っ
ている家屋にも住人がいるのか疑わし
い。高層の市営住宅が多いが，老朽化
が目立つ。ここは崇仁地区という被差
別部落であった（7．3(3)節参照）

図12．3　崇仁地区を流れる高瀬川（Google Earthより作製）

塩小路通以南には真新しい市営住宅が林立している。かつての空地には2023年10月京都
市立芸術大学が移転・開校した。高瀬川はキャンパス内の親水施設として位置づけられて
いるようである注17)。

高瀬川はJR線の手前で90°東へ曲が
り，須原通を暗渠でくぐり，すぐに芸
大敷地（旧崇仁小学校敷地）に入るの
で，それ以上追いかけることはできな
い（2023年12月）。再び川面を見せる
のは，JR東海道線・新幹線の南の「ひ
かり公園」の西隣である。

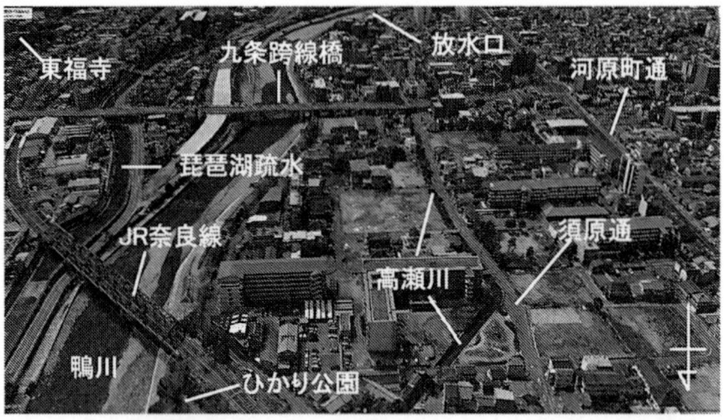

図12．4　東九条を流れる高瀬川（Google Earthより作製）

(6) 九条通から鴨川放流まで

高瀬川はJR奈良線の下で西に湾曲し，須原通
に沿って南下し，いわゆる東九条に入る（**図12．
4**，7．3(4)節参照）。映画「パッチギ！」（井筒
和幸監督）の舞台である。崇仁地区と同じく市
営住宅と空地が広がるが，高瀬川流域には廃屋
やバラックが多く，地域全体が放置されている
といってよい（**写真12．4**）。活気はなく治安も

写真12．4　東九条を流れる高瀬川

注16）1938年以降おおよそ変更はなかった。2002年に河原町通のJR線アンダーパス化のため，崇仁地区中央
を真っすぐ南下する流路ができた。それまでは**図12．3**の破線で示すように西に蛇行していた。なお，点線
は開削当時（渉成園建設前）の流路である。

注17）塩小路通と交差する地点から柳原銀行記念資料館まで，新たに小水路が分岐されている。しかし，中
途半端に途切れていて末端は水溜りとなっている。せめて下水道に放流させ，清流としてほしかった。また，
高瀬川全体のことであるが，開水路としているからには渇水期にもある程度の水量を確保しなければ非衛生
的で，親水施設にはならない。

悪そうに感じる。

崇仁地区と比較すると，隣接しているにも関わらず東九条の有様は悲惨である。明暗を分けたのは，同和指定の有無なのか，京都芸大の移転なのか，分からない。

九条通を越えて200m下ると高瀬川は須原通を離れ，東へ流れを変える。鴨川に沿ってしばらく下ったのち放流される（開削当時は現在より約400m上流であった）。水門制御のための小屋がある。

12.3　東高瀬川を下る

(1) 鴨川東岸から竹田街道まで

①東高瀬川の始点

高瀬川が現役であったとき，高瀬舟は鴨川を横断し対岸から続く運河に直接連絡していた。図12.5に示すように，旧運河は河川敷にある「わかくさ児童公園」から始まっていた。かつての取水口が見えるが，昭和初期に閉鎖された。

わかくさ公園の南側の道路に上ると，反対側にも段差があり，コンクリート製の開渠が見える。これが旧運河の後継に当たる東高瀬川の始点で，実際は雨水路である。したがって，降雨がないときは乾いている（写真12.5）。

図12.5　高瀬川の鴨川横断地点（Google Earthより）

写真12.5　東高瀬川の始点

②阪神高速道路インターチェンジ

雨水路に沿って道があるが，十条通で行き止まりになる。その先は高速道路インターチェンジ（鴨川西IC）である。交差する道路は複雑で，ループ状の道路が囲う土地のなかにいくつかの建物が建っている。

東高瀬川はインターチェンジの何本かの道路をくぐり，京都市花き卸売市場敷地の西側境界に姿を現わす。しかし，ここでは降雨がなくとも水の流れはある。それは，阪神高速道路十条換気所からの放水があるためである。稲荷山トンネルがあるのでトンネル湧水であろう。

③伏見の住宅街を流れる

インターチェンジを抜けると，東高瀬川は伏見工業高校跡地（テレビドラマのスクー

176

写真12.6 右は伏見工高, 奥は換気塔

写真12.7 深草を流れる高瀬川

ル・ウオーズのモデルであったが廃校となった)の西境界に沿って南下する(**写真12.6**)。川幅は約7mである。通りを挟んだ対岸は高層マンションとなっている。高瀬川らしい姿を取り戻すが,水流は依然停滞している。下水道普及以前は生活排水の放流もあったと考えられるが,現在の姿は衛生上好ましくはない。暗渠にした方がよいと思う。

伏見工高をすぎると川は水たまりでしかなくなる(**写真12.7**)。河岸の植樹はなく,低層住宅街を東西に蛇行しながら南下し,南北を通る竹田街道と交差する。

(2) 竹田街道から近鉄線まで

東高瀬川は竹田街道の西を蛇行しながら(自然河川か農業用水を利用したためと考えられる)南下していく。また,それまでと異なって護岸は無味乾燥な鉄筋コンクリートの垂直壁となる。川底も一層深くなる。両岸に接して中層建築が建ち,しかもほとんど水がないので,まるで都市キャニオンの様相である。高瀬川の風情は微塵も感じられない。

(3) 近鉄線から七瀬川合流まで

近鉄京都線を越えると,護岸は勾配のあるブロック敷きとなり川幅は大きく広がり,大河川となる。両岸に高さ3mほどの堤防ができている。堤防には植物が繁殖し自然に近くなるが,川底は依然として水たまりである。

400m程下ると東から流れてくる七瀬川と合流する。定常的な流れを得るが,水量は僅かなので川幅からすると満々とはならない。周辺は「竹田の子守歌」発祥の地で,被差別部落であった。現在は都市郊外のごく普通の住宅地である。

(4) 七瀬川合流から伏見新放水路まで

図12.6からわかるように,七瀬川合流後東高瀬川は西へ少し流れを変える(1974年以前は直進していた)。約300m下ったところで,東からやってくる琵琶湖疏水伏見新放水路と合流する。以降は1933年に伏見地区の治水対策として全く新たに開削された水路(新高瀬川ともいう)となる。したがって,本来の高瀬川の流路はここが終点と言ってよい。

東高瀬川(新高瀬川)の川幅は広がり,堤防もさらに高くなっている。疏水の全水量を

受け持ったとしても余りある規模に思える。

　その後東高瀬川は約2.5kmを一気に直進し、三栖（みす）で宇治川に注ぎ込む。川の土手に立つと東に三栖閘門が見える。

図12. 6　七瀬川・疏水合流付近（Google Earthより作製）

(5) 旧高瀬川の現在

　高瀬川の最後は琵琶湖疏水に取って代わられた。それではもとの高瀬川はどうなったのであろうか。

　疏水合流点から約300m下った西丹波橋から東高瀬川の土手の下に幅1.5m程のコンクリート製箱型水路が現れる（**写真12. 8**）。これがもともとの高瀬川の流路である。水源は不明であるが、なにがしかの水を湛えている。

　1kmほど南下し油掛通を過ぎて東進したのち、**写真12. 9**に示すように左側の狭い水路で宇治川派流に接続する。かつての伏見港である。河口左岸の空地に「角倉了以水利紀功碑[注18]」がある。奥の橋は伏見であい橋で、その先に見えるのは濠川河口である。

写真12. 8　旧高瀬川の流路

写真12. 9　旧伏見港

注18) 了以を顕彰する施設は、このほかに二尊院（角倉家の菩提寺で了以の墓もある）と嵐山公園に立像があり、千光寺に木造座像、立誠ヒューリックガーデン京都エントランス前にレリーフがある。また、嵯峨本邸・二条別邸の跡には石碑が建っている。おそらく、京都では彼に関する像や碑が最も多いのではないか。千光寺の住職によると、現在も角倉家は続いているという。

第13章　琵琶湖疏水を行く

　琵琶湖疏水も歴史教科書に載っていない。私は観光旅行で南禅寺水路閣を見て初めて疏水を知ったが，土木工学を学んだ者にとっては常識のようである。一般的には歴史遺産・観光資源とみられているが，しかしながら，疏水は京都市上水道のほぼ100%を賄っているという京都にとって極めて現実的かつ最重要インフラであることを忘れてはならない。

　明治に始まった疏水事業の目的は元来が多様で，さらに時代とともに変遷している。そのため京都以外の人々には，疏水が市内を神出鬼没しているように見えているのではないか。その謎を解き明かすべく，本章では琵琶湖疏水の歴史と現状について述べる。

13．1　琵琶湖疏水とは

(1) 琵琶湖疏水の意義

　東京奠都によって衰退した京都を復興するため，1883年（明16）当時の京都府知事北垣国道は琵琶湖と京都を結ぶ水路，すなわち疏水の建設を決断した。かつて角倉了以は同様の計画を立て，徳川家康の承認を得ていたという。京都盆地の地下水量は琵琶湖に匹敵すると言われるが，灌漑や防火用水としては不十分で，京都は慢性的に水に困っていた[注1]。

　着工時の目的は，舟運・灌漑・水車動力（主に蹴上に誘致予定であった工場用）など多目的であったが，工事中に水車動力は水力発電に変更された。この水力発電が京都電気鉄道（後の京都市電）の電源となるなど，京都に大きな発展をもたらしたとされる。

　また当時，このような大事業は「お雇い外国人」に頼るのが一般的であったが，本事業は日本人のみによって遂行された。市民の反対もあったが北垣が押し切ったという。

(2) 琵琶湖疏水の概要

　巻末図1・図2および図13．2に琵琶湖疏水の流路を示す。

　建設事業は大きく2回にわかれる。1885年（明18）着工の北垣国道による事業は後に第一疏水と呼ばれる。本線（琵琶湖〜蹴上〜岡崎〜夷川）・疏水分線（蹴上〜白川〜下鴨〜小川頭）・鴨川運河（夷川〜濠川）が，それにあたる。1910年（明43）着工の第二疏水は，第一疏水琵琶湖取水口に隣接する位置から取水し，すべてトンネルで進み蹴上で第一疏水

注1）平安京建設当時，10以上の人工河川が南北の街路に沿って流れていた。ほとんどが賀茂川を水源としていた。富小路川・東洞院川・烏丸川・室町川・西洞院川・堀川などがそれらにあたり，通りの名称となって残っている。宸殿園池の給水や灌漑に用いられていたところ，人口増加に伴って下水路やごみ捨て場になっていったという。これらの水路の多くは応仁の乱による荒廃とともに消滅した。明治期まで残っていたのは西洞院川と堀川のみのようである。前者は市電のために暗渠となり，後者は戦後消滅したが2009年に琵琶湖疏水を水源として復活した。

180

と合流する。さらに，1999年（平11）琵琶湖の水位低下への備えとして滋賀県によって第二疏水連絡トンネル[注2]が建設された。これら3水路の立体的位置関係を図13.1に示す。

水利権上の契約取水量は第一疏水・第二疏水合計で23.65㎥/sである。年間約2億㎥が取水されている[注3]。

1951年（昭26）に舟運は廃止されたが，現在上水道水原・水力発電・園池用水として利用されている。特に京都の上水道は山間部を除けば現在でも100％琵琶湖疏水に頼っている。

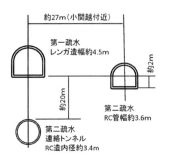

図13.1　上流側から見た水路の位置関係（小関越付近）

━━━━ 開渠　━━━━ トンネル　┄┄┄┄ 配管

図13.2　岡崎地区を流れる琵琶御疏水概略図（国土地理院地図より作製）

注2）内径3.4m，延長4.5km。第二疏水取水口に隣接して設置された竪坑から取水し，第一疏水の真下20mを進み，小関峠で北転，四ノ宮を大きく迂回して，諸羽山出口で第二疏水と合流する。したがって，琵琶湖疏水の水路は部分的には3本ある。

注3）京都市から滋賀県に「疏水協力金」として年に2.3億円が支払われているが，法的根拠はなく「感謝金」ということである。

(3) プロジェクトリーダー田邉朔郎

　第一疏水を計画[注4]・設計・施工監理したのは東京出身の**田邉朔郎**（1861-1944）[注5]であった。工部大学校（現東京大学工学部）の卒業論文[注6]に琵琶湖疏水計画をとりあげたのがきっかけで，1883年（明16）卒業と同時に京都府職員に採用され，疏水担当となった。

　用水路の工事は古今東西で行われてきたので，開削工事の計画は何とかなるかもしれない。しかし，第一疏水には当時日本最長となる第一トンネル工事（2436m）が含まれていた。19世紀末はスイスの山岳トンネルなど，世界でトンネル掘削技術が著しく発展した時期ではあったが，田邉にとっては同時代のため参考にはならなかったと思う。

　また，水車動力利用を水力発電に切り替えたのは，田邉が工事中（1888年）に米国を視察した際の着想による。

　田邉は天才的技術者で凡人の及ぶところではないことは言うまでもないが，技術者の端くれである私が感じた偉大さは，ほとんどの土木工作物について実施設計まで行なったことである。しかも，南禅寺の水路閣にみるように芸術性も高い。たとえ現代教育を受けた学卒新人が，タイムスリップして同じことをやれと命じられたとしても全く不可能であろう。

13．2　琵琶湖第一疏水の施設

(1) 第一疏水の概要

　第一疏水工事は2期にわかれる。すなわち，1885年〜'90年（明18〜23）に疏水本線・分線・蹴上発電所・蹴上インクライン，1892年〜'94年（明25〜27）に鴨川運河が建設された。なお，請負業者は藤田組（現DOWA）と大倉組（現大成建設）であった。

(2) 疏水本線

　大津市観音寺町の琵琶湖畔の入江（標高84m）から取水し，三井寺（園城寺）境内の下で第一トンネルとなり長等山をくぐる。その後，開渠と3本のトンネル（第二・第三と，昭和期に建設された諸羽トンネル）により山科盆地の北辺山麓をたどり京都盆地の東端九条山にある蹴上船溜（標高79m）に至る。さらに発電用導水管を経て南禅寺ダム（旧南禅

注4）当然ではあるが田邉の着任以前に基本計画は作成されていた。肝心の測量も札幌農学校で学んだ島田道生によって1883年4月に完了していた。島田はその後も測量部長として事業を支えた。北垣・田邉の陰に隠れて目立たないが，疏水建設の立役者の一人である。

注5）第一疏水が完成した1890年，田邉は北垣国道の長女と結婚し，1891年東京帝国大学教授に転じる。その後もトンネル屋を貫いたものと思いきや，実は彼は鉄道屋になっていた。1896年北海道庁長官に赴任した北垣に誘われて北海道庁鉄道部長となり，北海道の鉄道建設に尽力した（北海道出身の私も全く知らなかった）。1900年京都帝国大学教授となってからも鉄道を研究テーマとした。

注6）英文であったというのには驚いたが，当時の東大の講義は文系理系にかかわらずすべて英語だったので，当たり前ではある。

寺船溜，標高43m，したがって落差36m）に放流される。その放流水は仁王門通と冷泉通に沿って流れ（その間に白川と合流・分流する），鴨川手前の夷川ダム（旧夷川船溜）に至る。この南禅寺・夷川ダム間を鴨東運河ともいう。琵琶湖取水口から延長約10.9kmである。

竣工式が行われた1890年（明23）時点では，疏水はすべて300m先の冷泉放水口から鴨川に放流されていた（現在でも放水口は残っている）。

(2) 疏水分線

疏水分線は京都市北東部の灌漑を目的として，蹴上から北へ分岐された水路である[注7]。京都の全ての河川は北から南へ流れるが，北上するのはこの分線のみなので極めて面白い。

疏水分線は図13.2に示すように[注8]，蹴上の合流トンネルの途中から分岐した第四トンネル（136m）を経て開渠となり，南禅寺境内を迂回しながら北上し（途中に水路閣がある），永観堂の東を第五トンネルで迂回したのち，冷泉通の若王寺橋から開渠で鹿ケ谷を銀閣寺橋まで北上する。この間の水路に沿う道が「哲学の道」である。その後，今出川通に沿って西に向きを変え北白川・一条寺を経て高野川に至る。ここまでが，現在生きている分線である。

開通当初は巻末図1の点線で示すように，高野川を対岸の松ケ崎まで伏せ越し[注9]，下鴨を北に大きく湾曲しながら流れ，さらに賀茂川を伏せ越し，現紫明通を経て小川に接続していた。蹴上から延長約8.4kmである。現在も開通時と同じ流路が残っている。

なお，紫明新町交差点あたりから御所用水が分岐され，暗渠（おそらく土管）で御所に流入していた（御所水道とは異なる）。京都御所の庭園や防火用の水路[注10]であったが，依然として十分な水量が得られなかったため，第二疏水建設に伴う御所水道の完成後廃止された。

注7）この灌漑用水こそが疏水計画の発端で，御所用水や市内防火の目的もあった。舟運は内務省の指示によって1884年に新たに加えられたという。したがって蹴上船溜の位置は，結果としてインクラインが必要になるほど高くなったのではないかと私は疑っている。なお，本線における水車動力は発電に切り替わったが，精米・陶磁器原料製造・麻糸製造など水車を利用した様々な家内工業が分線に沿って行われていた。

注8）蹴上周辺の水路は，数十年にわたる改変やバイパス回路構築によって極めて複雑となっている（図13.5）。蹴上において第一・第二疏水は合流する，と解説されるが，現在では上水道専用の第二疏水は第一と完全に隔てられている（構造上合流は可能ではある）。なお，視察によると第一疏水の取水は相対的に少量で，第二疏水（および連絡トンネル）が上水道・発電（すなわち本線・鴨川運河）・分線・園池用水のほぼ全てを賄っていると思われる。

注9）開渠の水路が河川や道路と交差する場合，サイホン原理を使ってそれらの下を横断させるという古くからある工法。厳密には開削工法で施工するものを指し，シールドまたは推進工法はこれに当たらない。

注10）平安京には内裏や貴族の庭園に賀茂川から水路網がひかれ給水していた。中世には禁裏御用水と呼ばれる専用水路があり，相国寺境内を通って御所に達していた。しかし，水利権は上鴨神社にあり，しかも季節によって途中の田畑の灌漑に横取りされるなど，ままならなかったようである。東京遷都後，禁裏御用水はますます勝手に使われるようになったため，水量・水質は悪化していた。御所給水が琵琶湖疏水計画の第一の目的であったと解説する文献もある。

(3) 蹴上の施設

①蹴上発電所

　三条通と仁王門通によって形成される三角地帯に建つ，白い鉄筋コンクリートの建物が現在の関西電力蹴上発電所（三代目，1936年完成）である。初代（1891年送電開始）もこの場所にあったという。

　通りからよく見える有名なレンガ組積造の建物は二代目[注11]で，現在は使用されていない。発電所としては不必要に装飾性が高い。設計者は不祥である。

　初代発電所の送電開始時の出力は160kW（コンビニ５店舗相当）で，インクラインの動力供給を主とし近隣へも送電したという。その後逐次発電出力を増強し，現在の最大出力は4500kWとなった。

②蹴上インクライン

　蹴上船溜から南禅寺ダム（旧南禅寺船溜）まで，仁王門通に沿って約600m続く直線の坂道が**蹴上インクライン**である。幅約22m，傾斜角約４°である。複線軌道（レール）が敷設されている。

　インクライン（Incline）とは，傾斜面にレールを敷き動力で台車を動かして貨物や船を動かす装置である。国内では他に２か所のインクラインが現存しているようだが，蹴上インクラインが最初で，かつ代表とされる。

　蹴上と南禅寺船溜の間には36mの落差がある。この間を貨物や乗客を乗せたままの疏水舟（三十石船，積載量約4.3ｔ）を台車に載せて，ウインチとワイヤーロープを使って軌道上を上下させた。着工時には動力として水車が計画されていたが，完成時には電力（モータ）を使用した。

　1978年（昭53）に山ノ内浄水場の取水管敷設工事のためレールは撤去されたが，住民の運動によって復活した。京都観光の定番であり，春には桜の名所となる。

(4) 鴨川運河

　第一疏水の２期工事（1892～'94年）として，夷川ダム（旧夷川船溜）から伏見港に至る運河建設が行われた。**鴨川運河**と呼ばれている。これによって大阪・京都間の大量輸送が可能となり，疏水は高瀬川に代わって京都の水運の主役となった。

　東山区では鴨川左岸の土手を流れ，伏見区に入ってからは京阪本線と交差しながら南下し，伏見上ダム（旧伏見船溜）に至る。そこから国道24号線に沿って西に転じ[注12]，伏見郵便局前の伏見下ダムから再び南に向かい，伏見城外堀であった濠川（こうかわ）に接続された。総延

注11）2001年に土木学会推奨土木遺産となった。それまで解体されなかったのは，東久邇宮の揮毫による扁額のためといわれている。

注12）現在の国道24号線の部分は15mと落差が大きく，この間にインクラインが敷かれていた。伏見インクラインと呼ばれるが，現在は撤去されバス停の名前となって残っている。

長約8.9kmである。開通当時はすべて開渠であったが，1960年代の国道24号線建設によって伏見上・下ダム間が暗渠となった。さらに1987年（昭62）京阪本線の地下化工事に伴い，御池大橋・塩小路橋間も暗渠となった。

(5) 園池用水

　第一疏水完成後，疏水から市内公園などへの給水が始まった。円山公園（現在は地下水となった）・平安神宮神苑・京都市動物園・京都市美術館（現京都市京セラ美術館）・本願寺水道[注13]（廃止）は，旧蹴上船溜から埋設管で個別に引水されている。南禅寺ダムの噴水も蹴上から送水されている。南禅寺・永観堂の庭園は疏水分線から引水されている。

　一方そのころ，南禅寺周辺に明治の金満家による別荘・別邸の建築が流行した。南禅寺界隈別荘群という[注14]。これらには必ず池を持つ庭園が設けられ，ほとんどが七代目小川治兵衛（屋号は植治）の作である。図13.2から，おびただしい数の池があることが分かる。すべて疏水の水が引かれていると思われるが，興味深いのはカスケード利用が多いことである。すなわち，ある庭園の排水が隣の庭園への配水となっているのである。

　表13.1に琵琶湖疏水を引水している主な南禅寺界隈庭園を示す[注15]。第二疏水事業以降に造園されたものも含む。このように疏水に寄ってたかった様を鑑みると，中世に枯山水庭園が発明された背景がよく理解できる。

　疏水建設の目的に民間の園池は含まれていない。円山公園など公共性の高い施設はともかく，莫大な公費で建設した疏水を個人が使用するのは法的に問題だったのだろう。そこで用途は「防火」という名目にされていた。初期には「漏水」というのもあった。ごまかし方が役所らしい。なお，当時から有料で料金は現在でも徴収されている[注16]。

注13）東本願寺のための防火用水である。埋設鋳鉄管（直径300mm，ベルギー製）によって東本願寺まで送水されていた。他は土管なのに高価な輸入品を使用したことから，工事費が嵩んだことが想像される。延長4.6km。1897年開通，2008年に廃止された。噴水や堀の水にも使用されていた。南禅寺界隈庭園の用水と同じように，防火は名目に過ぎなかったのかも知れない。

注14）代表は南禅寺参道前にある山縣有朋の無鄰菴（1896年）で，別荘群建設の発端でもあった。東山を借景とした無鄰菴庭園は名作で，成金たちはそれに倣おうとしたとされている。ほとんどの別荘は非公開で，地図に記載されていないものさえある。広大で高い塀に囲まれているので垣間見ることもできない。これもまた京都の一面である。ただし，最近ではGoogle Earthで覗くことができる。

注15）「南禅寺界隈」とは，明治政府の上知令によって取り上げられた旧南禅寺領にあるという意味らしいが，表13.1は必ずしもこれと一致していない。

注16）当初，課金は単に水量ではなく，水量×落差（すなわちエネルギー）を根拠としていた。電力会社や水車を使う業者（精米が多かった）の料金体系に倣ったからであろう（カスケード利用者はどうしていたのか不明である）。灌漑用水は無償だったらしい。なお2022年現在，落差は関係なく，1L/秒当たり8300円/月（税別）である。

表13. 1　琵琶湖疏水を引水している南禅寺界隈の庭園（1896年〜1928年，2件を除き小川治兵衛の作）

取水場所	邸宅名	造園時所有者	所有者（2020年現在）	備　考
蹴上船溜 （埋設管）	無鄰菴（むりんあん）	山縣有朋	京都市	常時公開
	佳水園（かすいえん）	都ホテル	ウェスティン都ホテル	利用客には鑑賞可
蹴上発電所 取水口 （埋設管）	対龍山荘	伊集院兼常	株式会社ニトリ	
	何有荘（かいうそう）	稲畑勝太郎	ラリー・エルソン氏	旧和楽庵
	智水庵（ちすいあん）	横山隆興	前澤友作氏	
	大寧軒（だいねいけん）	原弥兵衛	南禅寺	特別公開有，作庭は薮内透月
	旧上田秋成邸	上田秋成	旅館八千代	利用客には鑑賞可
	旧寺村助右衛門邸	寺村助右衛門	旅館菊水	利用客には鑑賞可
扇ダム・扇 ダム放水路 注17) （埋設管ま たは開渠）	洛翠荘（らくすいそう）	藤田小太郎	日本郵政共済組合	売却予定
	清流亭（せいりゅうてい）	塚本與三次	大松株式会社	
	碧雲荘（へきうんそう）	野村徳七	野村ホールディングス他	出水の酒船石がある
	松下真々庵（しんしんあん）	染谷寛治	パナソニック	
	流響院（りゅうきょういん）	岩崎小弥太	真澄寺（真言宗真如苑派）	旧織寶苑，春秋公開有
	怡園（いえん）	細川護立	不詳	個人名の表札あり
扇ダム下流 の疏水分線 （埋設管）	住友有芳園（ゆうほうえん）	住友吉左衛門	住友本家	
	旧居然亭（きょぜんてい）	中井三郎兵衛	中井家	
	白河院（法勝寺跡）（しらかわいん）	下村忠兵衛	私立学校教職員共済組合	居然亭より配水
	清風荘（せいふうそう）	西園寺公望	京都大学	左京区田中
	白沙村荘（はくさそんそう）	橋本関雪	白沙山荘橋本関雪美術館	常時公開，作庭は橋本関雪
鴨東運河	並河靖之邸	並河靖之	並河靖之七宝美術館	常時公開

13. 3　琵琶湖第二疏水の施設

(1) 第二疏水の概要

　京都経済の発展に伴い，1900年（明33）頃になると蹴上発電所のみでは電力需要を満たせなくなり，地下水の枯渇・水質悪化も問題になっていた。第二代京都市長西郷菊次郎（西郷隆盛の息子）は1906年（明39），京都三代事業として，琵琶湖第二疏水開削・上水道整備・道路拡築（および市電鉄道敷設）を打ち出した。

　第二疏水の目的は上水道と水力発電の水源確保である。工期は1908年〜'12年（明41〜45）であった。その取水口は第一疏水取水口のすぐ北隣にある。上水道水源が目的なので

注17）疏水分線の第五・第六トンネル間に小さな貯水池があり，扇ダムと呼ばれている。近づくことはできない。そこから分岐され，南禅寺と永観堂の間，東山中学高校校舎の間を通り，琵琶湖疏水記念館の脇で南禅寺ダムに放流される水路を，扇ダム放水路という。永観堂庭園はここから引水している。なお，Google Earthには扇ダムを直径1000mmほどの鋼管が露出して横断しているのが映っている。おそらく若王子取水池から松ケ崎浄水場へ至る導水管であろう。

汚染を避けるため全線トンネルまたは埋設配管で建設された。流路は常に第一疏水の北側に隣接し，蹴上船溜の直前で合流する。幅員約3.6m，高さ約4m，延長約7.4kmである。

　第一疏水のトンネルは難工事であったが，第二疏水は基本的に開削工法をとり，コンクリート管を敷設し埋め戻していった。あるいは，第一疏水のトンネルから横穴を掘り，並行して新たなトンネルを掘り進んだ。第一疏水の時には構造材はレンガであったが，この時はコンクリートが使えるようになっていたので随分と楽だったらしい。

(2) 第二疏水の施設

①蹴上浄水場

　蹴上浄水場は当時の最新式浄水場であった。現在も現役で，給水能力は19.8万㎥/日である。蹴上船溜の三条通を挟んだ反対側の山の斜面にある（**図13．2参照**）。原水は第二疏水である。トンネルの第二疏水は蹴上に達すると一瞬開渠となる（合流洗堰というが実際には合流しない）。そこから第一疏水をくぐって取水池に流れ込み，三条通の下を横断して送水される。毎年5月上旬に一般公開がある（入場無料）。ツツジが見事である。

②旧九条山浄水場（御所水道）

　御所水道とは京都御所のための防火用水道である（「御所用水」とは異なる）。蹴上船溜の北，九条山山頂に浄水場施設が残る（**図13．2参照**）。ここから約4kmにわたって鉄製の埋設導水管（直径600mm）で配水されていた。火災には一度だけ活躍したということである。園池用水にも使用されたが，1992年（平4）地下水利用に切り替わり，御所水道は完全に廃止された。2022年時点で浄水場の処分は決まっていないらしい。

　なお，第一疏水第三トンネル出口すぐそばに旧九条山浄水場原水ポンプ室（御所水道ポンプ室）が建っている。これは浄水場への送水ポンプが収められていただけなのだが，赤レンガのクラシックで風格ある建物である。御所のための建物なので立派に作られたという。設計は片山東熊である。歴史的建造物として，保存活用が検討されている。

③夷川発電所・墨染発電所

　それぞれ夷川・伏見船溜に建設され，ともに1914年（大3）送電開始した。前者は最大出力300kWで，図体は大きいが現在で言う小水力発電所に相当する。後者は落差が大きいので，最大出力は2200kWに達する。

　このように蹴上→夷川→墨染とつながる発電は，（初めから周到に計画されていたか否かは不明であるが）自然エネルギー・カスケード利用の先駆けであろう。

(3) 上水道事業の拡張

①松ケ崎浄水場（1927年完成）

　現在の給水能力は17.3万㎥/日である。当初，疏水分線の浄土寺橋（白川今出川交差点）付近から取水され埋設管で導水されていた。1950年（昭25）からは哲学の道の南端若王寺橋のすぐ南にある若王取水池から導水されている。管路は分線にほぼ沿っている。1970年

（昭45）には，第四トンネル出口から若王取水池をつなぐ南禅寺トンネルが完成し，第二疏水の水がほとんど暴露されることなく供給可能になった。

②新山科浄水場（1970年完成）

　山科区勧修寺丸山町にある。給水能力36.2万㎥/日で，京都市のおよそ50％を賄っている。原水は第二疏水で，疏水本線第三トンネルの入口にある取水池から導水トンネルで送水されている（延長約4km）。宇治川からも取水できるという。なお現在，導水管老朽化に伴う更新のため，蹴上起点の新導水トンネルが建設中である（2027年完成予定）。

③その他の浄水場

　現在運転している上記の3浄水場（蹴上・松ケ崎・新山科）のほかに，かつては山科浄水場（1936年〜'69年，現在は藤尾ポンプ場となっている），伏見浄水場（1945年〜'69年，伏見船溜），山ノ内浄水場[注18]（1966年〜2013年，右京区太秦）があったが，廃止された。いずれも原水は琵琶湖疏水であった。

13. 4　琵琶湖疏水本線を行く

(1) 取水口から第一トンネルまで

　桜満開の季節に琵琶湖疏水を下った。もちろん新緑も紅葉も美しいが，生涯一度に限るとすれば私は桜をとりたい。

①琵琶湖疏水の起点

　図13. 3に示すように，大津市観音寺町の琵琶湖岸に入り江が二つ並んでいる。ヨットが係留されている南側が

図13. 3　琵琶湖疏水の起点（Google Earthより作製）

第一疏水取水口，北側は第二疏水取水口につながる。

　二つの入江を隔てる幅60mほどの土地（掘削残土で埋立てられた）には民家も建つが，大半は雑木林の公園になっていて「琵琶湖周航の歌」の歌碑が建っている。その隣にある古びた木造のボート置場は，旧三高の学章が白ペンキで描かれているので，かつて三高ボート部の施設だったと思われる（現在の京都大学の施設は瀬田にある）。

②取水施設周辺

　県道を西に渡ると，左手に第一疏水，右手に第二疏水の取水施設がある。大津市なのに京都市上下水道局の看板が目立つ。さらに進むと五差路に達する。向かって斜めの道は三井寺（園城寺）の参道である。左に三保崎橋という橋がある。その下はすでに第一疏水で

注18）跡地に京都先端科学大学と太秦病院が建っている。当初は夷川ダムから取水していたが，1978 年蹴上から導水管を引き直した（約8km）。この工事の際に蹴上インクラインのレールが撤去されたが，市民の要望でその後復活した。最新鋭の浄水場であったが，節水進行による水需要の減少の結果，3浄水場体制の方針のもとに2013年廃止された。

ある。水路の幅は12m程で，護岸は石積である。川底はコンクリートで覆われている。橋から水門[注19]（写真13．1）が見える。

写真13．1　第一疏水取水施設

疏水右岸の歩道に廻る。対面の長等山（ながら）中腹が，桜の薄紅色で覆われている。右岸に沿う緑地帯や道路の下に，第二疏水トンネルが埋まっているはずである（度々漏水が発見されるという）。

③長等山の桜

京阪石山坂本線を横断してしばらく歩くと，視界が開け長等山の桜がますます迫り，その中に三井寺観音堂の瓦屋根が見えてくる。山の斜面に応じて疏水の土手も高くなるので，両岸の桜並木も長等山の桜に加わる（写真13．2）。

『千載和歌集』（1188年）に，

「さざなみや志賀の都は荒れにしを昔ながらの山桜かな」

写真13．2　長等山の桜

という歌がある。「昔ながら」と長等山を掛けている。作者は平清盛の弟忠度である。

『千載和歌集』は勅撰歌集なので朝敵の歌は不適当なのであるが，あまりにも優れているので選者の藤原俊成（忠度の師でもある）が周囲の反対を押し切り，詠み人知らずとして入選させたという。

忠度が見たのは長等山の桜のみだったはずである。疏水の桜も加わった現在の姿を見たならば，何と歌うのであろうか。なお，疏水側からは午後に逆光となるので，午前中に訪れるのが望ましい。

④大津閘門付近

旧北国街道にかかる北国橋のすぐ下流に大津閘門がある。開削当時水位差は1.5mあったので，ここで水位調節していた。現在ではここが琵琶湖疏水船[注20]の発着点となっている

注19）常に京都人に見下されている滋賀県人の逆襲の唯一のセリフは「疏水の水を止めるぞ」であるが，この水門のことかと思った。京都と戦争になった時，これらの飛地を制圧し水門を閉じれば，京都はすぐに干上がってしまうに違いない。ただし，写真の第一疏水を閉じても無意味である。その北側にある上水道水源の第二疏水および連絡トンネルの取水口を閉鎖しなければならない。

注20）大津・蹴上間を運航する遊覧船。沿線の桜・紅葉はもちろんトンネル内部も見ることができる。例年，春（3月末〜6月末）・秋（10月〜11月）のみ営業している。完全予約制であるが，希望通りの予約はかなり困難である。料金は時期によって異なる。途中の山科の四ノ宮舟溜の乗降も可能で，料金は半額近くになる。自分が気に入った場所で止まることができないので，自由気ままな年金生活者にとってコストパフォーマンスに疑問はある。2024年度では，半数の船が大津港発着となった。なお秋には，夏に発生する琵琶湖の藻が腐るため，腐敗臭を感じるときがある。

（琵琶湖の水位は低下しているので，現在の調整幅は不明である）。

⑤第一トンネル入口付近

　北国橋の次の橋（鹿関橋）から第一トンネル入口までの眺めが絶景である（**写真13.3**）。約200mにわたって水路の両側に桜が覆いかぶさり桜トンネルができる。目を上げれば長等山の桜はより近く鮮明となる。橋の北詰から観音堂の屋根がかろうじて見える。夜はライトアップさ

写真13.3　第一トンネル入口

れる。無料である。私はここが京都も含めた桜の絶景のひとつと考える。

　琵琶湖疏水は第一トンネル（幅員4.5m，延長2,436m）[注21]に入り，長等山を貫く。その洞門には伊藤博文揮毫による扁額「気象萬千」がかかっている。おそらく日本で最も豪華なトンネル洞門[注22]に違いない。

⑥小関越

　陸路で第一トンネルを追うならば小関越を行けばよい。三井寺（園城寺）南の大津市小関町から藤尾地区へ抜ける道で，京都と北国街道を結ぶ間道であった（旧東海道は大関越と呼ばれた）。現在の小関越は意外に広く2車線はある。峠の小関地蔵の西側で分岐する幅1mほどの道が旧道である。これを下っていくと大津市の水道配水槽がある。その脇を過ぎてさらに進むと全くの山道となる。木々が覆いかぶさり暗く，不安になる。さらに下るとフェンスがあって近づけないが，説明板があって第一トンネル第一竪坑[注23]（深さ47m，地上部直径5.5m，内部断面は楕円径）の遺構であることが分かる（**写真13.4**）。

写真13.4　第一竪坑

注21）第一トンネルは当時国内最長であった。ダイナマイトも使用されたが，主として風呂鍬（刃先を鉄で補強された木製の鍬，全鉄製もあったが高価だったらしい）による人力で掘削し，レンガで壁を造るというものであった。工期短縮のため途中に竪坑（第一竪坑）を掘り，そこから二方向に掘り進むという当時としては画期的な工法をとったのだが，この竪坑が特に難工事であった。狭くて2，3人しか入れないことと硬い岩盤や湧水処理が過酷で，17名が殉職した。地質図によると，長等山は基本的に頁岩でできていて特に固いわけでない。しかし，その北側は花崗岩層になっていて，そこから第一竪坑に向かって一筋の，相対的に狭い幅の石英斑岩の層が貫入している。私は専門でないのでよくわからないが，もし第一竪坑がこの層に当たっていたならば，まことに不運だったといわざるを得ない。

注22）琵琶湖疏水の主要トンネルの洞門に，明治の元勲などが揮毫した扁額が掲げられている（伊藤博文・山縣有朋・井上馨・西郷従道・松方正義・三条実美など）。大津側の坑門は陰，京都側は陽で刻まれている。田邉朔郎の「藉水利資人工（すいりをかりてじんこうをたすく）」は合流トンネル出口にある。

注23）第一竪坑は現在でもトンネルとつながっている。疏水船クルーズの際，その直下を通過する時，突然光が注ぎ水が降ってくるので，驚かされる。

　山道を下りきると国道161号バイパスの高架がある。これをくぐると住宅地が広がっている。高架に沿って南へ100mあまり下ったところに，右手に長さ約30mの位置指定道路がある。その突き当り左側民家の玄関先に第二竪坑（深さ20m）の遺構が見える。これは換気・採光用であった。私有地に囲まれているので近づけない。背後は崖になっている。

　その先を道なりに下り，コンビニの角を西に曲がり直進し，小さな川を渡ると第一トンネル出口の真上に出る。

(2) 第一トンネル出口から第三トンネルまで

①第一トンネル出口付近

　第一トンネルは大津市藤尾奥町で地上に現れる。**図13．4**からわかるように，トンネルは民家の下を通っている。疏水の土手の高さは15m程なので，トンネルの土被りもその程度だということになる。真上に6階建てのマンションもある。JR線も住宅分譲地の下をくぐっている。過去の地形図をさかのぼ

図13．4　第一トンネル出口付近（Google Earthより作製）

ると，これらトンネル直上の宅地は1965年～'75年（昭40～50）に開発されたことが分かる。2020年に東京で起きた大深度地下工事による地盤空洞事件を鑑みると，陥没するならすでに起きているはずではあるが，少々心配になる。

　左岸堤防の道路を西に進む（疏水の沿道は基本的に左岸にある）。両岸は桜並木である。しばらく行くと，阪神淡路大震災後の調査により1999年（平11）に設置された緊急遮断ゲート（**写真13．5**）がある。なるほど，この先は地震などで堤防が決壊すると，山科盆地が水没してしまう恐れがある。最初の橋（藤尾橋）の少し先に京都・滋賀の県境がある。

②諸羽山付近

　洛東用水という灌漑用水の取水口があるあたりから疏水は北へ緩やかに湾曲する。新幹線高架によって遮られて直接は見えないが，左岸のJR線の南側には旧山科浄水場の跡地がある（現在は藤尾ポンプ場）。右岸に一燈園[注24]という団体の様々な施設があり，それを過ぎると川幅が広がる。四ノ宮船溜である（**写真13．6**）。現在は琵琶湖船の乗下船場となっている。

　四ノ宮船溜から諸羽トンネル（幅員5.4m，延長520m）に入る。これは1970年（昭45）JR湖西線との調整の結果，建設された。それまでは南に張り出した諸羽山のすそ野を開渠でまわっていた。旧流路は東山緑地公園（遊歩道）となっている。左手に山科盆地を見渡すことができる。それに気をとられ見過ごしてしまうが，ひっそりとアーチ形のコンクリー

注24）宗教法人ではない。滋賀県出身の西田天香が始めた原始共同体のようなものである。

写真13. 5　緊急遮断ゲート（藤尾地区）

写真13. 6　四ノ宮船溜

ト構造物が置かれている。第二疏水トンネル試作物だという。いつからそこにあったのか わからない。明日香の石造物もこうしたものだったのかもしれない（ただし，コンクリー トの寿命は長くとも100年である）。

③安朱橋付近

　諸羽トンネルを抜けると疏水は南北に蛇行しながら住宅街を西に向かう。琵琶湖疏水船 の運行時には，トンネル出口に多くの観光客が集まる。トンネルは短いので，反対側入口 まで見通せる。

　200m下流の安朱橋付近[注25]では桜に加え，菜 の花も同時に咲き誇っている。地域の人たちが 世話をしているという。視界いっぱいに広がる 桜色と黄色の饗宴に，桃源郷とはこういう所か と感嘆させられる（写真13. 7）。

写真13. 7　安朱橋付近の疏水

　その後疏水は洛東高校の前を通り，山裾に 沿って流れる。安祥寺をすぎると，桜並木は左 岸のみとなる。山科駅の西で急激に南へ大きく 張りだし，JR線に接するほどになる。展望広場 があり，ここでも山科盆地を一望できる。

　天智天皇山科陵（山ではなく古墳らしい）の北辺に至ると両岸とも鬱蒼とした木立で覆 われ桜は少ない。さらに陵側はフェンスで囲まれ重苦しい。いつのまにか護岸はコンク リートで覆われている。北側には本圀寺[注26]がある。

④第二・第三トンネル付近

　陵を過ぎると再び住宅街が左岸に開ける。第二トンネル（幅員4.5m，延長124m）入口 右岸は公園になっていて桜の大木が多い。ここまでやって来る観光客は少ないので，地元

注25）安朱橋を北へ約500m上ると桜と紅葉の名所の毘沙門堂がある。

注26）日蓮宗大本山のひとつ。かつて六条堀川にあり織田信長の宿舎にもなっていたという名刹である。加藤 清正や徳川光圀の庇護も受けたが，戦後荒廃し1971年に現在の地に移転した。もとは本国寺と書いたが，光 圀に因んで圀の字としたという。

の人々がブルーシートを広げている。

　路は行き止まりになる。左岸を下りていくと住宅街の車道に出る。右に曲がって120mほど進むと，第三トンネル入口に戻る細い路が右手にある（住宅の間を抜ける路なので見落としてしまうので注意）。疏水は第二トンネル出口から開渠となって200m流れた後，第三トンネル（幅員4.5m，延長850m）に入る（写真13．8）。入口までは約200mである。右手には新山科浄水場取水池がある。

写真13．8　第三トンネル入口

(3) 蹴上地区

①蹴上船溜

　第三トンネルを越える山道があるようだが，私の足腰では無理なので，三条通に戻って蹴上を目指す。地下鉄東西線蹴上駅から南へ約150mのところに，東側に向かって民家（空き家が

写真13．9　蹴上船溜（正面は九条山）

多い）の間を通る坂道・石段がある。突き当りは蹴上舟溜でインクラインの頂部である。

　船溜にかかる大神宮橋から上流を見ると，正面に第一疏水第三トンネル出口，そのすぐ右に御所水道ポンプ室，左に第二疏水トンネル出口が見える（写真13．9）。

　図13．5は蹴上船溜周辺の主要な水路を単純化した図である。蹴上地区の疏水は何度も改変・バイパス工事が行われ，非常に複雑になっている。

　第一疏水の水（すなわち蹴上船溜の水）は現在では，大神宮橋を過ぎるとすぐに暗渠に入り，地中で蹴上放水路に接続される。水量は多くない。

　第二疏水は合流洗堰で一瞬開渠となるが，すぐに合流トンネルに入る。現在では第一と第二疏水は完全に分離されていることが分かる。なお，合流トンネル入口直後に第四トンネルが分岐され，疏水分線・南禅寺トンネルへとつながっていく。

　蹴上船溜の下流側は蹴上疏水公園となっていて，インクラインを往来した台車が展示されている。すぐそばに疏水工事殉難者碑[注27]と，その奥には蹴上の地名の由縁となった義経地蔵の祠がある。その背後から京都市街を見渡すことができる。左隣には廃止された本願寺水道の水槽があり，解説板が掛けられている。右に下ると中央に田邉朔郎像が建っている。

②蹴上発電所取水口

　公園の奥（東側）に進むと蹴上発電所の取水口につながる大きな洗堰がある。右側を見

注27）第一竪坑で落命した直傭労務者17人の慰霊碑である。請負業者にも犠牲者が出たはずであるが，慰霊碑はもちろん記録もないようである。労務に囚人が動員されたと言われているので，17名以外の犠牲者は彼らだったのかも知れない。

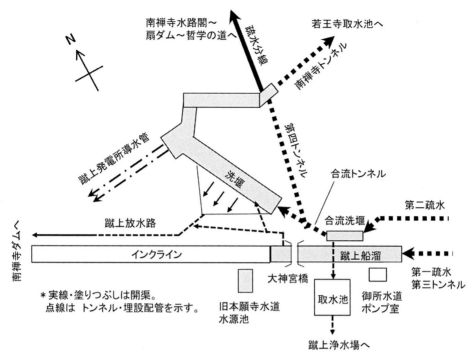

図13.5　蹴上地区の琵琶湖疏水 （琵琶湖疏水記念館資料より作製）

ると合流トンネルの出口（田邉朔朗揮毫の扁額がかかる）があり，大量の水が流れ出ている。すなわち発電用水は全て第二疏水であることが分かる。洗堰からあふれ出た余分の水は，集められて暗渠（蹴上放水路）となりインクラインの右側を通って南禅寺ダムに放流される。

　洗堰に沿ってさらに進むと，朱色のさび止め塗装のままの荒々しい鉄製工作物が現れる。発電所取水口のゲートである。これを横断する鉄製のブリッジから市内を一望できる。視線を落とすと，２本の巨大な鋼製導水管が桜に覆われながら斜面を下り，途中で地面にのめりこんでいるのが見える（写真13.10）。導水管は仁王門通をくぐり蹴上発電所に連絡し，タービンを回した後，南禅寺ダムに放流される。一見古都とは相いれない近代的工作物が，違和感なく風景に取り込まれている様は，京都の魅力のひとつである。

　発電所取水口から続く開水路（かつては水路だったのかも知れないが，現在では事実上溜池となっている）に沿って50〜60m山側に進むと，第四トンネルの出口が見える。開水路（池）と接してはいるが合流はしない。第四トンネルから吹き出る水（すなわち第二疏水）はここで二手に分かれる。一方は直進して疏水分線となり

写真13.10　蹴上発電所導水管

開渠で南禅寺に向かって北上する。他方は再び暗渠（南禅寺トンネル）となって，若王子^{にゃくのうじ}取水池に給水する。

③蹴上インクライン

　インクラインに戻り，岡崎方面へ下る。京都（おそらく日本でも）で最も有名な坂のひとつである。**写真13. 11**のように春には桜トンネルとなる。観光客であふれかえる。座り込む者もいて，満足に歩くこともできない。

　インクラインの途中から右側に水路が現れる。蹴上放水路が開渠となったもので，南禅寺界隈庭園の園池からの排水も集める。開渠は南禅寺ダムに流れ込む。インクラインを挟み反対側には発電所の放流口がある。南禅寺ダム中央の噴水も蹴上から給水されている。

写真13. 11　蹴上インクライン

(4) 鴨東運河

　南禅寺ダムからの第一疏水本線（実際に流れているのはほとんど第二疏水の水である）は，鴨東運河^{おうとう}とも呼ばれる。仁王門通に沿い，京都市動物園・京セラ美術館・国立近代美術館・ロームシアター京都注28)を背景として，西へ流れる。川幅は約20mで，城の堀のようである（**図13. 6**）。

　鴨東運河も桜の名所である（**写真13. 12**）。観光客は比較的少なく，左岸に遊歩道がありベンチも置いてあるので，ゆっくりできる。秋には紅葉の名所にもなる。

　冷泉通沿いに転じた後，しばらく進むとまたしても朱色さび止め塗装の夷川発電所施設

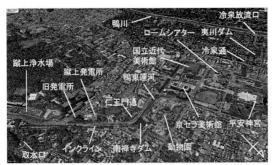
図13. 6　岡崎を流れる鴨東運河（Google Earthより作製）

写真13. 12　鴨東運河

注28）この周辺すなわち岡崎は歴史的に変貌が激しい。洛外であったので平安末期に六勝寺が次々と開発され，白河法皇の法勝寺は院政の中心となった。戦国時代には畑地となり聖護院大根などを栽培していた。幕末には諸藩の駐屯地として利用された（すぐ北に隣接する金戒明寺は京都守護職松平容保の本陣であった）。明治維新となり再び畑に戻ったが，1895年第四回内国勧業博覧会・平安遷都千百年紀念祭の会場となったのを機に，その後京都で行われた全ての博覧会の会場となり，産業振興の中心地となった。現在は文化振興の中心地である。

が見える。建屋は赤レンガ造である。その周辺の貯水池はかつての夷川船溜で，現在は夷川ダム[注29]と呼ばれている。第一疏水１期工事では，その先にある冷泉放水路から鴨川に放流されていた。

(5) 鴨川運河

①夷川ダム〜 JR東海道線

夷川ダムから疏水は鴨川左岸を南下する。鴨川運河である。川幅は約6.5mである。右岸に桜並木の遊歩道がある。右岸から見ると仁王門通のところで大きな放水口があることが分かる。仁王門放水口で普段は閉まっている。約500m下流の御池通の手前に達したところで鴨川運河は姿を消す。京阪本線の地下化とともに暗渠にされたためである。

運河が再び地上に現れるのは，約2.8km南の塩小路橋交差点の下である。川幅は約10mと広がる。左岸の道路に降りて振り返ると，暗渠出口から解き放されたように水が噴出する様が見える。それまでの疏水は静かに流れていたので驚きである。発電するだけのパワーを直截感じる[注30]（JRの電車からも見える）。道路とともに運河もJR線をくぐる。

②JR東海道線〜伏見ダム

JR線を過ぎると沿岸に工場が多くなり，桜はほとんど見られない。川沿いの歩道も途切れる。しかし，九条通を過ぎると左岸に再び遊歩道ができ，桜並木も復活する。その後は堤防の幅も広がり，どちらかの岸に歩道があるので迷うことなく追いかけることができる。水量も十分で，高瀬川とは対照的に，役目は終わったのであるが運河としての矜恃を感じる。鴨川運河は京阪本線を交差・蛇行しながら墨染まで南下する。

③伏見ダム付近

伏見上ダム（旧伏見船溜）が近くなると桜が多くなる。河畔にはベンチも置かれている。墨染発電所の建物が見える。左岸を行くと全容を見ることができるが，行き止まりとなるので，鉄橋を渡って右岸の遊歩道に回る。発電所の取水口が正面に見える。蹴上・夷川と異なり機器が白く塗装されている。

プラントもコンクリートの白い箱型建物に格納されているので，"工場萌え"には物足りないだろうが，桜があるので風情はある。疏水は発電所排水となって国道24号の下を伏見下ダムまで暗渠となって流れる（図13. 7）。

伏見上ダムの縁を廻って，奈良街道

図13. 7 伏見ダム付近（Google Earthより作製）

注29) 夷川ダムの北には，京都踏水会など水泳関係の施設が多い。夷川ダムが1971年まで京都市民の水泳場であったためである。明治期に武道教育を目的として京都で結成された，大日本武徳会（戦後解散）という団体の遊泳部門が利用したのが始まりである。京都踏水会はその継承団体であるという。

注30) 開通時には仁王門から七条通まで閘門が８か所もあった。したがって，かなり急勾配であることがわかる。

に出る。対面は花街だった撞木町^{しゅもく}である。交差点の反対側に「撞木町郭入口」の石碑が見える。直進すると通りの中ほどに大石内蔵助が通ったとされる「よろづや」（萬屋）の石碑もある。しかし，石碑以外に花街を感じさせるものは全くない。

　奈良街道と国道との交差点に出る。上下水道局の敷地に続くゲートがある左側の側道と，右側の下り坂の歩道が伏見インクライン跡と思われる。約200m下ると伏見郵便局前に伏見下ダムがある。

④伏見ダム～濠川接続（第一疏水本線の終点）

　伏見下ダム沿いには道がないので，府道202号線に出て右岸に回る。左岸にはわずかだが桜がある。まもなく西側へ分岐する大きな水路がある。琵琶湖疏水伏見新放水路である。1931年（昭6）三栖閘門など宇治川筋の水門が閉鎖された時のバイパスとして建設された。したがって，規模に対して常時の水深は川底わずかである。約1km先を流れる東高瀬川に接続している（12. 3(4)参照）。

　その後鴨川運河は伏見城の外堀だった濠川に，伏見区堀詰町で接続し，宇治川派流（建設当時は伏見港）に至る（11. 1(2)参照）。

13. 5　琵琶湖疏水分線を行く

(1) 南禅寺水路閣

　琵琶湖疏水分線は，第四トンネル出口から始まり，大日山の鬱蒼とした山裾を北上する。**写真13. 13**に示すように幅約2m，深さ1m強の箱型水路で，その水流は，もし落ちれば大人でもさらわれそうな勢いがある。

　300mほど進むと歩道はフェンスで行き止まりになる（水路は第五トンネルを経て扇ダムにむかう）。石段があるので下るとそこは**南禅寺**^{注31)}境内で，降りてきたのは**水路閣**^{すいろかく注32)}（**写真13. 14**）であることがわかる。

　水路閣は古刹とは異質なレンガ造りの建造物（全長93.2m・高さ9m・幅4m）である。意外にも周囲の景観とよく調和している。多くの映画やTVドラマの撮影現場となってきた。

　その構造は2層に分かれている。上部はローマ水道橋と同じ連続アーチであるが，それを下部の橋脚で支えているところが特徴である。おそらく，地盤が傾斜しているので別の橋脚によって調節する必要があったのであろう。

注31）臨済宗南禅寺派大本山。1291年創建。亀山法皇の勅願時であったため，足利義満は別格として京都五山・鎌倉五山の上に置いたという。京都観光の定番で，桜・紅葉ともに名所である。境内は開放され，法堂内部（および蟠龍図）も垣間見ることができる。紅葉を無料で鑑賞できる場所は京都では少ない。方丈（国宝）の庭園には小堀遠州の作もあるが，東山の紅葉を借景とした六道庭が特に美しい。なお，創建時の三門は15世紀半ばに焼失し，現在の三門（有料）は藤堂高虎によって17世紀前半に再建されたものである。したがって，歌舞伎の石川五右衛門が生きたとされる時代に三門は存在しなかった。

注32）当初，分線は寺の山側を迂回する予定だったが，塔頭南禅院にある亀山法皇廟所（分骨所）の上方となり不敬だというので，やむなく水路閣を建てて南禅寺境内を通過させることになった，という説もある。

写真13. 13　疏水分線の起点

写真13. 14　南禅寺水路閣

　橋脚にもアーチ形の開口が設けられている（多分すべて壁にする方が施工上簡単だったと思う）。桁方向に立つと，アーチの中にいくつものアーチが連続して見える。これが独特の意匠となって，撮影場所として観光客の人気となっている。すべて田邉のデザインなのか不明であるが，他の例は寡聞にして知らない。

(2) 哲学の道

　立ち入り禁止となるため，水路閣より下流の疏水分線を直接には追えない。南禅寺境内を横断し鹿ケ谷通に出て北へ向かう。途中，東山高校・中学校の校舎の間に，山側から流れる急傾斜の水路がある。扇ダム放水路である。付近にある碧雲荘などの豪邸に庭園用水を供給している（写真13. 15）。

　冷泉通を右折して東へ200mほど上ると若王子橋がある。右手に松ケ崎浄水場の若王子取水池（松ケ崎まで埋設管で送水している），左手に若王子神社がある。ここで疏水分線は姿を現し，山裾に沿って北上する。川幅約4m。左岸に沿う道が「哲学の道」である。

写真13. 15　扇ダム放水路

　写真13. 16に示すように水面に桜の枝が張り出している。哲学の道は桜と紅葉の名所とされるが，空間的に狭いので両者は並立できない。桜の方が勝っていると思う。

　基本的に哲学の道の右手（東側）は山である。左手（西側）は斜面である。落差は数mであるが高い建物がないので京都を見渡すことができる。豪邸もあるが，観光客に見下ろされて日々暮らすのはごめん被りたい。

写真13. 16　哲学の道

　一方，鹿ケ谷あたりから山側に個性的な家があらわれる。敷地が窮屈なための工夫かも知れない。したがって，建て替えの可否は疑わしい。哲学の道と京都盆地および観光客を見下ろしている。岡崎の豪邸には手が届かないが，これらの家は親子2〜3代で頑張ればなんとかなりそうである。しかしながら，サラリーマンは住人として似合いそうもない。大学教授，画家，文筆業など自由人がふさわしいだろう[注33]。銀閣寺橋で哲学の道は終わる。右は銀閣寺参道である。

(3) 北白川・一乗寺・高野川放流

　疏水分線は銀閣寺橋から西へ，今出川通沿いに流れる。川幅は4m弱である。流れに沿って遊歩道があるが，平行する車道に対してはじめは1.5mほど高く，そのうち次第に同レベルに下がっていくので，疏水の勾配が目視で分かる。

　約250m行ったところで白川を伏せ越し，さらに約250m先の吉田山が迫るあたりで水路は北へ大きく湾曲する（**図13. 8**）。その後は北白川の住宅街を静かに流れる。グリーンベルトとなっている。桜は少ない。約400m行くと，西側に京都大学のグランドが見えてくる。

　現在，分線の沿線はおおよそ住宅街となっているが，古地図を見ると哲学の道を含めすべて水田地帯であったことがわかる。とりわけ，北白川は戦後まで水田であった。そう考えると，地形に逆らって引水した理由がわかる。

　すぐ北の御蔭通（みかげ）を越えると，生い茂っていた常緑樹に替わって桜並木となる。（**写真13. 17**）。私は，この北白川を流れる数百mが疏水のなかで最も気に入っている。観光客はほとんどいない。生活空間の中で運河と桜が融合している様を見て，京都の（失礼ながら）市井の人々と春を共感した気持ちになる。

　分線の流れは東鞍馬口通を経て一乗寺地区を北西に向かう。北大路通・東大路通・叡山電鉄をくぐり，高野川の数十m手前で暗渠となり，高野川に放流される（**図13. 9**）。現在の生きている分線はここが終点である。対岸には，土色の巨大な塔が見える。住宅街とし

図13. 8　北白川を流れる疏水分線（Google Earthより作製）

写真13. 17　北白川を流れる分線

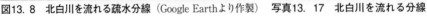

注33) 私が祇園の料理店で知り合った男の中に，こうした家の住人がいる。40代で，かつては分からないが現在は独身無職，親の面倒を見ているという。育ちはよさそうである。家事が終わると，毎夜祇園界隈に出てきて評判の店を廻っているらしい。

ては異様な光景である。

(4) 下鴨

①松ケ崎浄水場（疏水分線の新たな起点）

疏水分線は高野川で途絶えるが旧流路は現存している。放流地点から300mほど上流の小さな橋を渡ると、異様な光景は松ケ崎浄水場であることが分かる。

図13. 9　高野川放流地点（Google Earthより作製）

塀に沿って南下すると浄水場の正面入り口に達する。件の塔の正体はコンクリート製高置水槽（ろ過装置の洗浄用水を貯水している）であることが分かる。（景観と調和しているかはともかく）これにも意匠的工夫が凝らされているようである（**写真13. 18**）。

浄水場入口前から再び開渠が現れ、旧疏水分線の流路をたどる（第二疏水分線とも呼ばれている）。水路の端部には直径1mほどのトンネルの出口がある。疏水開通当時には木樋で高野川を伏せ越してここに達していた。坑門のレンガは比較的新しいので、最近修復されたのかも知れない（**写真13. 19**）。水は溜まっているが流れていない。浄水場の方角から直径200mmほどの配管が突き出している。浄水場の雨水排水であろう。

②泉川との交差

分線は北へ緩やかに湾曲し下鴨を西へ進む。水路両岸の土手は雑草に覆われた幅約10mの緑地帯となる。桜並木も復活する。土手は深く、その底にある水路本体の幅は約2mである。疏水らしく石でできている。しかし、あまり手入れされていないように見える。

泉川[注34]系の農業用水の排水を拾って流れているはずであるが、水路の水はどんどん少なくなり、ついには川底に雑草が生い茂るどぶ川となる。惨めだが、もはや疏水ではないの

写真13. 18　松ケ崎浄水場の高置水槽

写真13. 19　第二疏水分線の始点

注34）高野川・岩倉川合流直後の橋（山端橋）の西詰から取水している農業用水。高野川に沿って南下し、北山通の北を西進、地下鉄松ケ崎駅の西で再び南下して疏水分線と交差する。

200

だから仕方がない。

浄水場から約400mのところで北から下ってくる泉川と平面交差する。図13.10に示すように交差の十字路の中にコンクリート製のガイドベーンのようなものがある。どうやら泉川の水流の一部を分線側へ確実に導こうとしているらしい。いつからこういうものがあったのかは不明である。泉川は南下して下

図13.10　泉川との交差地点

鴨神社糺の森を流れ，高野川に至る。

泉川の水を得て分線は川らしくなる（疏水分線というより泉川分流が正しい）。いつの間にか周辺は高級住宅街[注35]となっている。

下鴨中通の手前で水路は暗渠となり，北大路通を北東方向斜めに横切り，賀茂川に達する。泉川交差から約1.2km下流である。そのまま放流された時期もあったが，現在は対岸の紫明通につながっている。

(5) 紫明通（疏水分線の終点）

紫明通は，戦時中の防火帯として疏水分線の流路を拡幅してできた道路である。図13.11に示すように蛇行していて，京都市内では例外的である。もとの疏水分線自体が既存の水路を利用したからであろう。戦後，河川整備事業として水路は埋め立てられたが，2009年（平21）堀川水辺環境整備事業の一環として，再び対岸の旧分線につなげられた。

賀茂川を伏せ越した疏水分線の水（実際は泉川経由の賀茂川の水）は，モニュメント風の吐水口（写真13.20）から紫明通中央分離帯の「せせらぎ水

図13.11　紫明通付近 （Google Earthより作製）

路」に給水する。モニュメントの背後にポンプ室があり，ポンプアップされている。その後，幅1mほどの浅い開渠となって蛇行しながら約1km西の堀川通に向かう。もはや親水以外の役割はなく，疏水でも川でもない。金をかけて賀茂川の底を掘り，わざわざ泉川の水を運んでくる必要性を，私は思いつかない。しかし，古いものを守るという京都市民の執念を感じる。分離帯には桜や，京都では珍しい楓（トウカエデ）の高木が植えられてい

注35）私が京都移住を考えていた時，京都人に相談すると下鴨を進められた。なるほど，この辺りのことかと納得した。田の字地区は近所付合いが面倒そうだが，このあたりは郊外都市風で敷地も広い。物理的・心理的な距離を保てそうだが，京都らしさはない。戦後の開発であるからだと思う。なお，下鴨は戦前まで水田であった。

写真13. 20　せせらぎ水路吐水口

写真13. 21　堀川通親水公園

る。

　開設当時は小川通に沿って流れていた小川^(おがわ)^(こかわ)注36)が疏水分線の終点であったが，現在はその先にある堀川通親水公園（**写真13. 21**）を南に流れ，二条城の外堀経由で西高瀬川に放流されている。堀川の地下には消火・生活用水の貯水を兼ねたピットがあるという。

注36) 小川は一条戻り橋で旧堀川に合流していたが（現在でも放流口は残っている），1963年に埋め立てられた。寺之内通までの小川通沿いには，三千家（表・裏・武者小路）や茶道関係の施設が立ち並び，特別な風情を醸し出している。

第14章　大津に住む

　移住計画は住まい探しから始まる。1．5節で述べたように，私は京都ではなく滋賀県大津市に寓居を構えた。

　滋賀県といえば琵琶湖である。初めて琵琶湖と邂逅した日本人の多くは，富士山を見た時と同じような感動を覚えるに違いない。一方，大津については県庁所在地として期待したが，大きな戸惑いを感じている。特有の文化があるわけではなく，最澄など多くの重要人物を輩出したが，彼らが大津や近江に著しい貢献したとは聞いていない。延暦寺は京都と密接である。大津市は地理的には京都の入り口であり，地政学的に宇治市と同様であったと考えられる。すなわち，"京都府"大津市であったならば私の違和感は解消されたに違いない。しかし，逢坂の関は平安遷都以前から存在していたのであるから致し方ない。

　本章では，まず居住地としての観点から琵琶湖の魅力を分析する。次いで私が体験した大津の生活について述べる。

14．1　琵琶湖の魅力

(1) 琵琶湖の概要

　私は長年，海（理想的には沈む夕陽）が見える場所に住みたいと思っていた。しかしながら，現実的にはそのような海辺の住宅地は少なく，都会から離れているので，生活は不便である。しかも海岸の気候は荒い。しかし，琵琶湖はそのような心配は全くなく，海と見間違うほど広い。また，対岸が見えるのも海と異なる楽しみである。

　琵琶湖という名は楽器の琵琶の形に似ていることに因んでいる。図14．1に示すように，琵琶湖大橋を境として琵琶の胴体に当たる大きな北湖（ほっこ）と，頸にあたる小さな南湖（なんこ）注1)に分かれている。さらに

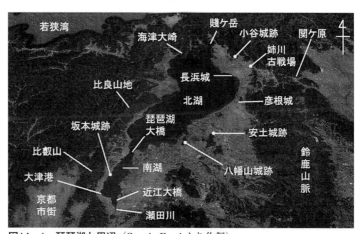

図14．1　琵琶湖と周辺（Google Earthより作製）

注1) 南湖の先は瀬田川となり，天ケ瀬ダム（宇治市）から宇治川と名を変え淀川につながる。琵琶湖には約450本の河川が流入するが，流出側は瀬田川のみなので，現在でいう淀川水系の氾濫が頻繁に起きた。明治に瀬田川洗堰ができて，ようやく制御できるようになった。

湖を挟んで湖東と湖西地域に区分される。

　関西人以外には知られていないが，滋賀県は近県から「琵琶湖しかない」と嘲られている。しかし，琵琶湖は比類なきものであり，私にはその揶揄は負け惜しみに聞こえる。ただし富士山と異なり，琵琶湖はどこからからでも見えるというわけにはいかない。

　以下に，琵琶湖を望む場所に住むという観点から，北湖と南湖に分けて私が調べた結果を述べる。共通点として，当然ながら東岸では午後に逆光となり，湖面はきらめくが青くない。対岸も暗くてよく見えないので，朝が遅い私には面白くないと感じた。また，満月は東から昇り西に沈むので，東岸からは湖に映える月を見ることはできない。一方西岸では，背後に迫る山地のために平野部の縦深性は乏しく，したがって開発が妨げられているのかもしれない。

(2) 北湖

　面積は約623㎢，平均水深は41mで，湖水量は琵琶湖全体の99％を占める。年間を通して水質は比較的良好である。湖岸が入り組み島もあるので景観も優れている。北岸の海津大崎は桜の名所である。なお，滋賀県北部では北陸地方に匹敵するほどの降雪がある。南部で晴れていても，大雪となることが度々ある。

　湖東の長浜市・米原市・彦根市の湖岸は低層住宅地で（2022年現在マンションは長浜にある３棟のみ），生活環境はよさそうである。残念ながら駅は徒歩圏内にはない。さらに南の近江八幡市・野洲市の湖岸はほとんどが未開発のままである。

　湖西の高島市の湖岸は松林が多く風光明媚で，ドライブに向いている。水泳場が多く，人家はまばらである。勝野（大溝藩があった）のすぐ南から比良山地が始まる。約20kmにわたり高さ1000m超の山々が湖岸間際に聳え立つ。周囲が晴れている時でさえ，いつも雲に覆われ不気味である。たまに全貌が見えると神々しさを感じる。東岸から見ると屏風のごとく聳え立ち，拒絶しているかのようである。

　湖中大鳥居で知られる白鬚神社の南から大津市となる。人家が増え，JR駅も近くなる。マンションも現れる。JR志賀駅の西，蓬莱山（1174m）山頂にあるびわ湖バレイ[注2] は，琵琶湖全貌を俯瞰するのに優れている。私がこれまで日本で訪れた展望施設の中で最も感動させられた（２番目は隈研吾氏の日本平夢テラスである）。

注2）1965年に開発されたスキー場であるが，通年営業している（数日～１ヶ月にわたる長期休業があるので注意）。ロープウェイとリフトで山頂まで上る。スキー場なので広く，山の形状を巧みに利用した様々な展望台・アウトドアレジャー施設・飲食店がある。雲がかかっている日が多く，晴れてもモヤがかかる。降雨の後がねらい目である。さて大津市内にはこの他に，やはり1965～'66年に湖岸において３ヵ所の大型レジャー施設が次々と開業した。いずれも，1990年代に閉鎖された。今となって琵琶湖を眺めると，湖の景観とごちゃごちゃした子供の遊び場はマッチングしなかったのだと思う。そのひとつ，びわ湖パラダイス（あるいはびわこ温泉ホテル紅葉）は北海道でもテレビCMを大々的に流していたので，私も覚えている（北海道にはもっとすごい温泉があるので，不思議に思っていた）。私も含め多くの人は雄琴温泉にあったと思っているが，実は大津京駅の近くであった。跡地はスーパーとマンション群になっている。

　全般的に北湖湖西は若い家族には魅力的かもしれないが，高齢者にとって生活は不便であると思う。

(3) 南湖

　面積は約58㎢で北湖と比較すると一桁小さいが，それでも十和田湖にほぼ匹敵する。南端の近江大橋を過ぎると湖は一気にすぼまり，歴史的要衝の瀬田の唐橋[注3]がかかる地点ではすでに瀬田川である。

　南湖の水深は平均4mと浅く，周辺に工場が多いためなのか水質は悪い。夏には大量の藻が発生し，秋になるとその腐敗臭がひどくなる。さらに，これと関連しているのか不明であるが，11月〜12月初旬にビワコ虫と呼ばれる大型のユスリカが大量発生する[注4]。

　南湖の湖東は草津市・守山市に属する。湖岸は市街地から遠く畑ばかりで宅地はほとんどない。一方、湖西はすべて大津市である。公園・公共施設・商業施設が充実し，高層マンションも林立する。沿岸にJR線（琵琶湖線・湖西線）と京阪線が走り，交通の便も良い。したがって，非アウトドア派が琵琶湖に住むとすればこの地域が推奨だが，定年退職者にとっては柳が崎から「におの浜」にかけて建つマンションが現実的であろう。

14. 2　大津のジオグラフィ

(1) 大津の立地

　写真14. 1は南湖西岸に接する大津の主要部である。写真右端が大津港で，南へ約1km行くとJR大津駅がある。左奥に近江大橋が見える。

　古典を読めば東国・北陸との結節点として大津がいかに京都に近いか分かるが，それを体感として理解できるのは近畿圏に住んだことのあ

写真14. 1　比叡山から望む大津

注3）壬申の乱や宇治川の戦いで激戦が繰り広げられた。古代では美しい橋だったらしい。現在RC橋となっているが，かつての木製の橋の面影をとどめ，交通量は多く依然重要な役割を果たしている。ことわざの「急がば回れ」は，江戸初期の「もののふのやばせのわたりちかくともいそかばまはれ瀬田の長はし」という歌がもとになっている。東海道・中山道の草津宿から大津へは，矢橋から船に乗るのが早かったが，季節に関わらず「比良颪」と呼ばれる突風が吹くので，陸路を行き瀬田の唐橋（長橋とも言った）を渡った方が結局早いという意味である。比良颪は1941年金沢四高の琵琶湖遭難事故の原因であり，現在でも度々小型船の運航が中止される。この事故を題材として東海林太郎が歌って大ヒットした「琵琶湖哀歌」は，京都三高の「琵琶湖周航の歌」のパクリである。なお「比叡おろし」は京都側に吹く風である。

注4）ある日一気に現れる。建物では低層よりも高層階の被害が大きい。エレベータシャフトやかごの中にもはいり込む。油断して窓を開け放つと一瞬のうちに天井が真っ黒になる。特に悪事を働くわけではないが，つぶすと黒い汚れが取れない。寿命が短いので，ベランダは虫の死骸でびっしりと覆われ，出られなくなる。掃除してもきりがないので，私は諦めて年末の大掃除まで手をつけないことにした。また，冬を除き一年中小さなクモが空中を飛んでやってくる。至る所に巣をつくるので鬱陶しい。

る人々に限られよう。JR大津・京都駅間はわずか約10km・10分である。それどころか，大阪[注5]・神戸でさえも通勤圏内にある。

　県庁所在地の駅どうしがこれほど近接しているのは，私も実際に電車に乗ってみるまでわからなかった（JR線で県庁所在地が次に近接しているのは，東京・浦和駅間の24kmである）。また，大津市内を京阪線（石山坂本線・京津線）が走っているが，京都地下鉄東西線にも乗り入れていることは，ビジネスダイアリーの路線図からは分からない。20分に1本であるが，大津港近くのびわ湖浜大津駅[注6]（**写真14.2**）から鴨川河畔の地下鉄東西線三条京阪駅まで乗り換えなしの24分である。したがって，京阪線・近鉄線（地下鉄烏丸線に乗り入れている）を経由すると，大阪・奈良中心部に行くのにも便利である。

写真14.2　びわ湖浜大津駅前

(2) 大津の歴史

　教科書には，667年に天智天皇が大津宮[注7]に遷都したとある。しかしわずか5年後，壬申の乱を制した天武天皇によって都は飛鳥に戻された。その後，周辺は中世まで延暦寺の領地となる。中心地は比叡山ふもとの坂本や堅田であった。織田信長の比叡山焼き討ち後，明智光秀が坂本城を築いた。現在の大津市中心部は当時，三井寺（園城寺）の門前町という立場であったと思われる。

　近世になり豊臣秀吉が坂本城を廃して現大津港一帯に大津城[注8]を築き，大津中心部は城

注5）　2024年現在，JRで大津駅から大阪駅またはその先の駅に行く場合，3種類の運賃体系に亘るため，京都・大阪駅で途中下車すると直通より安くなる。しかし，2025年4月に運賃体系の一本化が予定されていて，途中下車のような小細工は不要となるはずである。

注6）　京阪の2路線が乗り入れるささやかなターミナル駅なのに，周辺には多くの撮り鉄が出没する。京阪線は本格的鉄道車両であり，本来は専用軌道を走行するのであるが，びわ湖浜大津駅から数百m間のみ併用軌道（車道に敷かれた軌道）を走る。とりわけ京津線は4両編成である。路面を走る車両としてはわが国最長であるということに加え，逢坂越えの急坂・急カーブが珍しいらしい。

注7）　近江神宮の南側に1974年遺構が発見された。Wikipediaによると，かつて近江京と呼ばれていたが，明治以降に研究者たちが大津京と言い始めたという。さらに，条坊制の存在が不明確なため，「京」は「宮」になったらしい。近江神宮境内の南に記念碑が建設されている。なお，大津という名がいつごろから使われ始めたのか，私が調べた限りではよくわからない。壬申の乱の15年後に詠まれたとされる柿本人麻呂の『近江荒都歌』に「大津の宮」とあるので，そのころには大津は一般的に使われていたのであろう。また，都があったのにもかかわらず，近江は畿内（要するに古代の首都圏）とされていない。これは大津宮遷都より20年前の大化の改新（645年）で，畿内の定義がなされたためである。したがって，滋賀県も畿内とは呼ばれない。

注8）　関ヶ原の戦いの際，城主京極高次は，西軍立花宗茂らの軍勢を10日間食い止めるという大功績をあげた。立花が関ケ原に合流していれば，勝敗は変わっていたかも知れないと言われている。しかし，城下は焼き払われた。

下町となった。関ケ原の戦いの後，徳川家康が大津城を廃城とし膳所城を建設すると注9)，大津は江戸幕府直轄の宿場町（大津宿）となり，商人の町へと変貌していった。京都から見て東海道最初の宿場・北国街道の起点なので，舟運・陸運の要衝として栄えた注10)。大津港には幕府の米蔵である御蔵をはじめ諸藩の蔵屋敷が並んでいた。

　明治になると滋賀県の県都となる注11)。しかし，鉄道が敷設されると，舟運や牛馬による運送は衰退し，次第に京都のベッドタウン化していった。

(3) 大津の現状

①取り残された中心部

　大津市の人口は現在約34万人で（滋賀県人口は約141万人），奈良市や和歌山市と同程度である。しかしこれらと比較すると，商業用建物の数・集積度は著しく低く，中核あるいは繁華街と呼べるような場所は大津にはない。これは，大津とは異なる歴史を持つ堅田・坂本・膳所・石山などが合併したことによると思う。したがってバラバラ感が否めない注12)。

　それにしても，JR大津駅前の場末感は県庁所在地として尋常ではない注13)。明治期まで大津の中心は大津港がある浜大津で，当初の国鉄大津駅も浜大津にあった（現在地に移転したのは1913年）。今でも滋賀銀行本店はじめ金融会社の支店がある。したがって，びわ湖浜大津駅・JR大津駅間（直線にして約900m），すなわち旧大津宿は今日でも大津市の中心であると考えられるのだが，**写真14.3**からわかるように行きかう人や車はほとんどない。

注9) 膳所藩の石高は7万石，17世紀末から幕末まで藩主は譜代の本多家（本多忠勝や正信の系統ではない）であった。膳所に城を移したのは，戦略的要衝の瀬田の唐橋により近いからだとされている。しかし，京極高次の奮戦からわかるように，大津港も十分要衝だったはずなので，それが主な理由ではないと思う。私個人の勝手な考えであるが，大津港を最大活用するには単純に城が邪魔だったのではないだろうか。なお，城の石垣や用材は，坂本城→大津城→膳所城・彦根城に使いまわされた。

注10) 繁栄ぶりは「大津百町」という言葉に表れている。1697年には商家は約4700，人口約1万8000人だったという（大津歴史博物館）。また，大津算盤・大津絵などの名物も生まれた。

注11) 彦根がなるべきだったところ，政治的理由（彦根は井伊直弼の出身藩）で大津になったという。今更ではあるが，県都となったことは大津にとって不幸だったのだと思う。素直に彦根か草津になっていれば，後に述べるようなケチをつけられることはなかったはずである。

注12) 現在の大津市は古代の近江国志賀郡と栗太郡にあたり，湖西の南半分と近江大橋から南の滋賀県領（膳所藩領）である。膳所7万石はまとまった領地を持っていたが，その以北は幕府直轄領（大津宿）・堅田藩領・三上藩飛地・延暦寺領・園城寺領など細かい領地が入り組んでいた。規模は異なるが，大津市は5市合併してできた北九州市と似ている。北九州市の場合，旧小倉藩領と福岡藩領がひとつの市になっているのがバラバラ感の主な根源である。北九州市もまた市勢の衰退に苦しんでいる。

注13) 県庁所在地として全国最小の鳥取市は約19万人（鳥取県人口は58万人）であるが，スターバックス進出以前でも駅前は県都としての体裁を保っていた。なお，大津市の名誉のため記しておくと，全体としては鳥取と較べるもなく大規模である。特筆すべきは，有名な雄琴特殊浴場街は大津市にあるということである。1971年京都府で特殊浴場が禁止されたことを契機として，畑の中に忽然と現れた。赤線等をベースとしない極めて珍しい例らしい。かつて全国に名をとどろかせた。現在でも夜はけばけばしい。しかし，建物は老朽化しメンテナンスが悪く，街区全体が殺伐としているので，昼に訪れると無残である。交通の便が悪いため車による直行直帰が原則なので人影はほとんどなく，それらしい情緒は全く感じられない。

208

マンションとホテルを除けば10階超の建物は
ない。ドラッグストアもパチンコ店もない。駅
前の100m先には取り残されたような木造連坦
住宅街区注14さえある。飲み屋を除く飲食店は,
浜大津とJR駅周辺合わせて10店舗ほどしかない
注15。コーヒーが飲めるのは,いつ開いているか
分からない2〜3の地元喫茶店を除けば,JR駅
舎に入っているスターバックス1店のみである。

写真14. 3　大津駅前の「目抜通り」

最近私もユーチューブを見るようになったが,
気のせいか"路地探索"投稿で大津が多いように思う注16。県庁所在地で交通の便もよく平
坦地で琵琶湖があるにもかかわらず,なぜか取り残されている,ということを揶揄したい
のであろう。つまり,私の当惑は個人の感想にとどまるものではないということが分かり,
非常に納得した。

②取り残された理由

　ユーチューバー達の答えは,「京都に近すぎるため」ということであった。買い物はもち
ろんすべて京都に行けば事足りるので大津に投資しても成功しない,と言うのである。そ
れならば,隣の山科はもっと深刻なはずなのに,その駅前は地方都市並みにビルが連なり,
人通りは多く活気がある。餃子の王将と眠眠餃子も並んでいる。

　大津はなぜこのようになってしまったのか地元の年寄りに尋ねると,取り残されている
のは戦前からであるという。なるほど古地図や写真を見ると,埋め立て地を除くと街並み
は明治中期からあまり変わっていないことが分かる。舟運が鉄道にシフトしてから後,冷
凍保存されているようである。空襲がなかったことも大きな理由であろう。皮肉を言うと,
大津は京都以上にレトロである。ただし,何もしていなかったわけではなく,本章注2で
述べたように,湖岸のレジャー事業における死屍累々の歴史があった。

　私は,大津中心部停滞の本当の理由は人口が増えないことにあると思う。とりわけ学生

注14）周辺は1909〜'63年まで滋賀県女子師範学校などがあった。その移転後にまとまった空地ができたので
駅前開発の好機だったはずである。東半分には裁判所など国の施設が建てられたが,西半分はなぜか木造住
宅街となった。

注15）幹線道路沿線には多くの外食チェーン店があるので,車があれば昼食難民になる心配はない。日常生活
の買い物には不自由しない。とりわけ,地元スーパーの平和堂（本社：彦根）は大津中心部の徒歩圏内に3
店舗ある。生鮮食料品,特に果物の品質は高いと思う。しかし,2020年大津西武百貨店,2024年に大津京の
イオンモールが閉店し,全般的に凋落の印象は否めない。

注16）彼らの人気は,JR大津駅・京阪びわ湖浜大津駅からともに数百mの所にある長等三丁目である。面積
は5ha余りである。遊郭（柴屋町遊郭）が中核であった。バブル崩壊後衰退し現在では廃墟に近い。路地投
稿の多くは,戦後の違法占拠や無計画な開発の結果放置された街区であるが,道路は少なくとも軽四輪が通
り抜けられるほど広い。一軒の敷地は比較的広く,建物は木造だとしてもモルタル塗りかサイディング工法
でしっかりしている。それに対し,長等三丁目の建物は（かつては）立派な町家だったに違いない木造軸組
で,一軒当たりの敷地は狭い。廃墟感は一層である。

など若者の姿は少ない[注17]。旧大津宿に当たる中央学区の人口は7000人以下である。周辺の学区人口が１万人を超えているのに極端に少ない。飲食店の経営者やアルバイトも，坂本・膳所・石山や山科など周辺に住んでいる人が多い。人が増えなければ，商業施設も増えるはずがない。

　人口が増えない[注18]最大の原因は，不動産の流動が少ないことにある。戦前に建てられた小規模な町家[注19]が多く，居住者は高齢化していて売りたがらないし，不動産的にも魅力が少ない。結局空き家の虫食い状態になり，まとまった土地が出てこない。要するに京都の田の字地区と同じ状況なのであるが，ブランド力がないのでより深刻である。今のところ大阪・京都よりも地価が大幅に低いので，マンションは建てればすぐ売れるらしい。しかし，古くからの大津市民はマンションが大嫌いである。

　大津を活性化しようと考えているならば，なりふりかまわずとりあえず人口を増やすべきだと思う。まとまった土地が出てくれば，大学や専門学校の誘致を考え，果たせなければマンションでも良しとすべきであろう。大阪・京都に近いのはデメリット[注20]ではなくメリットのはずである。

⑷ 大津ライフ

　大津市は衰退していても日常生活は豊かである。主な年中行事としては，８月の琵琶湖花

注17）大津には総合大学がない。滋賀大学・滋賀県立大学の本部はともに彦根にある。県庁所在地に国立大学がないのは，他には青森市・長野市・広島市・那覇市のみである（広島大学はかつては広島市にあったが東広島市に移転した）。文化的にも影響は大きいと思う。

注18）滋賀県全体としては人口減少に苦しんでいるが，実は大津市は例外的に漸増していて，2019年〜'23年で約1100人増加した。中央学区の人口増加は比較的著しく，約300人増である。しかし，まだまだ密度は低い。

注19）前面道路の幅員は４ｍ未満どころか１間（1.8ｍ）程度が多く，既存不適格のため建て替えができない。道路からセットバックさせれば法的には可能であるが，狭小敷地なので現実的ではない。したがって，住むことも売ることもできない。開発組合をつくって区画整理しなければ未来は開けないが，今となっては無理なのは素人でも分かる。

注20）デメリットのひとつは，遠方から来た客を接待するとき適当な料理店が少ないことである。２〜３軒ある近江牛専門店と，びわ湖大津プリンスホテルの眺望抜群の仏レストランは京都に引けを取らない。京都のすき焼き屋の肉は関西牛とは限らないので，専門店の意義は大きいが，積もる話をするにはすき焼きは合わない。一方，フレンチでは騒げない。唯一勧められるのは居酒屋「ととや一」である。煮付は関西ではめずらしい濃い醤油味である。シーズンになれば松葉ガニやフグがあるし，客の要望も聞いてくれる。他のデメリットは深刻で，医療である。大津市内の総合病院は４軒しかなく，病床数500以上の大病院は大津赤十字病院と滋賀医科大学付属病院（国立）のみである。頼りの市立大津市民病院は約400床であるが，滋賀県とは全く関係のない京大医学部と京都府立医大の派閥争いの結果，2022年４月に外科医・看護師の大量退職事件があった。'23年になっても医師の退職は続いていて，患者数も日々減少しているとのことである。（以前はどうであったか分からないが現在は）ガン診療連携拠点病院にもなっていない。近年の"かかりつけ医制度"のもとでは，例えば亀岡市であれば自動的に京都市の大病院へ紹介される。しかし，滋賀県の場合県境という障壁がある。しかも，他所者には市民病院の事件など知る由もない。市長は大津市民を守ってほしいと思う。

火大会^{注21)}と，10月の大津祭^{注22)}がある。また，京都の影響と思われるが，ジャズが盛んである^{注23)}。

休日の琵琶湖畔は釣り人で賑わう。対象は外来魚のブルーギルやブラックバスである。ルアーフィッシングが好きな人には大津は天国かもしれない。湖上には多数のボートが浮かぶ（皆立って釣るので，危なっかしい）。

大津港から対岸にあるかつての矢橋港（草津市，現在は人工島となっている）までは約５km

写真14.4　南湖運航のミシガン号

で，湖岸を走る自動車が肉眼で見える。明治の日本海海戦はこの程度の距離で行われていたのだと思うと納得できる。休日にはヨットの花が湖面いっぱいに開き，その中をミシガン号など数隻の遊覧船が泳ぐ（**写真14.4**）。

湖東の景色は重層的である。手前に安土山や三上山（近江富士）など300〜500mの低山が点在し，それらの間に草津や栗東の高層ビル群が立ち並ぶ。わずかながら勾配があるので，遮るものがなければ15km以上遠くにある低層の建物もよく見える。そして，それらの奥はるか彼方に，1000〜1400mの伊吹山地と鈴鹿山脈が連なる。

琵琶湖は広大なので天空が広く，雲の姿や動きは雄大である。湖面の色は時とともに目まぐるしく変化し，見ていてあきない。春夏の霞みわたった様は幻想的で，大気が澄む秋冬には県境の山々の頂がはっきり見える。雨が降ったり止んだりすることが多いので，見事虹が湖面に度々かかる。私はこれまでの生涯で見た以上の数の虹を，転居直後の１ヶ月間で見たような気がする。

西岸におの浜に建つびわ湖大津プリンスホテルと滋賀県立芸術劇場びわ湖ホール^{注24)}は，

注21）2024年では，指定席（最高６万円）を減らして自由エリア（4800円）に回すことにより，全体の収容人員を増やし，ひいては混雑緩和となるとし，ほぼ前年通りの開催となることが決定された。しかし，目隠しがそのままならば，地元民がタダで観られるという特権は奪われてしまったままである。

注22）10月スポーツの日の前々日と前日に行われる。ふだん人影まばらな大津中心部に地元民が集結するので驚かされる。13基の曳山（すべてからくり山で江戸時代の建造）では，小中学生たちがかなり速いリズムの「コンチキチン」を奏でる。２日目には粽をまきながら一日中市内を巡行する。町家の２階で人々が粽を受け取る様を見ると，京都祇園祭もかつてはこうだったのであろうと想像させられた（2023年では"からくり"を演じる場所に限定された）。

注23）夏には湖岸の野外ステージで「大津ジャズフェスティバル」が２日間にわたって開催され，無料で聞くことができる。さらに，浜大津の半径100m以内にライブハウスが数軒あり，ほぼ毎夜コンサートが開催される。「パーンの笛」という店が草分けらしい。大津生まれのママや常連さんから大津の実相を学ぶことができる。また，珍しいことに「中安酒店」という角打ちでもやっている（チャージ料なし）。人も街灯さえもまばらな夜の町にジャズが鳴り響くのは，ジャズファン（私と同輩が多い）にはうれしいかもしれない。

注24）プリンスホテル（丹下健三設計，1989年）は高さ133m（38階）の弓形の高層ビルで，湖岸に凛として屹立している。建設当時としては珍しい全面ガラスで，ファサードは湖の色に溶け込み違和感は全くない。湖に突き出るように立地しているので，南湖両岸のどの位置からも見える。埋立地なのであるが，これも計算されていたとすると，只々畏敬するばかりである。びわ湖ホール（佐藤総合計画設計，1998年）はプリン

共に非常に美しい建築である。大津では様々
な角度からこれらを一目に収めることができ
る。シドニーのオペラハウスに優るとも劣ら
ない景観である（**写真14. 5**）。

写真14. 5　プリンスホテルとびわ湖ホール

　なお，こうした風景は高みからでしか味わ
えない。湖岸に居たとしても湖全体を俯瞰で
きず，一日中居たとしても退屈である。マン
ションの上層階ならば，信長・光秀・秀吉が
天守から見おろした風景に優る絶景を，貧乏人でも毎日見ることができよう。

14. 3　大津の寺と神社

(1) 比叡山延暦寺

①歴史

　比叡山延暦寺[注25]（**図14. 2**）は平安京遷
都の際，鬼門（北東の方角）にすでに存
在していたことや開祖最澄と桓武天皇と
の個人的つながりから優遇され，国の保
護のもと仏教界における勢力を拡大して
いった。

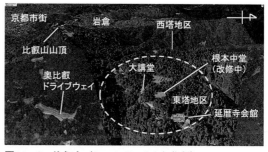

図14. 2　比叡山（Google Earthより作製）

　しかし，10世紀末頃から公私に関わら
ず気にくわないことがあれば強訴[注26]におよび，政治・武力闘争においては一方の当事者と
結託するなど，仏法にあるまじき政治勢力になっていった[注27]。鎌倉末期には京都の土倉
（現在の質屋・高利貸）の大半を支配下に置き，実質的に京都を経済支配するようになった。
さらに時代が下るにつれ，天台座主は次第に皇族や摂関家出身者によって占められていった。

　スホテルと対称的に低層で，白い大屋根が湖に映える。わが国としては数少ないオペラ・バレエ専用ホール
　（すなわち歌劇場またはオペラハウス）のひとつで，音響性能も世界有数と言われている。

注25)　785年創建の天台宗総本山。開山した最澄は坂本（現在は大津市）生まれであった。比叡山（開山時は
　　　日枝の山と呼ばれていた）全体が延暦寺の境内であり，山上の三塔という3つの地域（東塔・西塔・横川）
　　　に238棟の堂塔が建っている。歴史的に京都との関係が深いが，建物のほとんどが大津側にあるので古代か
　　　ら滋賀県（近江国）に属している。「不滅の法灯」がある**根本中堂**（1642年，国宝）や大講堂は東塔にある。
　　　比叡山山頂から琵琶湖を望むと，確かに琵琶の形をしていて，しかも（地図で見るような逆さではなく）右
　　　手に頸・左手に胴を抱えているように見える。

注26)　僧兵や大衆（寺に居住する僧や雑用係の総称）が，坂本日吉神社（延暦寺の守護神）の神輿を先頭に，
　　　洛中・内裏まで押しかけて大暴れするというもの。強訴は数えきれないほどあり他の寺社も行なったが，延
　　　暦寺と奈良興福寺は断トツに多かった。

注27)　『平家物語』では延暦寺は重要な役回りを演じている。（事実だとすれば）その振る舞いは強欲でずるい
　　　としか言いようがない。2020年NHK大河ドラマ「麒麟が来る」では金権腐敗が描かれていた。

貴族の子弟は修行をせずに高僧となった。本来は山中に居住すべきところを彼らは山裾に里坊[注28]を建て，貴族同様の豪奢な生活をしていた。

一方，延暦寺が親鸞など鎌倉仏教の開祖達を輩出したことも事実である。寺の解説ではそれを誇らしげに書いてあるが，当時これらの新興宗教を激しく弾圧したことには全くふれられていない。教義上の争いではなく，信者を奪われるという経済的事情が真の動機であったので書けないのであろう。

延暦寺の権勢は1571年織田信長の焼き討ちで終止符を打つ。信長の所業は空前絶後ではあるが，後世からみると当然の成り行きであったとも思える。江戸時代に上野寛永寺（東叡山）の管掌下に置かれたが，明治維新後は天台宗総本山の地位に復活した。

②現在

世界歴史遺産の延暦寺は大津市民の誇りだろうと思っていたが，意外にも無関心なようである。例えば大津市歴史博物館の延暦寺に関する展示は，主な歴代の天台座主を紹介するパネル1枚しかない。

一方，地元の坂本には江戸時代まで寺の雑務や諸行事で奉仕する世襲の人々がいて，結びつきは強かった。強訴にも加わり，馬借[注29]は常に先兵となっていた。しかし，彼らは明治以降激減したという。交通の便が悪い[注30]ので今日では坂本の人でさえ生涯に（学校行事などで）2〜3度しか登らないらしい。

さて延暦寺は，2006年（平18）暴力団山口組の法要を強行するという事件を起こした。当然ながら事後に謝罪し役員達は辞任したが，平成の時代にこのような暴挙に出たということは，寺は反社会勢力と抜き差しならない関係があったと推知できる。歴史的に全く懲りていないようである。

(2) 延暦寺由来の寺院

以下の寺はともに延暦寺出身の僧侶によって再興され，有力な天台宗寺院となった。いずれも開基は延暦寺より古いとされている。

①三井寺

三井寺（正式には園城寺）[注31]は大津港近くの長等山中腹にある。後に延暦寺五代目座

注28）現在でも坂本の日吉大社の参道に里坊が並んでいる。そのひとつの滋賀院は天台座主の里坊であった。

注29）平安〜室町時代の近畿地方の陸運業者の呼称。馬を使っていたのでこう呼ばれていた。土一揆でも主力で常に先陣を務めた。特に坂本の馬借は大きな勢力であった。1441年の嘉吉の徳政一揆では，東寺・北野天満宮・清水寺を占拠するなど，大暴れした。

注30）大津側から延暦寺に行くには，坂本ケーブルか，あるいは車で比叡山ドライブウエイを登るしかない。いずれにしても，料金は高額である。京都側からは叡山電車八瀬比叡山口駅・叡山ケーブル・叡山ロープウェイを乗り継ぐか，京都駅発直通の比叡山ドライブバス（最も安い）がある。山上の三塔間にはシャトルバスが走っている。なお，坂本や修学院側から登るかつての参道は，現在も古道（登山道）として残っている。

注31）開基は7世紀後半であるという。戦後に天台寺門宗総本山として独立した。天智・天武・持統3人の天皇の産湯に用いられた井戸があるので，三井寺と通称されている。現在，金堂（1599年）と3件の塔頭が国

主となる円珍によって859年に再興された。ところが彼の死後に延暦寺で派閥闘争がおこり，敗れた円珍派が三井寺に移った。以後，延暦寺は山門（さんもん），三井寺は寺門（じもん）と呼ばれ歴史を彩っていく。

　当然ながら三井寺と延暦寺の間には長く深い歴史的確執があった。三井寺の寺史によると14世紀前半までに延暦寺によって10度焼かれたとある。『平家物語』は，三井寺が延暦寺よりも後白河法皇・朝廷の信頼が厚かったことを述べ，さらに以仁王（もちひとおう）の挙兵では三井寺が最後まで彼を支えたことを語り，日和見を決めた延暦寺と対比させている。

　そうしたいきさつのためか織田信長の比叡山焼き討ちの際，三井寺に本陣が置かれた。ところが1595年に，豊臣秀吉の命により堂塔が破壊され寺領を没収されてしまう[注32]。しかし，こうした破壊の都度三井寺は不死鳥のごとく復活し今日に至っている。

　春は桜，秋は紅葉の名所となる。特に桜は古代から有名で，1300本あるという。シーズンになると私は毎日のように訪れている。特に観音堂から望む琵琶湖には目が覚める思いがする。大晦日の夜には境内が解放され，有名な「三井の晩鐘」による除夜の鐘を聞くことができる。ジャズ演奏などイベントも催される。

②西教寺

　坂本にある西教寺（さいきょうじ）[注33]は，1486年延暦寺の僧，真盛が入ってから栄えたという。三井寺と異なり延暦寺との関係は良好だったらしく，そのため信長の焼き討ちにあったが，その後明智光秀によって再建された。本堂の前には光秀と一族の墓がある。入口の三門から見る琵琶湖が美しい。

(3) その他の名刹

①石山寺

　石山寺（いしやまでら）[注34]は瀬田唐橋の南，瀬田川右岸にある。石山寺硅灰石（天然記念物）という珍しい鉱物の岩盤の上に建っているので，そう名付けられた。紅葉の名所である。また，古代の女流作家の作品に度々登場することでも知られる。1004年紫式部が籠って『源氏物語』の構想を練ったという部屋が本堂に保存されている。

②義仲寺

　義仲寺（ぎちゅうじ）は膳所の旧東海道沿いに建つ天台宗単立寺院である。敷地300坪未満の小規模な寺で，創建年は不詳である。大津で討死にした源義仲の墓[注35]があったということで,16世

宝建築となっている。

注32）秀吉は多くの寺社仏閣の復興に貢献したのに，なぜ三井寺を破却したのか，寺にもわからないという。

注33）開基は聖徳太子とされるが不詳。戦後，天台真盛宗総本山として独立した。境内は参観自由だったが，2020年NHK大河ドラマ「麒麟が来る」が始まると，有料になったのは残念である。

注34）747年創建の東寺真言宗の大本山。本堂（1096年）と多宝塔（1194年）は国宝。

注35）義仲の討死にの地，粟津の松原は義仲寺から南へ約3㎞の現东レ工場のあたりだという。また，義仲の乳母子で巴御前の兄である今井兼平は，その近くの茶臼山古墳（公園）付近で，刀を口に噛んで馬から飛び降りるという壮絶な自刃をした。1661年膳所藩主によって兼平の墓碑が建てられ，5年後にさらに南の晴嵐

紀中頃，近江守護六角義賢（近江源氏佐々木流）によって再建されたと伝えられる。

　義仲の命日1月20日には，毎年長野県木曽の人々がバスでやってきて9：30より法要を行い，木曽節（歌と踊り）を奉納する。次いで，彼らは義仲の首塚がある京都八坂の法観寺（八坂塔）に向かう。日帰りらしい。いつから続いているのか分からないが，義仲忌と言って俳句の季語にもなっている。義仲は朝敵であり，しかも『平家物語』では散々に嘲弄されているので，彼にこのような人望があるとは私には意外であった。

　また，松尾芭蕉は琵琶湖の風景を大変気に入っていて，度々義仲寺に投宿したという。1694年死去すると，その遺言によって義仲の墓の隣に埋葬された。武士なら義仲に共感することもあろうが，文人の芭蕉がどのように感じて義仲と死後を共にしたのか，寺にも伝えられていない。

(4) 神社

①日吉大社

　比叡山ふもとの坂本にある**日吉大社**（山王権現）は，全国の日吉・日枝・山王神社の総本社である。東本宮と西本宮という二つの本宮があり，両社殿とも国宝（16世紀末）である。創建は神話の時代にさかのぼる。延暦寺および天台宗の守護神であり，延暦寺の強訴では日吉大社の神輿を先頭に押し出していった。その神輿が恐れられたのは，日吉大社が朝廷よりも古く，すなわち神格が高いと思われていたためらしい。織田信長の焼き討ちの対象となって，すべて焼失した。紅葉の名所である。

　4月12日〜14日には山王祭が盛大に行われる。かつて都を震撼させた七基の豪華な神輿が西本宮に集合する（いつもは境内各社に分散収納されている）。14日に神輿は坂本の町を廻った後，琵琶湖を渡る舟渡御がクライマックスである。

　なお，神社としては珍しく拝観料をとっている。延暦寺の鎮守社として首尾一貫していてよろしい（どちらが首なのかは分からないが）。

②近江神宮

　近江神宮前駅の北，大津宮があったと思われる地域のすぐ北にある。主祭神は天智天皇で，たたずまいは厳かで日吉大社に劣らないが，実は1940年（昭15，皇紀2600年記念）の創建である。拝観はもちろん無料である。競技かるたの聖地で，毎年1月の名人・クイーン決定戦はじめ多くの大会が開催される。

という場所に移された。現在も大切に保存されている。『平家物語』に描かれた木曽勢の戦いぶりは見事であり，義仲・兼平の最期のやり取りは武士の主従関係の理想を語って読む者の涙を誘う。義仲は田舎者ではあったが，武士としては立派だったのであろう。

14.4　京都人対滋賀県民

①滋賀県民の特徴

　滋賀県民は関西弁を話すが，大阪・京都ほど強烈ではない。普通の日本人である。彦根はほぼ標準語が話され，（気候もそうであるが）むしろ北陸の文化圏に属しているように思う。一方，他県（あるいは江戸時代の藩領なのかも知れない）では容易に感じ取れた県民性が，私は数年住んでいても滋賀県からは感じられない。没個性的なのである。これは，江戸時代の滋賀県（近江国）では，彦根藩領地を除く大半の土地が，小藩や幕府直轄領および他藩の飛地で占められていた結果だと思う。

　ところが京都人は一律に滋賀県民を侮蔑し，滋賀県民も甘んじて受け入れているようである。近接する県同士あるいは同じ県内でも江戸時代の藩が異なる場合，反目し合う土地は全国に多々ある。ところが，滋賀県と京都市（多分京都府全体ではない）の関係は一方向的であるように思う。

　よく指摘されるように，関ケ原の戦いの主役は近江出身の武将達であった。伊藤忠・丸紅・住友・高島屋など日本の商社・流通業の多くは江戸時代の近江商人[注36]を祖としている。日本生命は彦根の銀行（現滋賀銀行）の頭取が起業した。昭和には東レなどの繊維産業で栄えた。滋賀県（近江）発祥の企業[注37] [注38]は，**第2章表2.2に示した京都発祥の企業に**

注36）三方良し（売り手良し・買い手良し・世間良し）をモットーとした。高島・八幡・日野・五箇荘を本拠地とし，営業は蝦夷から九州まで全国規模であった。諸国の特産物を回すというのが特徴で，例えば，上方（近畿）の着物や日用品を江戸・東北に送り，関東・東北からは生糸などを上方に送って加工させる，というようなことであった。世界に類を見ない日本商社のビジネスモデルは滋賀県で生まれたのである。とりわけ，昆布やタラなど京料理に必須な蝦夷産物を京都に供給した貢献は大きい。一方，松前藩が「場所請負制」をとった後の近江商人によるアイヌ搾取は峻烈であったという。どうやらアイヌは三方良しの対象ではなかったらしい。

注37）西武グループは滋賀県愛荘町出身の堤康次郎によって創業されたが，起業は関東なので，西武は近江発祥の企業とは言われていない。ただし，堤は出身地である滋賀県を気にかけていたようで，戦時中に経営難に陥った近江鉄道を買収して傘下に加えた。その結果なのか，滋賀県には西武ライオンズファンが意外と多い。また，彼は滋賀県選出の有力な衆院議員でもあった。戦後大津市内にあった米軍キャンプ跡地利用を巡って，自衛隊移駐を推進する国・滋賀県と，観光文化都市を目指す大津市が対立することがあった。堤は市の意向に沿って当時の岸首相などに働きかけ，市案決定に貢献したという。現在当該地区（皇子山）は市役所・運動施設・高校などが建っている。堤にはダーティーなイメージがあるが，滋賀県での評判は悪くないようである。大津市の最初の名誉市民となって，銅像まで建てられている。

注38）特異な起業家として米国人William M. Vories（1880〜1964年）があげられる。彼はプロテスタント伝道のため来日し，近江八幡の高校に英語教師として雇われた。しかし，あまりにも布教活動に熱心だったため解雇される。そこで布教活動の資金獲得のため，近江兄弟会社を設立し米国製軟膏薬メンソレータムを販売，ヒットさせた。もともと建築に興味があったようで，独学で建築を学びヴォーリズ建築事務所（現一粒社ヴォーリズ建築事務所）も設立した。教会・学校など宗教関連施設のみならず個人住宅や業務用建築を800ほど残したといわれている。多作のうえ日本全国で活躍したので「ヴォーリズ建築」というジャンルがあるほどだが，建築作品としての評価は高くない。私の素人考えとしては，西洋風で用途に応じて機用にまとめられてはいるが，独自の様式あるいはフィロソフィーというものが感じられない（多分，巨匠のひとり

比べて，より老舗で大規模である。一方，徳川幕府成立以降，京都が主役となったのは幕末の20年に満たない。したがって，滋賀県民は京都人に恐れられることはあっても，揶揄される理由は全くないと思う。

②大津市民の特徴

　移住先を考えている時，京都の田の字地区内の飲み屋で3名ほどの京都府職員と話すことがあった。40歳前後と思われた。そのうちの一人が，事情により奥さんの実家がある大津の瀬田に住んでいるというので，大津移住に関する意見を聞いてみた。彼は苦々しい表情でやめた方がよいと答えた注39)。私が，毎日琵琶湖が見られるのはうらやましいと突っ込むと，傍らにいた同僚がすかさず「琵琶湖は休みの日に見に行くだけで十分」と口を挟んできた。彼らの本音は分からないが，琵琶湖の価値は認めているらしい。

　私が不思議なのは，琵琶湖もあり歴史が古いのに大津の逸話や自慢話を語る人間に出会わないことである。京都人が，腹が立つほど講釈を垂れるのと対照的である。私も色々調べたが，興味をそそるエピソードはなかなか見つからなかった。おそらく，地理的にあまりにも京都に近いため，その強大な文化圏に取り込まれてしまったのであろう注40)。

③京都を育んだ滋賀県

　大津移住して5年が経ち，京都以外にも視点を広げると，日本の大半の人々は京都にさほど興味を持っていないことに気が付いた。祇園祭でさえ，博多祇園山笠と混同している人もいる。日々変貌する東京を見ていると古希を過ぎた私でもわくわくするが，千年変わらないことを是とする京都は全体として後ろ向きであると感じる。

　京都を知るには，日本史を知らなければならない。しかし，大学入試で日本史をとった人間は全体から見ると少数派である（実は私も世界史をとった。日本が世界進出を目指す

よがりの建築ではなく，使い勝手の良い設計なのであろう）。京都で最も知られているのは四条大橋西詰の**東華菜館**である。2019年リニューアルされた大阪の大丸心斎橋店では，ファサードや内装に彼のデザインが受け継がれている。なお，1974年近江兄弟社は経営破綻し，<u>メンソレータム</u>の販売権はロート製薬に移ったが，翌年ほぼ同成分の<u>メンターム</u>製造を契機に再建され，今日に至っている。近江八幡市にある近江兄弟社本社のショールームに掲げられた解説によると，経営方針は宗教的とまでは言わないが営利のみではないことが分かる。米国の開拓精神を感じた。近江商人のフィロソフィーでもあろう。

注39) ついでに大津の手前にある山科について訊いてみた。山科は大石内蔵助が隠居所を構えたように，古今よそ者や京都を追われた人間が住む土地である。その返事は「山科区は京都市になったので，悪口は言えない」であった。公務員として見事な発言である。ところで，私が飲み屋で会った京都の人達は，こうした質問に対して異口同音に井上章一の言説に沿った（期待した通りの）反応をしてくれる。多弁なのに，反論や別の解説を垂れる人はいない。井上の著作には全く触れていないので，私がからかわれているとは考えられない。これだけ画一的なのは不気味である。

注40) 京都と長崎は例外として，幕府直轄領には郷土愛は育たないのかもしれない。よく考えてみると私が住んでいた埼玉県（関八州）にも，歴史的逸話はほとんどなく，東京・神奈川に対して自虐的で，県民としての結束感はない。したがって，大津の人々に対しこうした文句を言うのは言いがかりなのであろう。と，旧版で述べたところ，2023年に「翔んで埼玉～琵琶湖より愛をこめて～」という"とんでも"映画が公開された。滋賀県が関西における埼玉的ポジションにあることは公然の秘密だったのである。私のもやもやが一気に晴れたことは言うまでもない。

時代に，日本史は実学として無駄だと思ったのである）。残り大多数の人々の日本史知識は中学校程度で，しかもほとんど忘れてしまっている。

　すなわち，日本人のマジョリティー（特に理系人間）は京都にそれほど特別な感情は抱いていないらしい。京都が体現する文化は保存すべきではあるが，日本文化の一部に過ぎない，極言すれば消滅しても何の支障もないと考えているに違いない。

　私もその観点に立つと，京都は，その中に入って楽しむテーマパークではなく，外から観察する動物園のように思えてきた。傍若無人な言動を垂れ流す京都人は，檻の中で吠えているライオンである。しかし，動物園は守られなければならないし，種の保存は義務である。そのために近江国は随時人材を供給してきたのである。滋賀県民は歴史的にこれを体得していたから，京都から何を言われても黙ってやり過ごしているのだと思う。

　今，私は檻の中，すなわち京都市内に移住して観察される羽目に陥らなかったことに安堵している。

218

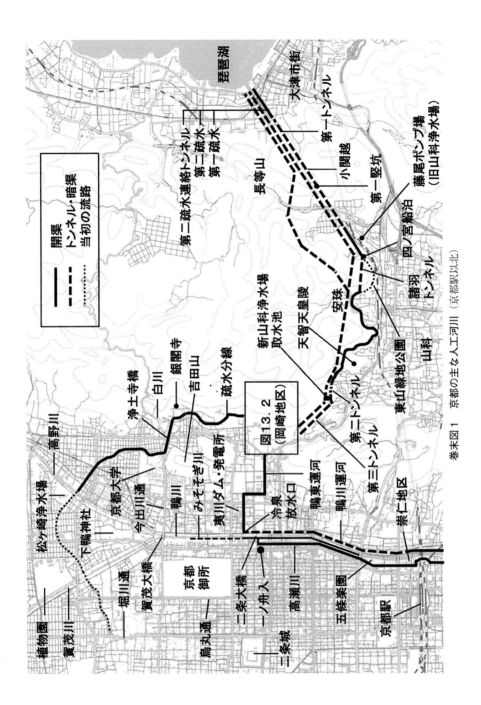

巻末図1　京都の主な人工河川（京都駅以北）

巻末図2　京都の主な人工河川（京都駅以南）

改訂版あとがき

　旧版の『京都従心案内』を知人に配って意見を伺ったところ、京都を崇拝している人間は誰もいなかったことに驚いた。田舎者ほど京都に憧れる、とまで言われた。なるほどと同意しかけたが、私の知り合いは工学部出身がほとんどなので、彼らが野蛮人なのであろうと、気をとりなおした。

　日本人の行動規範の成り立ちや、各地の多様な地域性について、野蛮人は感心がないのかも知れないが、日本全国に根付き共通している京都発祥の仕来りや習俗は多い。しかしながら私は、それらをすべて知ったからといって、まえがきで述べたアラブの友人に対し、日本を完全に説明できる、とはいかないことにも気が付いた。

　アラブ人の疑問のうち、まずは宗教である。これには一応の解答を得たように思う。私は、日本人は記紀の時代からあった先祖崇拝であることに確信を持った。すなわち御先祖様たちが神なのである。これは一般庶民の金の出し方から明白である。神社へのわずかなお賽銭と、葬式や法事への多額のお布施を比較すれば納得できよう。

　先祖崇拝に経典はない。墓参りや法事など家ごとに親や祖父母の振る舞いを見て引き継がれていく。したがって、我々の宗教リテラシーは、一神教の人々と比べ著しく低い。彼らは無神論者であっても神を語ることができる。しかし普通の日本人は自らの神、すなわち先祖を語ることはない。神とも思っていないだろう。大体にして人間であって親戚なのだから、唯一神のように恐ろしいものではなく基本的に優しいのである。せいぜい「祟り」という言葉で畏敬を表明する程度である。アラブ人の質問に対し、事務屋がごまかしたのは、彼が先祖崇拝を知っていたとしても、説明の仕様がなかったからなのである。

　次の疑問の「群れる」のは、日本人だけではなく、共同体総出で田植えを行わなければならなかった水田稲作の国に共通した特徴である。そうした中で派閥ができるのは確かに不思議である。地縁・血縁・思想信条に基づく派閥はイスラムやキリスト教の世界にもある。しかし日本の派閥はそういう合理的なものではなく、義理人情が勝っている。３人いれば派閥ができるとも言われている。典型は自民党の派閥であろう（奇しくもこのあとがきを書いている最中、自民党の派閥解散の報道が喧しい）。総理大臣を輩出するのが派閥の目的であるが、思想などとは関係なく、年長の実力者（親分）が弱者である新人の面倒をみるのが、一義的役割である。一般の企業においても、PTAでさえ同様である。このような社会的弱者支援システムは京都の歴史を調べても説明

できないし，むしろ他所者を排除しようとする京都になじまないと思われる。

　さて，1980年代とは異なり近年では東南アジアからわが国にやってくる若者が多い。私は，日本で就職したいという，あるベトナム人留学生に，日本人の心情や習俗を学ぶために有益だろうと思い，高倉健や渥美清の映画を見ることを勧めたことがある。ベトナム人のメンタリティは日本人に近いと思っていたのだが，全く理解不能だという。考えてみれば，健さんや寅さんは国民的スターであるが，グローバルではない。

　二人の背景はヤクザとテキヤである。（私のような低俗な）庶民が彼らの隠語を好んで口にするほど，その文化は一般的日本人にしみ込んでいて，したがって，健さんの義俠に拍手し，寅さんのドジを嗤うのである。これらは京都とは無縁の規範である。

　派閥やヤクザ・テキヤのシステムの発祥は近世農村にある。村では後継者たる若者を育てる必要があった。武士（彼らのルーツの多くは農民である）の世界でも派閥はあったが，農民人口は圧倒的で，幕末におけるその比率は（明確な資料はないが）少なくとも総人口の８割を超えていたと思われる。明治新政府は農民階級であっても有能な地方出身者を登用し，藩単位ではなく役所ごと，さらには有力者ごとに育成した。企業もそれに倣い，派閥は今日でも日本中至る所で継続している。そうした表のシステムからドロップアウトしたのがヤクザで，テキヤはその中間であろう。テキヤは分家するらしいが，ヤクザは派閥をつくり分裂し抗争する。

　また，本文で述べた部落差別も日本社会の無視できない大きな要素である。その発祥は中世京都と考えられているが，定着したのは近世農村である。

　「ムラ社会」という言葉があるほどである。私は，日本社会を正しく理解し説明するためには，京都ではなく農村を研究しなければならないことに思い至った。それは時空的に広範にわたり骨の折れることであるし，ましてや外国人に日本の農村を説明するなどということは，地味で全く面白くない。ここは派手な京都文化の深耕にとどめておき，そのためには本書を読んでもらうのが最も手っ取り早いのだ，ということを結びの言葉としたい。

2024年６月

参考文献

全般

林屋辰三郎：京都，岩波新書D95，岩波書店，1962

永原慶二監修：岩波日本史辞典，岩波書店，1999

小林丈広ほか：京都の歴史を歩く，岩波新書1584，岩波書店，2016

児玉幸多編：日本史年表・地図第22版，吉川弘文館，2016

京都商工会議所編：新版京都・観光文化検定試験公式テキストブック，淡交社，2016

佐藤信ほか編：詳説日本史研究，山川出版，2017

第1章

橋本清勇ほか：京都市都心における伝統的木造建物ストックとその特性，日本建築学会計画系論文集，第542号，2001

丸山俊明：京都の町家と町なみ，昭和堂，2007

小伊藤亜希子ほか：京都市における町家活動型店舗の特徴と持続可能性，日本建築学会計画系論文集，第631号，2008

早見洋平：近世京都で隣棟間隔がなくなるまで，日本建築学会計画系論文集，第73巻第632号，2008

鈴江悠子ほか：住まい手が主体的に行う京町家の公開の実態と課題，日本建築学会計画系論文集，第77巻第672号，2012

丸山俊明：歴博甲本『洛中洛外図』屏風の桁のない町家について，日本建築学会計画系論文集，第78巻第688号，2013

京都市：京町家のいろは　たてものとくらしの基本帖，2020

第2章

林屋辰三郎：町衆・京都における「市民」形成史，中公新書59，中央公論社，1981

京都市生涯学習振興財団ほか：平安京図会　改訂第3版，京都市生涯学習振興財団，2014

高橋昌明：京都〈千年の都〉の歴史，岩波新書1503，岩波書店，2015

桃崎雄一郎：「京都」の誕生　武士が造った戦乱の都，文春新書1257，文芸春秋，2020

伊藤忠夫：京都空襲 8888フライト 米軍資料からみた記録，京都新聞出版センター，2021

谷川陸他：京都水害後の鴨川改良計画における中流断面および東岸遊歩道路の風致設計，土木学会論文集D2　Vol.78 No.1,2022

第3章

山折哲雄：仏教とはなにか・中公新書1130，中央公論社，1994

山折哲雄編：仏教用語の基礎知識・角川選書317，角川学芸出版，2000

三枝暁子：比叡山と室町幕府　寺社と武家の京都支配，東京大学出版会，2011

張平星ほか：京都の寺院庭園における白砂敷の配置と表現法，ランドスケープ研究，80 (5)，2017

佐藤賢一：日蓮，新潮社，2021

文化庁：宗教年鑑令和2年版

第4章

田中尚人ほか：水辺におけるアメニティの変遷に関する研究，土木計画学研究・論文集，Vol.16 No.9，1999

第5章

小畑紘一：祭礼行事「柱松」の民俗学的研究，岩田書院，2018

223

京都市観光協会：京都葵祭ガイドブック，2019

賀茂御祖神社：葵祭流鏑馬神事ガイドブック，2019

電通京都支社編：祇園祭ガイドブック，京都市観光協会・祇園山鉾連合会，2019

第6章

加藤政洋：酒場の京都学，ミネルヴァ書房，2020

加藤政洋他：おいしい京都学，ミネルヴァ書房，2022

第7章

上村行彰：日本遊里史日本巻末付録全国遊郭一覧，春陽堂，1929

西尾久美子：京都花街の経営学，東京経済新報社，2007

加藤政洋：京の花街ものがたり，角川選書448，角川学芸出版，2009

角岡伸彦：初めての部落問題，文春文庫478，文芸春秋，2005

上杉聰：天皇制と部落差別，解放出版社，2008

黒川みどりほか：差別の日本近現代史，岩波現代全書，岩波書店，2015

井上章一：京都ぎらい，朝日新書531，朝日新聞出版，2015

瀧本哲哉：戦間期における京都花街の経済的考察，人文学報第115号（京都大学人文科学研究所），2020

中村景月ほか：戦前京都の東九条地域における都市形成，日本建築学会計画系論文集，第85巻第777号，2020

第8章

永原慶二監修：岩波日本史辞典，岩波書店，1999

長宗繁一：平安京跡イメージマップ第2版，京都渡来文化ネットワーク会議，2015

第10章

中村武生：御土居堀ものがたり，京都新聞出版センター，2005

京都市考古資料館：御土居跡［北半］・［北半］遺跡見て歩きマップ，2019

第11章

田中尚人ほか：京都伏見における水辺の近代化に関する研究，土木計画学研究・論文集，Vol.19 no.2，2002

埼玉大学教育学部谷謙二：時系列地形図閲覧サイト「今昔マップon the web」

薮内利行：巨椋池干拓誌，巨椋池土地改良区，1981

宇治市歴史資料館：宇治文庫3 巨椋池，宇治市教育委員会，1991

田中尚人他：京都伏見における水辺の近代化に関する研究，土木計画学研究・論文集，Vol.19 no.2,2002

埼玉大学教育学部谷謙二：時系列地形図閲覧サイト「今昔マップon the web」

第12章

石田孝喜：京都 高瀬川—角倉了以・素庵の遺産，思文閣出版，2005

第13章

萩原良巳ほか：京都の水辺の歴史的変遷と都市防災に関する研究，京都大学防災研究所年報 第47号B，2004

林倫子ほか：禁裏御用水の構成と周辺園池との関係，土木学会論文集D Vol.65 No.2，2009

京都市下水道局：琵琶湖疏水（パンフレット），京都市上下水道局，2009改訂版

京都市上下水道局編：京都市水道百年史 叙述編，京都市上下水道局，2013

小野芳朗ほか：京都・南禅寺界隈庭園における琵琶湖疏水の水利用，日本建築学会計画系論文集，

第79巻第698号，2014

第14章

　大場修：近世地方都市における町家敷の売買と街区構成，日本建築学会計画系論文集，第503号，
　　1998

　滋賀県中学校教育研究会社会科部会編：12歳から学ぶ滋賀県の歴史，サンライズ出版，2011

索　引

228

230

■著者略歴

成田樹昭（なりた・しげあき）

1952年北海道生まれ
北海道大学大学院工学研究科修了　工学博士
専門は建築環境工学・建築省エネルギー

70歳独居老人の京都従心案内　改訂版

2024年6月1日　第1版第1刷発行

著　者　　成田樹昭

発行者　　岩根順子

発　行　　サンライズ出版株式会社
　　　　　〒522-0004 滋賀県彦根市鳥居本町655-1
　　　　　tel 0749-22-0627　fax 0749-23-7720

印刷・製本　サンライズ出版